Collection

dirigée

par

Jean-Noël Robert

FRANÇOIS & MIEKO MACÉ

LE JAPON D'EDO

LES BELLES LETTRES

DANS LA MÊME COLLECTION

À PARAÎTRE

© 2006, Société d'édition Les Belles Lettres
95, bd Raspail, 75006 Paris.

ISBN : 2-251-41034-1

À Élisabeth

Au moment où le Japon se sépare de certains traits qui le caractérisaient depuis la restauration impériale de Meiji, comme le contrôle étatique d'un nombre conséquent de domaines, on assiste à un renouveau d'intérêt pour la période précédente, celle d'Edo (1603-1868).

La modernité du Japon de la deuxième moitié du XIXᵉ siècle s'est pensée contre l'ancien régime, celui des shôguns Tokugawa. Les historiens d'alors l'ont décrit comme un régime féodal, en transposant au Japon la vision occidentale de l'évolution de l'histoire et ses jugements de valeur. Pour les Japonais de Meiji, le régime des Tokugawa faisait figure de repoussoir. Il fallait le dévaloriser pour légitimer les transformations accomplies et projetées. Seuls les nostalgiques regrettaient une certaine douceur de vivre de l'ancien régime. Lofcadio Hearn (1850-1904), si amoureux du Japon qu'il se fit naturaliser japonais sous le nom de Koizumi Yakumo, préférait le monde des fantômes de l'époque précédente, sujet de son recueil de nouvelles *Kwaidan*, à celui des chemins de fer et de l'industrialisation. Il fut remplacé à la chaire de littérature anglaise de l'université de Tôkyô par Natsume Sôseki (1867-1916), l'un des plus grands romanciers du Japon, analyste de la société de son temps.

Le Japon impérial de la deuxième moitié du XIXᵉ siècle et du début du XXᵉ, loin de vouloir faire table rase du passé, privilégia les temps de la splendeur impériale de l'époque de Heian, quand il ne se réclamait pas de l'époque légendaire de la fondation de la première capitale par l'empereur Jinmu. La seule figure qui resta valorisée fut celle du guerrier. Son éthique de loyauté et de dévouement envers le seigneur fut transposée en fidélité absolue de tous les sujets japonais envers leur unique souverain, l'empereur.

COMMENT UTILISER CE GUIDE ?

Il est, certes, possible de lire ce livre chapitre après chapitre, pour découvrir un panorama de la société japonaise ; mais il est aussi conçu pour que le lecteur puisse y trouver rapidement (et en extraire) des informations précises sur un sujet qui l'intéresse.
Il est donc conseillé :
– de se reporter au sommaire : chaque chapitre est divisé en rubriques (avec des renvois internes) qui permettent de lire, dans un domaine choisi, une notice générale. En outre, les autres rubriques du chapitre complètent l'information.
Au début de chaque chapitre, une introduction situe le sujet dans une

perspective différente,
illustrant l'évolution de
la société et des
mentalités japonaises ;
– d'utiliser l'index
à partir duquel, sur
une notion générale,
un terme technique,
voire un personnage,
il est possible de
réunir,
à travers l'ensemble
du livre, plusieurs
données
complémentaires.
Une bibliographie
choisie permet,
dans un premier temps,
de se reporter
à des ouvrages
récemment parus
pour y commencer
une recherche.
Tous offrent,
sur le sujet
qu'ils traitent,
une bibliographie
plus ou moins riche.
Enfin, les tableaux
de synthèse, les cartes
et graphiques
pourront aider
à visualiser
et mieux retenir
les informations désirées.
(Cf. table des cartes,
plans et tableaux
en fin de sommaire.)

Mais il ne suffit pas de décider que l'on change d'ère ou de calendrier pour que toutes les composantes d'une société se transforment. Derrière l'attitude de rejet affichée, des pans entiers de la culture d'Edo ont continué à vivre, non seulement les aspects que l'on finit par considérer comme traditionnels, mais aussi cette soif de nouveauté et cette curiosité envers le monde qui sont une des bases du processus de modernisation.

Figé par les représentations de l'époque Meiji, le Japon d'Edo apparaît de plus en plus comme une société dynamique, porteuse d'extraordinaires potentialités. C'est aussi ce qui rend plus ardue la tâche de le présenter. Comment traiter deux siècles et demi d'histoire en quelques pages ? D'autant que la documentation est plus qu'abondante. Le régime des Tokugawa a laissé un nombre considérable d'archives à tous les niveaux, depuis les familles de paysans jusqu'aux nobles de cour, et dans tous les domaines, des registres de monastère aux rapports annuels des Hollandais de Nagasaki. Nombre de ces archives sont encore à exploiter et ne sont pas encore publiées. C'est dire que les études sur cette période, pourtant relativement proche, réservent encore beaucoup de surprises. Même sans aller jusqu'aux archives, le nombre et la qualité des recherches déjà publiées au Japon sur les Tokugawa rendent difficile une vision synthétique.

On rencontrera bien évidemment ici les geishas, les samurais et les arts martiaux, ils faisaient partie de ce monde, mais aussi des peintres qui assimilèrent la perspective occidentale et l'art du dégradé, des médecins qui se mettent au hollandais pour mieux comprendre les planches anatomiques, des lettrés confucéens qui traduisent des traités de géométrie.

Ce qui va être tenté dans ce guide est une première approche qui, nous l'espérons, donnera envie aux lecteurs de poursuivre la découverte de ce Japon d'avant les robots, mais qui avait déjà inventé le mot de *manga* (c'est le titre d'un recueil de croquis du maître de l'estampe Hokusai).

Les thèmes de réflexion ne manquent pas. Comment les shôguns ont-ils pu maintenir une si longue stabilité politique avec un système de gouvernement qui ressemble par certains côtés à un bricolage ? Un régime de fermeture peut-il s'accompagner d'un bouillonnement intellectuel et culturel ? Comment trois enseignements aussi différents que le bouddhisme, le confucianisme et le shintô peuvent-ils vivre sans trop de heurts dans une même société ? Que peut faire une élite guerrière dans un pays en paix ? À un niveau plus élevé, peut-on imaginer un processus de modernisation qui se serait enclenché avant l'ouverture forcée par les bateaux noirs du commodore Perry en 1853 ? On pourrait multiplier les questions presque à l'infini. Si ce guide peut les susciter, et donner quelques éléments de réponse pour certaines, il aura rempli son rôle.

NOTE SUR LA TRANSCRIPTION DU JAPONAIS

Ce furent les Portugais qui les premiers transcrivirent le japonais en caractères latins au point d'imprimer des livres entiers en transcription. Mais leur système ne fut pas repris.

Les systèmes utilisés de nos jours ne remontent qu'à la fin du XIXᵉ siècle.

L'un, dit système japonais, est d'usage strictement interne et relativement peu employé ; l'autre, dit système Hepburn, est couramment utilisé au Japon et dans toutes les publications étrangères. Les termes japonais de cet ouvrage seront donc transcrits dans le système dit Hepburn modifié.

Les Japonais utilisaient à l'époque d'Edo deux types de classification des sons, qui sont celle des *kana*, syllabaires, celui de l'*Iroha*, poème de l'époque de Heian qui n'utilise qu'une seule fois tous les *kana*, c'est-à-dire tous les sons transcriptibles, classification tout aussi arbitraire que notre alphabet, et le tableau des cinquante sons, classement logique par voyelles puis par consonnes selon la classification du sanscrit arrivée au Japon par l'intermédiaire du bouddhisme.

Les dictionnaires d'Edo utilisaient le premier système, les dictionnaires actuels le second.

Le japonais ne pose pas de gros problèmes de prononciation pour les francophones.

Les seules difficultés sont l'allongement des voyelles, particulièrement du u et du o qu'il faut absolument marquer, l'aspiration du
h qui est systématique, le r qui ne doit pas être roulé et qui se situe
entre le l et le r français. Les francophones ont tendance à l'entendre
comme un l. Le u se prononce ou, le e, é, le sh, ch, et le ch, tch. À
la différence du français, une consonne entre deux voyelles n'est
pas sonorisée : Ôsaka se prononce ôssaka et non ozaka. Les doubles
consonnes sont toujours prononcées.

NOM DE PERSONNE

L'usage japonais est de mettre le nom patronymique avant le
nom personnel, selon le principe toujours appliqué du déterminant
qui précède le déterminé, du contenant le contenu, du général le
particulier.

N.B. : Le lecteur trouvera en annexe dans les repères biographiques les notices concernant l'essentiel des noms cités.

SOMMAIRE

SOMMAIRE

LE JAPON D'EDO

I. L'HISTOIRE, VERS LA DOMINATION DES GUERRIERS . . . 23

L'époque d'Edo s'est d'abord pensée comme l'aboutissement du processus qui amena les guerriers au pouvoir à partir de la fin du XIIe siècle. Le précédent de la capitale des guerriers à Kamakura anticipait la fondation d'Edo loin de Kyôto, la capitale impériale.

II. L'ESPACE JAPONAIS, EDO ET LES FIEFS 53

Les pays insulaires peuvent sembler homogènes ; ce ne fut pas le cas du Japon pré-industriel dans beaucoup de domaines. L'espace y était hétérogène : deux capitales, deux systèmes de domination, les fiefs et le bakufu, des frontières extérieures relativement floues.

III. LA SOCIÉTÉ 79

Dominée par les guerriers, la société d'Edo s'est représentée de façon très hiérarchisée. Non seulement les catégories sociales étaient en théorie étanches, mais dans chacune d'elles de nombreuses subdivisions cloisonnaient le corps social.

SOMMAIRE

IV. L'ORGANISATION POLITIQUE

La présence de fiefs a permis de qualifier le système politique d'Edo de féodalité. Mais le domaine propre du shôgun couvrait une grande partie du pays. De plus le shôgun, véritable détenteur du pouvoir, se trouvait, hiérarchiquement parlant, dépendant d'un empereur qui ne pouvait rien faire sans son aval.

V. LA VIE ÉCONOMIQUE

Bien évidemment, c'est l'agriculture qui domine la vie économique. Mais le développement manufacturier et commercial dans un pays relativement isolé fut remarquable. Les grands centres urbains dynamisèrent les échanges malgré le morcellement politique et administratif.

SOMMAIRE

LES JAPONAIS

VI. LE TEMPS 131

La science du calendrier, comme une grande partie des conceptions relatives au temps, viennent de Chine. Ce n'est qu'au cours de l'époque d'Edo que les Japonais réussirent à se rendre maîtres des calculs liés au calendrier. Ce temps donné par les calendriers officiels est saturé de croyances d'origines diverses.

VII. LES CROYANCES. LA VIE RELIGIEUSE 147

Les lettrés reconnaissaient trois enseignements : le shintô, le bouddhisme et le confucianisme. Mais, dans la pratique, bouddhisme et shintô se partageaient les faveurs des croyants qui invoquaient aussi bien les dieux que les bouddhas.

VIII. LES LETTRES ET LES SCIENCES 161

À l'époque d'Edo, les classiques chinois formaient la base de la culture. Mais les lettres japonaises prirent de plus en plus d'importance, notamment grâce au développement de l'imprimé et à l'essor de l'éducation. Le haut degré d'instruction explique en partie la réceptivité des Japonais aux apports scientifiques venus d'Occident.

IX. LES VOIES, *DÔ*, ET LES ARTS 195

*Les voies se situent entre religion et divertissement, technique et art.
Ce terme renvoie à des pratiques qui supposent un apprentissage auprès
d'un maître, un respect scrupuleux des conduites, la quête de la perfection. Elles peuvent justifier une mort, mais le plus souvent la sérénité
d'un moment parfait.*

X. LES LOISIRS 223

*La société d'Edo, loin d'appliquer à la lettre la morale confucéenne,
sut apprécier d'autres plaisirs que ceux de la poésie chinoise. Le jeu pouvait être une affaire fort sérieuse, et le raffinement des relations dans les
quartiers de plaisir n'était pas à la portée du premier parvenu.*

LES JAPONAIS

SOMMAIRE

La famille reste sans surprise l'unité de base de la société. Elle est moins étendue que dans d'autres pays de l'Extrême-Orient comme la Chine et la Corée. Elle donne aux individus leur statut qui conditionne leur mode de vie. La santé est beaucoup moins une affaire publique que privée. C'est à chacun de prévenir la maladie par une hygiène de vie appropriée.

ANNEXES

Arai Hakuseki, Ashikaga Yoshimitsu, Bashô, Chikamatsu, Dôgen, Fujiwara no Michinaga, Fujiwara no Teika, Hanawa Hokiichi, Hirata Atsutane, Itô Jinsai, Kaibara Ekiken, Kakinomoto no Hitomaro, Kino Tsunaynki, Kobori Enshû, Kûkai, Manase Dôsan, Matsudaira Sadanobu, Minamoto no Yoritomo, Miura Baien, Motoori Norinaga, Murasaki Shikibu, Nichiren, Oda Nobunaga, Ogata Kôan, Ogyû Sorai, Saikaku, Saigyô, Sen no Rikyû, Shinran, Shôtoku Taishi, Sugawara no Michizane, Sugita Genpaku, Takano Chôei, Tokugawa Ieyasu, Toyotomi Hideyoshi, Ueda Akinari, Watanabe kazan, Yamagata Bantô, Zeami

SOMMAIRE

ANNEXES

19

SOMMAIRE

LE JAPON D'EDO

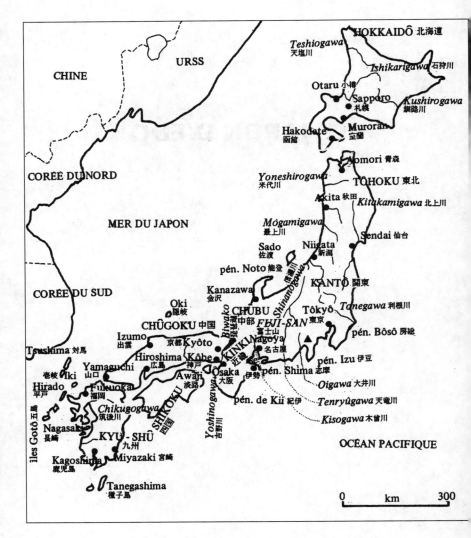

CHINE

URSS

HOKKAIDÔ 北海道

Teshiogawa 天塩川

Ishikarigawa 石狩川

Otaru 小樽

Sapporo 札幌

Kushirogawa 釧路川

Muroran 室蘭

Hakodate 函館

CORÉE DU NORD

Aomori 青森

TÔHOKU 東北

Yoneshirogawa 米代川

Akita 秋田

Kitakamigawa 北上川

MER DU JAPON

Mogamigawa 最上川

Sado 佐渡

Niigata 新潟

Sendai 仙台

pén. Noto 能登

CORÉE DU SUD

Kanazawa 金沢

KANTÔ 関東

Oki 隠岐

CHÛBU 中部

Tôkyô 東京

Tanegawa 利根川

CHÛGOKU 中国

Biwako 琵琶湖

FUJI-SAN 富士山

pén. Bôsô 房総

Izumo 出雲

KINKI 近畿

Nagoya 名古屋

Kyôto 京都

Kôbe 神戸

pén. Izu 伊豆

Tsushima 対馬

Yamaguchi 山口

Hiroshima 広島

Awaji 淡路

Osaka 大阪

pén. Shima 志摩

Oigawa 大井川

Iki 壱岐

Hirado 平戸

Fukuoka 福岡

pén. de Kii 紀伊

Tenryûgawa 天竜川

îles Gotô 五島

Chikugogawa 筑後川

SHIKOKU 四国

Yoshinogawa 吉野川

Kisogawa 木曽川

Nagasaki 長崎

KYÛ-SHÛ 九州

OCÉAN PACIFIQUE

Kagoshima 鹿児島

Miyazaki 宮崎

Tanegashima 種子島

0   km   300

Carte du Japon actuel

22

I
L'HISTOIRE
VERS LA DOMINATION DES GUERRIERS

Pour sortir d'une histoire purement politique, les historiens japonais ont essayé, depuis l'ère Meiji, de faire coïncider les grandes périodes de leur histoire avec les divisions définies en Occident : Antiquité, Moyen Âge, Temps modernes. L'enjeu était aussi de montrer que l'histoire du Japon suivait les mêmes rythmes que l'histoire mondiale, celle de l'Occident. Mais l'exercice était risqué. Ainsi n'ont-ils rien trouvé à faire correspondre à la Renaissance ou au Néolithique.

Pour la majorité des Japonais, l'histoire, celle qu'ils ont apprise durant leur scolarité, se divise en périodes qui portent le plus souvent des noms de lieux. Alors que la Chine a scandé son histoire du nom de ses dynasties, le Japon, qui affirme n'en avoir connu qu'une seule, a choisi les lieux où s'exerçait le pouvoir réel. Asuka, Nara, Heian, Kamakura, Muromachi, Azuchi, Momoyama, Edo ont été les centres du pouvoir politique.

Pour la préhistoire, les grandes divisions reposent sur des données matérielles : poteries à décor cordé, jômon, poteries trouvées sur le site de Yayoi, grandes tombes, *kofun*.

À partir de Meiji, ce sont les règnes des empereurs qui servent communément à se repérer : Meiji, Taishô, Shôwa, Heisei, quoique, pour ce dernier, on puisse avoir des doutes sur son usage futur.

LES GRANDES DIVISIONS DE L'HISTOIRE DU JAPON

Préhistoire
Le premier homme, peut-être 300 000 ans avant notre ère

23

Jômon (de moins 10 000 à moins 600 avant notre ère)
Premières poteries, cueillette, chasse et pêche, villages stables
Yayoi (de moins 600 au début du IIIe siècle de notre ère)
Le riz des principautés, le bronze, le fer, le verre
Kofun (du IIIe siècle au VIe siècle)
Les grandes tombes vers le premier État
Asuka (VIe-VIIer siècles)
Shôtoku taishi, le bouddhisme, le confucianisme, le basculement dans l'écriture
Nara (710-784)
La capitale et ses monastères, *Man.yô-shû*, *Kojiki*, *Nihonshoki*, les codes
Heian (794-1185)
La splendeur (en Chine, la fin des Tang)
Fujiwara (969-1068)
Le *Genji monogatari*, Sesshô, Kanpaku
Insei (XIe-XIIIe siècles)
Les domaines, gouvernement des empereurs retirés
Genpei no takakai (1159-1185)
Les guerres entre les Minamoto et les Taira, *Heike monogatari*
Kamakura (1185-1333)
Les guerriers, le *bakufu*, le nouveau bouddhisme
Muromachi (1336-1573)
Guerriers et aristocrates.
Nanbokuchô / Les cours du nord et du sud (1337-1392)
La légitimité en question
Ônin no ran Ônin-Bunmei no ran
Les troubles des ères Ônin et Bunmei (1467-1477)
Sengoku / *les Provinces en guerre* (XVe-XVIe siècles)
Guerre et bouillonnement culturel, élégance de la guerre
Azuchi-Momoyama (1573-1598)
La réunification et le début des Temps modernes
Edo (1603-1868)
Des guerriers sans guerre, des lettrés sans examen, des marchands sans reconnaissance, des villes en expansion dans un pays agricole
Meiji (1868-1912)
Occidentalisation et nationalisme
Taishô (1912-1926)
L'équilibre
Shôwa Ier (1926-1945)
La guerre de 15 ans (1931-1945)

Shôwa II (1945-1989)
Heisei (1989-)
La nouvelle puissance économique du Japon

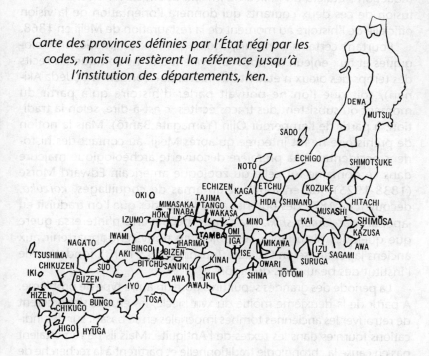

Carte des provinces définies par l'État régi par les codes, mais qui restèrent la référence jusqu'à l'institution des départements, ken.

**VISION DE L'HISTOIRE
À L'ÉPOQUE D'EDO**

La découverte fortuite de pointes de flèches en pierre posa problème aux lettrés de l'époque d'Edo. Certains y voyaient des vestiges du temps des dieux dont il est question dans les plus anciens textes japonais, *Kojiki* et *Nihonshoki*, d'autres des objets fabriqués par les Emishi, population qui occupait le nord-est du Japon à l'époque antique. Mais personne ne soupçonnait encore l'existence d'une préhistoire. **L'attention se focalisait sur l'origine de l'histoire japonaise. Les savants des études nationales intégraient le temps**

des dieux dans cette histoire. Les confucéens préféraient s'en tenir au premier empereur humain, Jinmu, dont l'avènement se situait, d'après le *Nihonshoki*, en 660 avant notre ère. C'est par lui que commençait l'*Histoire du Grand Japon / Dai nihonshi*, dont la rédaction s'étalera du milieu du XVIIᵉ au début du XXᵉ siècle. C'est la fusion de ces deux courants qui donnera l'orientation de la vision officielle de l'histoire au moment de la restauration de Meiji en 1868.

Pourtant certains penseurs, moins liés aux orientations idéologiques et aux enjeux de pouvoir, avaient affirmé soit que les récits des temps des dieux n'étaient que fables sans fondement (Ueda Akinari), soit que l'on ne pouvait parler d'histoire qu'à partir du moment où subsistent des traces écrites, c'est-à-dire, selon la tradition, à partir de l'empereur Ôjin (Yamagata Bantô). Mais la notion de préhistoire ne fut intégrée qu'après Meiji, au contact des historiens occidentaux. La première découverte archéologique majeure dans ce domaine fut celle du zoologue américain Edward Morse (1838-1925) qui, en fouillant un amas de coquillages, *kaizuka*, découvrit en 1877 des poteries à motifs cordés que l'on traduisit en japonais par *Jômon shiki*. Mais cette découverte n'intéressa guère que quelques historiens ; ces objets ne pouvaient appartenir aux anciens Japonais, selon Okakura Tenshin (1862-1913), fondateur de l'Institut des beaux-arts du Japon.

La période des grandes sépultures pose un autre type de problème. À partir de la deuxième moitié du XVIIIᵉ siècle, les érudits s'efforcèrent de retrouver les anciennes tombes impériales en se basant sur des indications fournies dans les textes de l'Antiquité. Mais ils ne remettaient pas en cause la chronologie traditionnelle et partirent à la recherche de la tombe du premier empereur qui ne fut identifiée que peu de temps avant la restauration de Meiji. Les critères étaient purement topographiques ; il n'était pas question de fouiller une tombe impériale.

Il fallut attendre le XXᵉ siècle pour que l'ensemble de la population tire orgueil de l'ancienneté de la présence humaine au Japon et de l'antériorité, quand elle fut prouvée, de la céramique de Jômon sur toutes les céramiques connues dans le monde.

LA PRÉHISTOIRE ET L'ANTIQUITÉ

Les vestiges de l'industrie des hommes préhistoriques, ou plus simplement de la présence humaine au Japon, remontent de plus en plus haut dans le temps au hasard des fouilles. Le paléolithique est maintenant bien attesté au Japon, avec les couches d'Iwajuku I, II et III.

Jômon (15000 av. J.-C.–VI ᵉ s. av. J.-C.)

Des poteries de l'époque Jômon avaient été découvertes à l'époque d'Edo, mais elles avaient été elles aussi attribuées à ces bien commodes Emishi. L'époque de Jômon ne prend vraiment naissance qu'à la fin du XIXᵉ siècle. Mais il fallut les méthodes scientifiques d'estimation pour se faire une idée de la datation absolue de ces objets. On se trouva alors devant le problème de l'antériorité de ces poteries sur tous les autres exemples connus. La thèse d'une découverte unique et du diffusionnisme devenait de plus en plus difficile à soutenir. On suppose actuellement que la poterie a pu être découverte dans plusieurs foyers distincts ; le Japon serait l'un des premiers, si ce n'est le premier, puisqu'on a découvert tout récemment des fragments repoussant la date de l'apparition de la poterie au Japon. Elle se situerait avant 10000 avant notre ère.

La très longue période appelée Jômon, qui s'étend jusque vers 600 avant notre ère, n'est pas seulement caractérisée par la poterie. En réalité, sous ce terme commode c'est presque toute la préhistoire précédant l'agriculture qui est englobée. Le Japon connaît alors ses premiers villages, dont certains de forme circulaire s'organisent autour d'une place centrale qui servait aussi de cimetière. L'économie reposait particulièrement sur la cueillette des fruits durs, noix, noisettes, châtaignes, glands, de la chasse (cerfs et sangliers), mais aussi de la pêche et du ramassage de coquillages. Ceux-ci, traités sur place dans des installations semi-permanentes, se sont amoncelés en d'énormes dépôts, les *kaizuka.* Outre la poterie dont le style a évolué durant la période, et qui présente de notables différences régionales, les hommes de la période de Jômon maîtrisaient aussi la laque, la vannerie et bien évidemment le travail du bois.

Le centre de gravité de cette culture se situait à l'est de l'archipel, là où les feuillus et les arbres à fruits durs sont les plus nombreux. On voit apparaître à la fin de la période les premiers essais d'horticulture.

Yayoi (VIᵉ s. av. J.-C.–IIIᵉ s. apr. J.-C.)

Si, du point de vue de la typologie des poteries, il est extrêmement difficile de différencier les dernières productions de Jômon des premières de la période suivante, Yayoi, celle-ci possède une coloration générale bien particulière. Presque simultanément arrivent alors au Japon la riziculture irriguée, le bronze, le fer, le verre, la guerre, les fortifications et des structures étatiques. **La suite chronologique occidentale, néolithique, chalcolithique, âge du fer se trouve télescopée au Japon.** Ce bouleversement culturel s'est accompagné d'un apport de population venu de la péninsule coréenne. Le centre de gravité est alors le sud et l'ouest du Japon, particulièrement Kyûshû, la région la plus proche de la Corée. C'est aussi l'époque où les sources chinoises commencent à donner quelques bribes de renseignements sur les Wa qui, bien évidemment, ne sont que des barbares aux yeux des Chinois. **Les petites principautés qui s'organisent sur tout le territoire nouent des relations diplomatico-commerciales avec le continent. Les objets chinois circulent, à commencer par les miroirs de bronze, porteurs d'inscriptions.**

La riziculture se développe dans les fonds de vallées humides alors que les villages se situent sur les collines plus facilement défendables. Ils sont souvent entourés de fossés et de talus. Ce nouveau type de société s'est répandu étonnamment vite jusqu'au nord de Honshû. Parmi les objets dont le modèle fut emprunté au continent, mais qui subirent une évolution rapide au Japon, **on peut citer les cloches,** *dôtaku,* **particulièrement nombreuses dans l'est, et les pointes de lances,** *hoko,* **qui perdirent toute fonction militaire puisqu'elles ne pouvaient plus être montées sur hampe.**

Les sépultures sont nettement séparées des habitations. On trouve des inhumations en jarre, *kamekan,* ou des tombes constituées de cadres de pierres plates entourées d'un fossé.

Les sources chinoises, *Chronique des Wei,* **parlent, au début du IIIe siècle, d'une confédération de principautés, dirigée par la reine du pays de Yamatai, une certaine Himiko.** Ce court passage, moins d'une page, a fait l'objet d'innombrables commentaires, particulièrement à l'époque d'Edo où la découverte fortuite, à Kyûshû, d'un sceau d'or offert par l'empereur des Han au roi de la principauté de Na ou Nu recoupait le contenu du texte. Mais il fallait situer ce fameux Yamatai et essayer de trouver qui se cache sous le nom de Himiko dans la tradition japonaise. Très tôt le rapprochement fut fait entre le Yamatai des sources chinoises et le Yamato, ancienne province de la région de Nara et surtout nom du premier État japonais, mais la tradition faisait remonter l'origine de cet État à Kyûshû. Le débat sur la localisation du Yamatai dure toujours. Quant à Himiko, les érudits y ont vu Amaterasu, la grande déesse ou l'impératrice Jingû.

La chronique des Wei rapporte qu'à sa mort elle fut inhumée dans un grand tumulus où furent déposés des centaines de miroirs. Quand, au XXe siècle, l'archéologie a bien distingué la période Yayoi, on a mis en doute ces données chinoises. Les sépultures de Yayoi ne sont pas monumentales. Pourtant les dernières découvertes de sites à la limite de la période yayoi et de la suivante montrent que les grandes tombes commencent à apparaître dans la première moitié du IIIe siècle de notre ère. On est toujours à la recherche de la tombe de Himiko.

Kofun (IIIe s. apr. J.-C.–VIIe s.)

Si la tradition autochtone avait perdu le souvenir de Himiko, elle avait maintenu le lien entre la dynastie régnante et les grandes tombes qui parsèment le centre du Japon antique en les attribuant à tel ou tel souverain de la tradition. Les premiers textes, du début du VIIIe siècle, ont conservé le souvenir de ces tumulus dont on venait juste d'interrompre la construction. Le découpage des grandes périodes de la chronologie est ici trompeur. Les temps historiques commencent au Japon à la fin du VIe siècle, les sources écrites, quoique postérieures, devenant pertinentes. Mais la construction des grandes tombes se poursuivra jusqu'à l'extrême fin du VIIe siècle. **Ces tombes sont monumentales ; la plus grande, attribuée à l'empereur Nintoku, fait plus de 400 m de long, 30 m de haut, et est entourée d'un triple fossé inondé.** Leur fonction dépasse le simple soin à apporter aux défunts. Elles donnent à montrer la puissance de celui qui y est déposé et le pouvoir de son successeur. Leur construction, en dehors des aspects techniques de terrassement, supposait la maîtrise d'une main-d'œuvre abondante et qualifiée. Ces grandes tombes sont l'expression d'un nouveau pouvoir, celui d'une aristocratie guerrière dont les chefs reconnaissent plus ou moins docilement la suprématie de l'un d'entre eux, le souverain de la province de Yamato. Ces guerriers, dans la deuxième moitié de la période, sont des cavaliers. Les tombes ont livré, en dehors des objets religieux que sont les miroirs, épées, boucliers, armures, casques et pièces de harnais.

On ne note pas de très grandes innovations techniques à cette époque, mais un développement accéléré de ce qui avait été introduit à l'époque précédente. Le fer n'est plus une rareté. Il sert à la fabrication des armes, mais aussi aux socs des araires, au renforcement des bêches et des houes. Ce qui permet un accroissement des surfaces cultivées, des travaux d'irrigation et de terrassement plus importants. On crée alors de nombreux étangs-réservoirs et des canaux de drainage. **La vulgarisation de l'emploi du tour accélère la fabrication des poteries d'usage courant,** *hajiki,* **poteries rouges.** **La nouveauté dans ce domaine vient de Corée avec les poteries grises,** *sueki,* **à la couverte vernissée** qui nécessite une température de cuisson bien supérieure et donc des fours particuliers, les fours montants, *noborigama.*

Grâce aux nombreuses figurines de terre cuite rouge montées sur des cylindres, les *haniwa,* nous avons une idée assez précise de l'habillement et des parures des gens de l'époque des grandes sépultures. On distingue très nettement les catégories sociales, paysans uniquement caractérisés par l'outil porté, le guerrier en armure, le noble portant l'épée, les femmes de la haute société aux coiffures élaborées et paraissant jouer un rôle non négligeable dans les rites. **Hommes et femmes portent des bijoux d'or ; on les a retrouvés dans les tombes : boucles d'oreilles, bracelets, colliers, couronnes et même chaussures métalliques. Ce type de parure corporelle disparaîtra dans le Japon classique.**

L'écriture chinoise était connue. Une catégorie de serviteurs de la noblesse était spécialisée dans son maniement. Il est probable qu'elle était surtout composée de Coréens dont on sait qu'ils arrivèrent en grand nombre à cette époque, fuyant les guerres de la péninsule. Pourtant il reste très peu de vestiges épigraphiques : deux précieuses inscriptions incrustées sur des épées du Ve siècle, quelques très rares inscriptions sur pierre. L'écriture est un moyen utilisé vraisemblablement dans les rouages de l'État naissant, mais elle n'est pas encore entrée dans l'univers symbolique. Les souverains n'ont pas éprouvé le besoin de dresser des stèles à leur gloire, comme le voulait la coutume chinoise.

L'ÉTAT RÉGI PAR LES CODES, L'ARISTOCRATIE DE COUR ET LE BOUDDHISME

Asuka (fin VIe-VIIe siècle)

Les bouleversements en Asie orientale, dont le plus notable fut la réunification de la Chine par les Sui, vont précipiter l'évolution de la société japonaise, comme ce fut le cas dans la péninsule coréenne, en voie elle aussi d'unification. Le Japon entre alors dans le concert des nations et dépêche régulièrement des ambassades chez tous ses voisins et bien entendu à la cour des Sui puis des Tang. Les tensions sur la péninsule coréenne, où interviennent les armées chinoises, amènent le pouvoir japonais à se moderniser sur le modèle de ceux à qui il veut résister. **Il bascule alors dans l'écrit.** Les textes ont dis- **paru, mais on sait que l'on commence alors à noter par écrit les règlements, les principes du bon gouvernement (la fameuse** *Constitution en 17 articles*)**,** les traditions (on a longtemps attribué à Soga no Umako et Shôtoku Taishi le *Sendai kujihongi* dont le carac- tère apocryphe ne fut démontré qu'à l'époque d'Edo). Des archives se constituent progressivement. Bientôt c'est la preuve écrite qui fera foi.

Les dates d'introduction officielle des doctrines n'ont de valeur qu'indicative. La tradition (*Kojiki, Nihonshoki*) rapporte que le confu- cianisme, sous la forme des *Entretiens* de Confucius et de maîtres coréens pour les commenter, serait arrivé au Japon sous l'empereur Ôjin (début du IVe siècle ?). **Le bouddhisme serait un don d'un souverain de Paekche (sud-ouest de la Corée) au souverain japo- nais pour renforcer une alliance contre le royaume de Silla (sud- est de la Corée).** Il aurait débarqué au Japon, avec toutes ses com- posantes d'un seul coup, statues, objets de culte, textes (*sûtra*) et moines, en 552 ou 536. Ces débuts furent, semble-t-il, difficiles. Il servit d'enjeu dans une rivalité pour le pouvoir qui opposa ses cham- pions, le clan des Soga à leurs adversaires, les clans des Mononobe et des Nakatomi. Une alliance entre le futur Shôtoku taishi, l'homme fort du début du VIIe siècle, et les Soga eut raison, grâce à la protec- tion des boudhhas, du parti adverse. **Le bouddhisme devint dès lors une religion soutenue par l'État. Sa première fonction était de le protéger en retour. Cette situation perdurera jusqu'à la restauration de Meiji en 1868 et même au-delà.**

Nous ignorons à peu près tout de l'architecture civile du VIIe siècle, mais les monastères ont été mieux préservés. Le Hôryûji fondé par Shôtoku taishi près de sa résidence d'Ikaruga a résisté aux guerres et aux incendies après sa reconstruction de la fin du VIIe siècle. Le Shi- tennô ji à Ôsaka fut toujours reconstruit depuis sa construction, en application d'un vœu du même Shôtoku taishi. Cette architecture religieuse de conception chinoise est arrivée par le relais coréen. Elle fait connaître aux Japonais les tuiles, les poteaux sur assise de pierre, les galeries entre les bâtiments, mais aussi les couleurs, poteaux rouge vermillon, murs couverts d'un enduit blanc, ouvertures à claires-voies vertes. C'est aussi le début de la statuaire japonaise après les *haniwa*. **Les premières œuvres furent sans doute impor- tées. Mais très vite il devint impossible de distinguer ce qui venait de la péninsule coréenne de ce qui était fabriqué au Japon**

par des artisans d'origine coréenne. Les bronzes qui subsistent portent la marque de l'influence des Wei du Nord.

Shôtoku taishi, considéré à sa mort comme l'incarnation d'un bodhisattva, lança des réformes de l'État, dont la plus visible est sans doute l'institution de rang de cour. La référence était bien évidemment chinoise, mais le système avait été japonisé. Commence alors le processus de transformation d'une noblesse guerrière en une aristocratie de fonctionnaires. Le Japon se dote peu à peu des attributs d'un État civilisé selon les normes chinoises. À partir de 645, les réformes de l'ère Taika (première tentative de ce système de division du temps) affermissent l'emprise de la cour sur l'ensemble du territoire en instituant de nouvelles autorités dans les provinces. Les empereurs Tenchi et Tenmu poursuivront la tâche en créant différents bureaux qui forment les pierres d'attente du prochain État régi par les codes.

Nara (710-784)

À la fin du VII\e siècle et au début du VIII\e siècle, les choses se précipitent. **Le souverain japonais décide de se faire appeler *tennô* (souverain céleste), titre d'origine chinoise inspiré de la pensée taoïste,** tout en se démarquant du *huangti* (jap. *kôtei*) qui désigne couramment le souverain chinois.

Une première capitale, Fujiwara kyô, est construite en 694, sur le plan des capitales chinoises, plan en damier, grande avenue centrale nord-sud. En 710, ce sera Heijôkyô (Nara), construite un peu plus au nord, plus grande, plus belle et sur le même plan, avec le palais au nord. **Le premier code, *Taihô ritsu ryô*, entre en application en 701. Sous une forme à peine modifiée en 725, il restera en vigueur tout le long de la période antique. Son prestige sera tel qu'au moment de la restauration de Meiji on s'y référera pour nommer de nouvelles institutions.** À partir de cette même année 701, le Japon adopte définitivement, avec la promulgation de l'ère Taihô, le système des noms d'ère qui est toujours en vigueur de nos jours.

Les premiers recensements et les premiers cadastres sont réalisés. Les premières monnaies sont fondues. Elles sont en bronze, rondes, percées d'un trou carré au centre, avec une inscription en quatre caractères chinois.

Pour les membres de la famille impériale, on abandonne les anciens rites funéraires centrés sur le dépôt provisoire du corps pendant plusieurs mois dans un bâtiment construit à cet effet. Ce sont les rites bouddhiques qui prennent le relais. Ils se déroulent en dehors de la présence du corps, dans les monastères. L'inhumation dans une tombe monumentale est remplacée par l'incinération et le dépot de l'urne cinéraire dans une installation qui n'a guère laissé de traces visibles en surface. En moins d'une dizaine d'années, l'exemple de la cour entraîne la disparition des *kofun*. On peut parler d'une véritable révolution funéraire. Les tombes en tant que monuments ne réapparaîtront qu'au cours de la période médiévale, sous une forme modeste. **L'emprise du bouddhisme sur la mort, quasi universelle à l'époque d'Edo, est encore observable de nos jours. Les souverains japonais ne s'y sont soustraits qu'à partir de Meiji.**

En cette période de brutal changement, le pouvoir prend soin d'asseoir sa légitimité. Il lance le projet de collation des anciennes traditions relatives aux origines de la dynastie et du pays. Il en résultera deux ouvrages. Le premier, le *Kojiki / Récits des temps anciens*, présenté à la cour en 712, rapporte les événements primordiaux, de l'origine du monde à l'achèvement du processus d'humanisation de la société. Il suit un rythme ternaire fortement marqué par la pensée mythique dont on peut penser qu'il est l'aboutissement et la fin. Sa logique, trop éloignée des nouveaux modes de pensée venus du continent, très vite ne sera plus comprise. Il faudra attendre la fin du XVIIIe siècle pour que Motoori Norinaga en fasse le livre de la tradition japonaise. Le *Nishonshoki / Annales de l'histoire du Japon* ne connaîtra pas une telle éclipse. Conçu sur le modèle chinois, écrit dans un chinois de bonne tenue, il devait pouvoir être comparé aux histoires chinoises qui inspirèrent sa méthode, n'étaient ses deux premiers livres qui traitent du temps des dieux. Présenté sous forme d'annales, il se sert du système chinois de computation du temps pour dater tous les événements, qu'ils soient légendaires, comme la fondation du premier palais par le premier souverain humain, Jinmu, ou indiscutablement historiques comme la guerre civile de Jinshin (aîné de l'eau du singe) en 672. L'ouvrage avait vocation à être continué, il le fut. **Il constitue le premier volet des six histoires officielles, *Rikkokushi*, de l'Antiquité. Lu et commenté sans interruption depuis sa présentation en 720, il sera repris à l'époque d'Edo dans la grande entreprise du *Dainihonshi / Histoire du grand Japon*.**

En écrivant le *Nihonshoki* en chinois, les fonctionnaires lettrés démontraient leur maîtrise de la prose classique. Le *Kaifûsô*, première anthologie poétique réalisée au Japon, apportait la preuve de leur capacité en poésie chinoise. Désormais, jusqu'à l'époque d'Edo et même au-delà, toute personne de bonne éducation se devait de pouvoir composer en chinois. Le prestige de la culture chinoise aurait pu entraîner une sorte de mépris pour la tradition poétique indigène. Ce fut le contraire. Confrontés à la poétique raffinée de la Chine, les poètes japonais ont eu soin d'enrichir leur propre tradition. C'est en cette période charnière de la fin du VIIe et du début du VIIIe siècle qu'apparaît la forme par excellence de la poésie japonaise, le poème court, *tanka*, appelé, par opposition au *kanshi* (poème chinois), *waka* (chant japonais). **Il se compose de 31 syllabes réparties en 5 vers de 5, 7, 5, 7, 7 syllabes.** Encore cultivé de nos jours, il fut l'un des modes d'expression favoris des lettrés d'Edo. Nous connaissons ces poèmes grâce à un monument, **le Man.yô-shû, anthologie poétique de plus de quatre mille pièces qui sont notées en japonais à l'aide de caractères chinois pris phonétiquement.** Le système était fort complexe et posa très tôt des problèmes de lecture, d'autant que la langue avait évolué. L'une des premières tâches des érudits des études nationales à l'époque d'Edo fut de décrypter ce texte. Ils jetèrent ainsi les bases de la phonétique et de la syntaxe historiques.

Le bouddhisme domine la société de Nara. Non seulement ses monastères occupent une place considérable dans l'espace de la capitale, mais le pays est mis sous sa protection. **L'empereur Shômu, qui abdiquera pour se faire moine, fait construire dans chaque province deux monastères, un de moines et un de nonnes, *kokubun ji, kokubun niji*, pour assurer le salut et la prospérité du pays et de la famille impériale. Ces monastères provinciaux dépendent du grand monastère de l'est, Tôdai ji, construit à l'est de la capitale. Il abrite une gigantesque statue de bronze doré du bouddha cosmique.** Au nord, des magasins, Shôsô.in, renferment des objets ayant appartenu à l'empereur. La fille de Shômu, l'impératrice Shôtoku, ayant songé à céder le pouvoir à un moine, une sorte de réaction aristocratique s'efforça de distendre les liens qui unissaient bouddhisme et pouvoir. Ce fut, dit-on, une des raisons qui amenèrent l'empereur Kanmu à décider de changer l'emplacement de la capitale. Après un essai malheureux à Nagaoka, la cour s'installa à Heian kyô (Kyôto) en 794.

Heian (794-1185)
Heian kyô fut longtemps considérée comme LA ville. Les autres agglomérations ne pouvaient guère rivaliser avec elle. Construite

toujours sur le même plan orthogonal, elle ne renfermait, à l'origine, dans son périmètre aucun monastère, même si la cour et l'ensemble de la population étaient sincèrement bouddhistes. À la différence des capitales chinoises et comme les villes qui l'ont précédée, Heian kyô ne possédait pas d'enceinte. La limite pouvait être franchie d'un saut de cheval. Le palais se situait bien sûr au nord, face à la large avenue du moineau rouge. Mais les très nombreux incendies amenaient la cour à s'installer dans d'autres résidences, le plus souvent dans la partie est de la capitale. L'ouest de la ville se dépeupla progressivement, tandis que des faubourgs s'installaient de l'autre côté de la rivière Kamo. Le plan régulier de la fondation perdit sa belle ordonnance.

Les gens de Heian avaient l'impression que leur ville resterait éternellement capitale. Elle le fut jusqu'en 1868, du moins nominalement. Les incendies et les guerres civiles n'ont rien laissé subsister de l'ancienne capitale, si ce n'est le plan idéal en damier. Pourtant le souvenir de la splendeur de l'ancien temps est resté très vivace, même aux pires heures. On a toujours admiré les vieux et prestigieux monastères de Nara, mais c'est la civilisation de Heian qui va devenir l'image idéale de l'Antiquité. Les derniers Emishi (population du nord-est de Honshû) ont été soumis au IXe siècle. Les révoltes sporadiques qui agitent certaines provinces ne remettent pas en cause le sentiment général de paix. L'affaiblissement puis la chute des Tang libèrent les Japonais du complexe de l'élève toujours en retard sur le maître. Il n'est pourtant pas question de rejeter la civilisation chinoise, et les lettres classiques n'ont jamais été aussi en faveur. C'est en chinois que les aristocrates écrivent leurs notes journalières, mais aussi des poèmes, les histoires officielles, les décrets et les édits. Mais la langue japonaise s'affirme, dans la poésie tout d'abord, puis dans la prose.

La première anthologie composée sur ordre impérial, le *Kokin waka shû*, est dotée d'une préface qui est un véritable manifeste de défense et d'illustration de la langue, de la nature et de la poésie (*waka*) japonaises. **Les *waka* sont maintenant notés en *kana*, beaucoup plus facile d'emploi et plus précis que les caractères chinois pris phonétiquement. La capacité à composer des poèmes est indispensable à qui veut vivre à la cour, hommes ou femmes.** Elle permet de briller dans les concours de poésie, mais aussi de mener une vie sociale. Les rencontres amoureuses sont ponctuées de poèmes ; malheur à celui ou à celle qui ne sait pas répondre sur le bon ton ! Les *waka* de Heian resteront des modèles pour toutes les périodes postérieures. Ils resteront, avec les commentaires qui les accompagnent, l'héritage précieux des aristocrates de la capitale qui monnaieront leur savoir auprès des guerriers avides de culture aristocratique.

La prose japonaise se constitue à cette époque. Mais elle est d'abord perçue comme le faire-valoir de la poésie, que ce soit dans les récits, *monogatari*, ou les notes journalières, *nikki*. Journaux et récits dépeignent le cœur humain dans des dimensions qui transcendent les conditions temporelles. **Le *Genji monogatari* n'est pas près d'être démodé. Commenté dès l'époque de Heian, il recevra un regard nouveau à l'époque d'Edo, qui lui restituera sa dimension littéraire.** Mais cette littérature reflète aussi la vie de cour, ce temps de la splendeur, au point qu'un des ouvrages historiques de l'époque, l'*Eiga monogatari / Récit de la splendeur*, s'inspire du *Genji monogatari*.

Le sujet de ce récit est la vie de Fujiwara no Michinga qui fut l'homme le plus puissant de son temps, portant à l'apogée la puissance de son clan, les Fujiwara. Grâce à leur politique d'alliances matrimoniales avec la maison impériale, les Fujiwara devenaient grands-pères ou oncles d'empereurs de plus en plus jeunes. Sous le titre de régent, *sesshô*, ou de grand chancelier, *kanpaku*, ils détenaient la réalité du pouvoir, l'empereur n'exerçant que des fonctions rituelles et protocolaires. Tous les postes de responsabilité furent monopolisés par l'une ou l'autre des branches du clan des Fujiwara. **L'idéal du fonctionnaire lettré qui peut accéder aux plus hauts postes grâce à ses seules capacités trouva son incarnation, mais aussi sa limite, dans Sugawara no Michizane, qui mourut disgracié en Kyûshû, victime d'une calomnie des Fujiwara.**

Le beau système administratif prévu par les codes ne fonctionnait que pour la cour, les provinces envoyant tous les produits nécessaires à sa vie. D'autre part, si on respectait les formes et qu'on nommait toujours des fonctionnaires, on s'aperçut que, comme pour le plan de la capitale, la pratique réelle évoluait. Le clientélisme devint la règle, de même que la perception directe de revenus en province sans passer par la filière normale de l'administration. Les grandes familles, mais aussi la famille impériale elle-même, se constituèrent des domaines, *shôen*, qu'elles géraient directement. Ce nouveau système de gestion vidait peu à peu l'administration de sa substance.

L'exemple en était donné par les établissements religieux, particulièrement les grands monastères. Deux écoles qui s'implantèrent au début de cette période donnèrent une nouvelle impulsion au bouddhisme. **Le Shingon, école ésotérique issu du tantrisme, marqua profondément la civilisation japonaise.** Le Tendai, qui alliait ésotérisme et exotérisme, fut le creuset des écoles qui s'épanouirent à la période suivante.

LE MONDE DES GUERRIERS

Genpei no tatakai / La guerre des Minamoto et des Taira (**1159-1185**)

Les moines érudits reprenant des calculs et des spéculations sur le temps, dont le bouddhisme fut toujours friand, proclamèrent que le monde était entré dans la période de la fin de la loi, *mappô*. La fin des temps est une notion relative dans le bouddhisme, et la fin de la loi est une période fort longue. Il n'empêche, les élites ressentaient la fin d'une certaine façon de vivre. La capitale ne pouvait plus ignorer les provinces. La haute noblesse de cour devait tenir compte des forces vives, les cadets étaient envoyés gérer les domaines en province. Elle pensa pouvoir les utiliser pour régler ses querelles de pouvoir. Mais, une fois entrés dans le cercle des dirigeants, ces nouveaux venus, les guerriers, accaparèrent le pouvoir. Le basculement de la société se fit au cours de la guerre qui opposa deux clans de guerriers, les Taira ou Heike, et les Minamoto ou Genji, les vainqueurs. **L'histoire de cet affrontement sert de thème à la seule véritable épopée du Japon, le *Heike monogatari*. Récité par des moines aveugles, ce texte, fortement imprégné par le bouddhisme, servira de matrice à la représentation des guerriers, mais aussi à la langue japonaise des temps modernes.** À la différence des romans de Heian, le *Heike* emploie de très nombreux composés venus du chinois. C'est cette langue hybride qui est à l'origine du japonais contemporain.

Kamakura (1185-1333)

La victoire des Minamoto se traduisit par une nouvelle structure du pouvoir. **À côté de l'administration de la cour de Kyôto se constitua une administration parallèle, qui dans un premier temps ne concernait que les guerriers. À la tête de ceux-ci se trouvait le *Sei.i taishôgun*, généralissime pour combattre les barbares**, certes nommé par l'empereur mais sans que celui-ci ait la moindre possibilité de choix. Le shôgun mit en place une organisation militaire, le gouvernement de la tente, *bakufu*, à l'image du quartier général d'un général en campagne. Ce gouvernement s'installa à l'est, à Kamakura, au bord de la mer, dans un site bien protégé facilement défendable. **Le Japon avait alors de facto deux capitales. Situation qui se renouvellera pendant la période d'Edo.Pour le monde des guerriers, l'histoire commence à ce moment-là.** L'équilibre entre le pouvoir civil de la cour de Kyôto et le *bakufu* était fragile. Une tentative de restauration se solda par l'installation de l'administration militaire jusque dans la capitale. Celle-ci n'en continua pas moins à vivre au rythme des cérémonies et des nominations de fonctionnaires qui avaient de moins en moins de pouvoir réel en dehors de la cour elle-même. Pourtant le prestige de celle-ci demeurait fort grand. Elle continuait à donner le ton en poésie et dans les autres arts. Les guerriers de Kamakura s'efforcèrent de suivre l'exemple des aristocrates de la capitale, du moins dans le domaine de la culture.

Pour le reste, c'est un nouveau monde qui se met en place où l'État n'est plus structuré par les codes, mais par des liens de personne à personne, où les règles ne sont plus les mêmes selon le statut social.

Dans cette société en pleine mutation, le bouddhisme se diversifie. **L'époque de Kamakura voit naître les dernières grandes écoles du bouddhisme japonais. Les deux branches du zen**, le Rinzai qui restera proche du pouvoir et des guerriers, et le Sôtô qui connaîtra une assez forte implantation en province. Ce furent les deux dernières écoles à avoir été directement transplantées de Chine, si l'on excepte l'école Ôbaku à l'époque d'Edo. Les autres furent le fruit de l'évolution interne du bouddhisme japonais et plus particulièrement du Tendai. **L'école de la Terre pure et la véritable école de la Terre pure prônaient une soumission totale à la force de l'autre, la force du bouddha Amitâbha (Amida).** Les adeptes de cette dévotion unique à Amida, ceux qui sont tournés dans une seule direction, *Ikkô*, se recrutèrent dans toutes les couches de la population, dont la famille Tokugawa, mais particulièrement chez les paysans. **Dernier grand mouvement, l'école du Lotus. Son fondateur enseignait une vénération absolue au *sûtra* du lotus, *Hokkekyô*,** le principal *sûtra* de l'école du Tendai.

Les voyages en Chine des moines en quête de nouveauté spirituelle permirent de donner une nouvelle impulsion aux contacts sino-japonais. Les moines de l'école Rinzai jouèrent un rôle fondamental dans la transmission de la culture chinoise des Song au Japon. En dehors du zen qui était malgré tout leur préoccupation principale, ils acclimatèrent au Japon une tradition de poésie et de prose chinoises qui est connue sous le nom de littérature des cinq montagnes, du nom de l'organisation administrative de l'école Rinzai en cinq monastères principaux. Ces mêmes monastères accueillirent de nombreux moines chinois. La peinture des Song suivit le même canal pour arriver au Japon, au point que l'on confond parfois, sous le terme de peinture zen, des œuvres d'inspiration religieuse et d'autres qui furent peintes par des moines mais dont les thèmes n'ont rien de religieux ou de zen. Ce sont encore les moines du Rinzai qui feront connaître au Japon le confucianisme des Song, connu sous le nom de néo-confucianisme, doctrine qui devint l'idéologie officielle des Tokugawa (cf. chap. VIII).

Les relations avec la Chine des Song furent donc fructueuses, même s'il n'y eut pas d'échange d'ambassades. Les choses s'envenimèrent avec l'arrivée des Mongols. Une fois maîtres de la Chine, puis de la Corée, ils exigèrent la soumission du Japon. Devant le refus de celui-ci, ils lancèrent deux offensives en mobilisant des forces imposantes. **Dans les deux cas, des tempêtes providentielles détruisirent les flottes. On évoqua *a posteriori* l'action des vents divins, des *kami kaze*.** Premières tentatives d'une invasion du Japon, les attaques mongoles ne semblent pas avoir provoqué une mobilisation nationale, les guerriers qui participèrent aux combats cherchaient avant tout des récompenses en terres que le pouvoir ne fut pas en mesure de distribuer.

Les shôguns du clan Minamoto ne tardèrent pas à perdre la réalité du pouvoir au profit de la famille de Hôjô Masako, épouse de Minamoto no Yoritomo. Les Hôjô, dans une position parallèle à celle des Fujiwara à Kyôto, dirigèrent le *bakufu,* autrement dit une grande partie du pays, au nom d'un shôgun dont le rôle n'était plus que de représentation.

Muromachi (1336-1573)

Profitant de l'affaiblissement de la famille Hôjô, l'empereur Godaigo tenta de restaurer le pouvoir impérial et l'autorité de la cour de Kyôto. Sa tentative n'aboutit, à la suite d'une longue guerre qui vit deux branches de la famille impériale s'affronter, qu'à permettre à un autre clan de guerriers, les Ashikaga, de renverser le *bakufu* de Kamakura et d'en créer un nouveau à leur avantage à Muromachi, un quartier de la capitale. Pourtant cet épisode de la restauration de l'ère Kenmu restera le symbole de la légitimité impériale. Son exemple sera souvent invoqué au cours de la période d'Edo, jusqu'à sa répétition réussie en 1868. Il sera aussi le sujet d'une des œuvres les plus lues de la période d'Edo, le *Taiheiki*, le récit de la grande paix.

Dans un premier temps, pour la cour de Kyôto, le *bakufu* de Muromachi n'apporta pas de grands bouleversements. Au contraire, les liens entre les deux aristocraties, guerrière et de cour, se renforcèrent. **Les palais des shôguns donnent le ton d'une nouvelle architecture qui invente les formes classiques de la pièce japonaise, sol entièrement couvert de *tatami*, renfoncement légèrement surélevé, *tokonoma*,** emplacement de la décoration florale, *ikebana*, et de la peinture sur rouleau vertical, *kakejiku*. Les Ashikaga laisseront deux des plus célèbres monuments de Kyôto, le Kinkaku ji, le pavillon d'or, au nord-ouest, et le Ginkakuji, le pavillon d'argent, au nord-est.

Les shôguns Ashikaga acceptèrent de la Chine le titre de *wang* (japonais ô), roi vassal, pour pouvoir mener un lucratif commerce avec le continent. Cet acte d'allégeance leur fut reproché comme une trahison tout le long de l'histoire. Alors que le Japon va entrer dans une longue période de guerres, les relations commerciales et culturelles avec la Chine ne cesseront de s'intensifier.

Le mouvement d'autonomisation des guerriers provinciaux se renforçant, le *bakufu* vit son contrôle sur eux devenir de plus en plus formel. Quand le dernier shôgun de la famille Ashikaga fut chassé de Kyôto par Oda Nobunaga, il n'exerçait plus guère de pouvoir en dehors de la capitale. **Le basculement s'était fait à l'issue d'une des plus longues et profondes crises de l'histoire du Japon, les troubles de l'ère Ônin. Pour une question de succession dans la maison shôgunale, deux partis s'affrontèrent dans la capitale, réduisant celle-ci en cendres, et le pouvoir des shôguns à presque rien.**

Sengoku (xvᵉ-xvıᵉ siècles)

S'ouvre alors une période en apparence de chaos. L'historiographie japonaise a utilisé pour la nommer une des périodes de l'histoire chinoise marquée par la confusion, les Royaumes combattants, qui précéda la réunification et la création de l'empire. Pour éviter toute confusion, on a pris l'habitude de traduire le même terme par les Provinces en guerre dans le cas du Japon.

Nominalement, il y a toujours un empereur, même si l'on dit qu'il fut parfois obligé de vendre ses calligraphies pour survivre ; il y a toujours un shôgun qui ne gouverne plus que ses vassaux directs. **En réalité, le Japon n'a plus de pouvoir central.** Il se trouve divisé en principautés autonomes qui se font la guerre. Les seigneurs, daimyô, gouvernent leur domaine sans aucun contrôle si ce n'est celui de leurs voisins qui peuvent les envahir ou de leurs paysans qui peuvent se révolter. Les Portugais, à leur arrivée, les qualifieront de rois.

Cette période de guerres incessantes entre les principautés, signe de l'effondrement du pouvoir central, ne fut pas une période de régression dans les autres domaines. Sans parler de l'art de la guerre qui ne fut jamais autant pratiqué, l'architecture créa les premiers véritables châteaux de l'histoire japonaise. Ces châteaux ne furent pas de simples forteresses ; demeures du seigneur, ils devaient montrer la puissance et la richesse de celui-ci. **D'où la hauteur des donjons et le soin de la décoration. Ils étaient le lieu de somptueuses fêtes où la dégustation du thé s'accompagnait de l'étalage des plus beaux objets, prix des concours de dégustation. L'élégance et le luxe ne sont pas absents des champs de bataille.** Les grands guerriers vont au combat dans des armures magnifiques couvertes de manteaux de feutre à larges motifs, la tête protégée par des casques aux formes fantastiques, tête d'ours, carpe, coquillage, etc.

L'écroulement des deux garants des lois, la cour et le *bakafu*, rendit nécessaire une activité législative au sein des principautés qui accrurent ainsi leur particularité. Un grand nombre des fiefs de l'époque d'Edo, et des familles qui les gouvernent, sont issus de ces principautés de l'époque des Provinces en guerre. Celle-ci nécessitant de plus en plus de moyens, les échanges s'accroissent entre provinces et avec le continent. Une économie monétaire commence à se mettre à place à l'aide de numéraire chinois. Les marchands, au service des seigneurs ou réunis en communauté autonome comme à Sakai, émergent en tant que classe sociale.

Ce monde de rivalité est ouvert à toutes les nouveautés, à toutes les diversités. Pour un daimyô comme Uesugi Kenshin, qui s'était fait moine et combattait sous la bannière de Bishamonten, divinité bouddhique, on en trouve d'autres qui n'hésitèrent pas à brûler les monastères et les moines qui s'y trouvaient. Des communautés paysannes se révoltent contre leur seigneur et s'organisent en principautés religieuses sous la protection du bouddha Amida. **C'est dans ce pays en pleine effervescence qu'arrivent les Portugais avec le christianisme et le mousquet. Le premier est d'abord perçu** comme une variante du bouddhisme. Le second est rapidement adopté. Les forgerons japonais, qui forgeaient de si bons sabres, surent façonner d'excellents mousquets. Ceux-ci furent immédiatement utilisés, et c'est leur maîtrise qui assura la victoire.

Azuchi-Momoyama (1573-1598)

L'équilibre entre les principautés était fort instable. Les plus petits daimyô devaient s'allier à de grandes principautés qui s'affrontèrent pour l'hégémonie. La réunification politique du Japon se fit en trois étapes, par les trois grandes figures de la fin du XVIe siècle, Oda Nobunaga, Toyotomi Hideyoshi, Tokugawa Ieyasu. Par une série de campagnes et d'alliances, ils finirent par devenir plus puissants que n'importe quel autre daimyô. Oda Nobunaga, mort assassiné, n'eut pas le temps de se donner un titre correspondant à sa puissance. Toyotomi Hideyoshi choisit, lui qui était issu de la dernière catégorie des guerriers, de se parer des titres de l'aristocratie de cour. Le dernier ne pouvait suivre la même voie. Il tira argument d'une lointaine parenté avec les Minamoto et restaura à son profit le titre de *Sei.i taishôgun* et fonda le *bakafu* d'Edo.

Cette période, qui vit les dernières grandes batailles du Japon pré-moderne, ne fut pas seulement une époque de réunification politique. Elle s'accompagna d'une réorganisation complète de la société. Le religieux perdit son autonomie. Les communautés amidistes durent rentrer dans le rang. Les grands monastères et les principales écoles furent obligés de rendre des comptes à l'administration. La coupure entre les guerriers et les autres catégories sociales tendit à se durcir. Toyotomi Hideyoshi avait lancé une « chasse aux sabres » auprès des paysans-guerriers pour les ramener à leur statut de paysan. Le même Toyotomi entreprit un recensement et un cadastre systématique des terres cultivées pour mieux asseoir l'impôt. C'est encore lui qui rétablit le monnayage japonais en frappant de la monnaie d'or. Il veilla à contrôler directement les mines et les grands ports. Pourtant ni lui ni son successeur ne songèrent à supprimer les principautés, cadre « naturel » des guerriers. Pour des raisons complexes, aspiration à la conquête de la Chine, exutoire aux guerriers, soif de butin, il lança deux campagnes en Corée, dont la dernière fut interrompue par sa mort.

Les châteaux qui ont servi de siège à ces hégémons, Azuchi, Momoyama, mais aussi Ôsaka, Edo, ont tous disparu. **Il n'en reste que le souvenir ébloui des contemporains : jamais on n'avait construit aussi haut, aussi grand, aussi beau. C'est en contre-**

point de ce luxe que s'épanouit l'art austère et raffiné du *Wabi cha*, du thé dépouillé, art auquel les riches commerçants apportèrent une contribution décisive. Les maîtres de thé, avec les poètes de *waka*, les moines érudits et les médecins, faisaient partie de l'entourage des seigneurs, jouant parfois le rôle de conseillers intimes à côté des guerriers.

EDO (1603-1868)

Si, par beaucoup d'aspects, on peut considérer que le Japon entre alors dans les Temps modernes, **le système social qui s'installe restera dominé par les guerriers jusqu'à la restauration de Meiji et même au-delà. Mais, et c'est un des aspects le plus souvent souligné, l'époque d'Edo fut une longue période de paix sous un gouvernement de guerriers !** Elle fait contraste avec les périodes précédentes dominées par des guerres incessantes et avec l'époque moderne marquée par les guerres sino-japonaise (1894-1895) et russo-japonaise (1904-1905), sans parler de la guerre de 15 ans (1931-1945).

Cet équilibre fut acquis assez rapidement. En 1600, la grande et sanglante bataille de Sekigahara, qui opposa les anciens vassaux de Toyotomi Hideyoshi, permit à Tokugawa Ieyasu d'asseoir sa domination. Celle-ci fut parachevée par la prise du château d'Ôsaka en 1615, qui résolut de façon définitive l'héritage de Toyotomi : toute sa famille et ses proches furent exécutés, ses ultimes vassaux dispersés. La dernière campagne d'importance fut celle menée contre des paysans chrétiens encadrés de samurais en rupture de ban, à Shimabara, dans le nord de Kyûshû, en 1637 et 1638.

Pourtant cela ne signifie pas que cette paix fut totale et bénéfique pour tous. Au sud, le fief de Satsuma s'empara des Ryûkyû et établit une tutelle sur ce royaume qui subsista formellement jusqu'en Meiji. Au nord, le fief de Matsumae prit possession peu à peu des terres des Aïnu qui ne purent se relever de l'échec de la grande révolte de Kunashir en 1789. **À l'intérieur, si aucun fief ne songea à se révolter, les soulèvements paysans, mais aussi urbains, se succédèrent tout le long de la période. Ils furent tous réprimés avec sévérité,** même si le pouvoir acceptait après coup certaines revendications. À aucun moment ils ne mirent en danger le système.

L'historiographie s'accorde à délimiter quatre périodes dans cette longue époque. La mise en place progressive des institutions du *bakufu* et des lois fondamentales dans la première moitié du XVIIe siècle. L'apogée sous le gouvernement de Tsunayoshi pendant l'ère Genroku. Les crises et les réformes. L'effondrement dans les quinze dernières années.

La mise en place des institutions

La première étape fut bien évidemment, en 1603, la fondation du *bakufu* d'Edo qui renouait avec la tradition de Kamakura, la cour à l'ouest, le *bakufu* à l'est. Le premier règlement sur les guerriers, *Buke shohatto*, fut édicté en 1616. L'obligation de résidence alternée à la capitale shôgunale pour les daimyô fut définitivement institutionnalisée en 1635. Le sanctuaire de Nikkô, qui célébrait la forme divinisée d'Ieyasu, fut parachevé en 1636 par le troisième shôgun Iemitsu. Après une période de commerce contrôlé, une série de mesures amenèrent la fermeture du Japon : 1613, interdiction du christianisme ; 1624, interdiction aux Espagnols de débarquer au Japon ; 1635, interdiction aux Japonais de sortir du Japon ou d'y rentrer s'ils en sont sortis. **En 1639, les Hollandais sont installés à Dejima, désormais les seuls étrangers tolérés au Japon, avec les Chinois dans le même port de Nagasaki, avec les Coréens à Tsushima.**

L'apogée

Tsunayoshi (1680-1709) institutionnalisa la formation des vassaux du *bakufu* dans le cadre du confucianisme en confiant l'école du Yushima seidô au petit-fils de Hayayashi Razan (1583-1657), conférencier auprès d'Ieyasu. Son action n'est pas toujours reconnue à sa juste valeur du fait d'une image dévalorisée. Tsunayoshi, par respect pour la loi bouddhique, publia en 1685 un édit de compassion envers les êtres vivants, *Shôrui awaremi no rei*, et fit construire des hospices pour recueillir les animaux délaissés. Ce qui lui valut rancœur et moquerie, et le surnom d'Inu kubô, monseigneur des chiens. Mais sous son gouvernement le Japon connut une époque de prospérité qui se traduisit par un épanouissement de la culture urbaine. **Pour les générations postérieures, l'ère Genroku (1688-1704) fait figure d'âge d'or (cf. chap. IX, X).** Au sortir de la bulle financière de Genroku, Arai Hakuseki, conseiller d'Ienobu (1709-

1712), s'efforça de mettre en pratique ses préceptes confucéens dans les affaires, sans parvenir à redresser les finances. Bien que limitant au maximum les échanges avec l'extérieur, Yoshimune assouplit le contrôle sur l'introduction des livres étrangers, à l'exception bien entendu des ouvrages traitant du christianisme. Les traités scientifiques occidentaux traduits en chinois purent circuler.

Les crises et les réformes

Yoshimune, aux affaires de 1716 à 1745, entreprit de redresser le *bakufu* par une série d'interventions connues sous le nom de réformes de l'ère Kyôhô (1716-1736). Pour rétablir les finances et éviter l'endettement des guerriers, il fit promulguer des lois somptuaires visant à décourager la consommation et à limiter le luxe. D'un autre côté il se mit à l'écoute du peuple en instituant le *Meyasu bako*, boîte disposée en 1721 devant la porte du tribunal et destinée à recevoir les doléances de chacun. À côté de ces mesures inspirées par l'idéologie confucéenne du bon gouvernement, Yoshimune procéda à une dévaluation de la monnaie, encouragea le défrichement. Confronté à la famine de 1732, il fut amené à supprimer les dettes des hommes de la bannière, ses vassaux directs.

Deux personnages marquent la deuxième partie de cette période : Tanuma Okitsugu (1719-1788) et Matsudaira Sadanobu (1758-1829). Le premier augmenta le numéraire en circulation, ce qui se traduisit par une inflation qu'il ne réussit pas à contrôler. Par une politique volontariste d'exportation vers la Chine, de recherches minières, de contrôle des corporations, il s'efforça d'améliorer les finances du *bakufu*. Mais il dut faire face à une série de catastrophes naturelles, comme la famine de l'ère Tenmei (1781-1789) qui ruinèrent ses efforts. On n'a longtemps retenu que son arrivisme, son népotisme, en un mot son caractère corrompu au regard de la morale confucéenne. Non seulement il échoua dans ses réformes, mais en plus il était de très basse extraction.

Matsudaira Sadanobu apparaît comme son exacte antithèse. Petit-fils de shôgun, confucéen de stricte observance, agrarien austère. Par les réformes qu'il préconisa durant l'ère Kansei (1789-1800), il voulut favoriser l'agriculture et pour cela renvoyer aux champs une partie de la population urbaine. Soucieux du bien du peuple, il fonda des hospices pour nécessiteux qui rappellent les ateliers nationaux de la Seconde République en France. Moraliste, il interdit la littérature licencieuse et ce qu'il considérait comme des déviations par rapport à la pensée de Zhu Xi dans son fameux édit de 1790, le *Kansei igaku no kin / Interdiction des écoles hétérodoxes de l'ère Kansei.* Le gouvernement du onzième shôgun Ienari (1787-1837) connut une relative prospérité grâce notamment à l'essor du commerce. Mais les mauvaises récoltes de 1832 et de 1838 remirent de nouveau en cause l'équilibre du régime qui réagit par les réformes de Tenpô (1830-1848). Mizuno Tadakuni (1794-1851) appela au retour aux bonnes mœurs, poursuivit les auteurs licencieux, et comme d'habitude voulut encourager l'agriculture. Ses réformes dans l'organisation commerciale ou la gestion des dettes du *bakufu* et de ses vassaux ne permirent pas de repartir sur de nouvelles bases (cf. chap. V).

L'effondrement

Depuis la fin du XVIIIᵉ siècle, les bateaux occidentaux sont de plus en plus nombreux à croiser au large du Japon. En 1824, ordre fut donné de couler tous les navires qui s'approcheraient des côtes. Si la volonté de résister était évidente, très vite les dirigeants les plus conscients étaient convaincus que le Japon devrait se réformer pour contenir l'avancée des Occidentaux. La guerre de l'opium (1840-1842) fut profondément ressentie au Japon. Il ne suffisait pas d'avoir le bon droit pour soi, il fallait avoir aussi des canons. Le *bakufu* tenta de s'armer, mais ce furent surtout les fiefs extérieurs qui réussirent leur transformation.

En 1853, le commodore Perry entra dans la baie d'Edo. Au nom du président des États-Unis d'Amérique, il exigeait l'ouverture du Japon. Les événements se précipitèrent. Les partisans d'une résistance à outrance gagnèrent contre le *bakufu* qui avait accepté l'ouverture. Mais, une fois arrivés au pouvoir, ils lancèrent le Japon dans une occidentalisation accélérée au nom d'un nationalisme qui n'avait rien à envier à celui des Anglais ou des Français.

REPÈRES CHRONOLOGIQUES

57 Le pays de Na ou Nu des Wa envoie une ambassade chez les Han postérieurs ; il en reçoit un sceau d'or.

107 Le roi du pays des Wa envoie une ambassade chez les Han postérieurs.

239 Himiko, reine du pays de Yamatai des Wa, envoie une ambassade au Wei.

369 Une armée « japonaise » opère dans le sud de la péninsule coréenne.

391 Des armées « japonaises » affrontent les royaumes de Silla et de Paekche.

430 Tribut aux Song (dynasties chinoises du sud).

Période d'Asukâ

538 ou 552 Arrivée officielle du bouddhisme au Japon.

562 Fin de la présence japonaise en Corée.

593 Construction du Shitennôji.

600 Ambassade aux Sui.

604 Constitution des 17 articles.

607 Construction du Hôryû ji.

645 Réformes de Taika, première utilisation d'un nom d'ère.

667 Transfert de la capitale à Ôtsu près du lac Biwa.

672 Jinshin no ran, guerre de succession, capitale en Asuka à Kiyomihara.

694 Capitale à Fujiwara, première capitale de plan chinois.

701 Promulgation du code de Taihô.

704 Émission des premières monnaies japonaises.

Période de Nara

710 Transfert de la capitale à Heijô (Nara).

720 Remise à la cour du *Nihonshoki*, première histoire officielle.

723 *Sansei isshinhô*, droit d'usage, pendant trois générations, des terres mises en irrigation.

752 Cérémonie d'ouverture des yeux du Grand Bouddha de Nara. Achèvement du *Man.yô-shû*, première anthologie de poésies japonaises.

Période de Heian

794 Transfert de la capitale à Heian (Kyôto).

801 Sakanoue no Tamuramaro pacifie les Emishi du nord-est.

805 Saichô, de retour de la Chine des Tang, fonde l'école Tendai.

806 Kûkai, de retour de Chine, fonde l'école ésotérique Shingon.

858 Fujiwara no Yoshifusa devient régent *Sesshô* (premier régent qui ne soit pas de la famille impériale).

887 Fujiwara no Mototsune devient chancelier *kanpaku* (premier chancelier).

894 Arrêt des ambassades en Chine des Tang.

902 Premier règlement sur la mise en ordre des domaines.

905 Publication du *Kokin wakashû*, première anthologie impériale de *waka*. Préface de Ki no Tsurayuki.

939 Révolte de Taira no Masakado et de Fujiwara no Sumitomo. **Achèvement du *Genji monogatari*.**

1016-1027 Fujiwara no Michinaga, apogée de la famille Fujiwara.

Période de Kamakura

1051 Campagne de 9 ans de Minamoto no Yoriyoshi contre de grandes familles du nord-est, pénétration des Minamoto dans l'est.

1083 Campagne de 3 ans de Minomoto no Yoshiie.

1086 L'empereur Shirakawa inaugure le système de gouvernement des empereurs retirés, *insei*.

1126 Achèvement du pavillon d'or Konjiki dô du Chûsonji à Hira.izumi (dép. d'Iwate).

1156 Désordres de l'ère Hôgen.

1159 Désordres de l'ère Heiji.

1167 Taira no Kiyomori devient ministre des affaires suprêmes.

1175 Le moine Hônen fonde l'école de la Terre pure.

1180 Minamoto no Yoritomo lève des troupes dans l'Est.

1185 Fin des Taira. Des administrateurs *shugo* sont nommés par Yoritomo dans les provinces.

1192 Minamoto no Yoritomo est nommé *Sei.i taishôgun*. Le *bakufu* est installé à Kamakura.

1205 *Shinkokinshû* Fujiwara no Teika.

1219 Fin des Minamoto. Les Hôjô gouvernent avec le titre de *shikken*.

1221 Événements de l'ère Jôkyû. Tentative de restauration du pouvoir de la cour. Établissement, à Kyôto, du Rokuhara tandai pour surveiller la cour.

1224 Shinran écrit le *Kyôgyôshinshô*, origine de la véritable école de la Terre pure.

1232 *Jôei shikimoku* (*Goseibai shikimoku*), recueil des lois concernant les guerriers.

1253 Nichiren prêche le *Sutra du Lotus* (origine de l'école Hokkeshû).

1274 *Bun.ei no eki*, campagne de l'ère Bun.ei contre les Mongols.

1281 *Kôan no eki*, campagne de l'ère Kôan contre les Mongols.

1297 *Einin tokuseirei*, édit du gouvernement vertueux de l'ère Einin, abolition des dettes des vassaux directs du shôgun.

1317 Début de l'alternance au pouvoir de deux branches de la maison impériale.

1324 Événements de l'ère Shôchû, tentative de restauration de l'empereur Godaigo.

1331 Événements de l'ère Genkô, nouvel échec de Godaigo qui est envoyé en exil.

1333 Chute du *bakufu* de Kamakura.

1334 Restauration de l'ère Kenmu.

Période de Muromachi

1338 Ashikaga Taka.uji devient shôgun. Installation du *bakufu* à Muromachi.

1392 Les cours du nord et du sud sont réunies.

1397 Construction du Kinkakuji, le pavillon d'or.

1399 Révolte de l'ère Ôei (Ôuchi Yoshihiro).

1401 Ashikaga Yoshimitsu noue des relations avec les Ming.

1426 Révolte *ikki* des loueurs de chevaux d'Ômi. Troubles dans la capitale.

1441 Assassinat du shôgun Ashikaga Yoshiyori.

1447 *Ikki* réclamant un gouvernement vertueux *Tokusei*.

1457 Fondation du château d'Edo.

1467-1477 Troubles des ères Ônin et Bunmei.

1483 Fondation du Ginkakuji, le pavillon d'argent.

1485 Révolte dans la province de Yamashiro.

1488 Révolte amidiste (*ikkô ikki*) de Kaga.

1520 *Eishô tokuseirei*, ordonnance du gouvernement vertueux de l'ère Eishô.

1526 Lois *kahô* du domaine des Imagawa.

1542 *Erizeni rei*, ordonnance sur les mauvaises monnaies.

1543 Les Portugais débarquent à Tanegashima. Arrivée des mousquets.

1547 Takeda Shingen fixe les 55 articles de la loi du peuple.

1549 François Xavier débarque à Kagoshima. Arrivée du christianisme.

Période d'Azuchi-Momoyama

1568 Oda Nobunaga entre à Kyôto.

1573 Fin du *bakufu* de Muromachi.

1575 Bataille de Nagashino, première utilisation d'un bataillon de mousquets.

1576 Oda Nobunaga entre dans le château d'Azuchi.

1582 Un groupe de jeunes garçons de Kyûshû est envoyé en Europe.

Mort d'Oda Nobunaga dans l'incendie du Honnôji.

1582-1598 *Taikô kenchi*, arpentage des terres cultivées sur ordre du *taikô*, Toyotomi Hideyoshi.

1585 Hideyoshi devient chancelier, et reçoit le nom de Toyotomi l'année suivante.

1588 Chasse aux sabres, désarmement des paysans.

1590 Toyotomi Hideyoshi réunifie le Japon.

1591 Recensement dans toutes les provinces.

1592 Première campagne de Corée (*Bunroku no eki*).

1597 Deuxième campagne de Corée (*Keichô no eki*).

1600 Bataille de Sekigahara, victoire de Tokugawa Ieyasu.

Période d'Edo

1603 Tokugawa Ieyasu est nommé shôgun. Il installe le *bakufu* à Edo.

1604 Autorisation nécessaire pour le commerce maritime intérieur et extérieur.

1615 Campagne d'été d'Ôsaka. Fin des Toyotomi.

1619 Début des caboteurs de commerce (*hishigaki kaisen*).

1624 Porte Yômeimon du Tôshôgû de Nikkô.

1635 Confirmation du système de résidence alternée des daimyô à Edo (*sankin kôtai*).

1637-1638 Révolte des chrétiens de Shimabara.

1639 Fermeture du pays.

1643 Interdiction de vente des rizières et des champs (*Tabatake eidai baibai kinshi*).

1651 Révolte de Yui Shôsetsu. Problème des samurais sans emploi (*rônin*).

1657 Interdiction des monopoles des sociétés par actions (*kabu.nakama dokusen kinshi*). Grand incendie d'Edo de l'ère Meireki.

1673 Limitation de la partition des terres.

1687 Édit de compassion envers les animaux (*Shôrui awaremi no rei*) du cinquième shôgun Tsunayoshi.

1688 Ouverture du quartier de Dôjima à Ôsaka, centre du commerce des grains.

1688-1703 Ère Genroku.

1702 La vengeance des vassaux fidèles d'Akô.

1709 Promotion d'Arai Hakuseki, Manabe Akifusa.

1716-1735 Réformes de l'ère Kyôhô.

1717 Ôoka Tadasuke (dit gouverneur d'Echizen) est nommé préfet de la ville d'Edo.

1721 Installation de la boîte de réclamations (*meyasu bako*).

1722 Obligation faite aux daimyô de donner au *bakufu* un centième de leur revenu en riz (*Agemai no sei*).

1723 Fixation du système du calcul du revenu des fiefs en riz (*kokudaka*).

1724 Mort de Chikamatsu Monzaemon (né en 1653).

1726 Édit sur la baisse des prix (*bukkahikisage rei*).

1732 Mauvaise récolte dans l'ouest du Japon.

1733 Révolte du riz à Edo.

1742 Fixation du code judiciaire applicable aux roturiers, *Kujikata osadamegaki*.

1743 Encouragement à la culture de la patate douce, *ama.imo kansho satsuma imo*.

1759 Incident de l'ère Hôreki (bannissement de Takeno.uchi Shikibu, partisan d'une diminution de la puissance du *bakufu* par rapport à la cour).

1767 Incident de l'ère Meiwa (exécution de Yamagata Daini pour injure envers le *bakufu*).

1772 Tanuma Okitsugu devient *rôjû*.

1774 Sugita Genpaku publie le *Kaitai shinsho / Nouveau traité d'anatomie*, traduit du hollandais.

1778 Un vaisseau russe aborde Ezo.

1787 Matsudaira Sadanobu devient *rôjû* (réforme de l'ère Kansei).

1790 Interdiction des écoles hétérodoxes (*igaku no kin*).

1792 Hayashi Shihei est condamné pour son livre *Kaikoku heidan / Propos sur la défense d'un pays maritime*.

1800 Inô Tadataka arpente Ezo.

1804 Nikolai Petrovich Rezanov, délégué russe, arrive à Nagasaki.

1808 Mamiya Rinzô voyage à Sakhaline (Karafuto).

1814 Inô Tadataka achève le plan général des côtes japonaises, *Dai nihon enkai yochi zenzu*.

1815 Sugita Genpaku écrit *Rangaku kotohajime / Les débuts des études hollandaises*.

1825 Édit de refoulement des navires étrangers (*gaikokusen uchiharai rei*).

1828 Incident de Siebold, expulsé après avoir été trouvé en possession de cartes du Japon.

1834 Mizuno Tadakuni devient *rôjû*, et tente les réforme de l'ère Tenpô.

1837 Ôshio Heihachiro mène une révolte à Ôsaka. Révolte d'Ikuta Yorozu, savant des études nationales qui attaque des magasins pour aider le peuple.

1841 Réformes politiques de Mizuno Tadakuni.

1844 La délégation hollandaise suggère au *bakufu* d'ouvrir le Japon.

L'HISTOIRE

1853 Les vaisseaux noirs du commodore Perry entrent dans la baie d'Uraga.
1854 Traité de Kanagawa entre le Japon et les États-Unis.
1858 Signature du traité d'amélioration des relations commerciales entre le Japon et les États-Unis.
1859 La répression de l'ère Ansei (*Ansei no taigoku*) menée par Ii Naosuke. Emprisonnement de Yoshida Shô.in, etc.
1860 Événement de l'extérieur de la porte Sakurada, assassinat d'Ii Naosuke.
1864 Canonnade de Shimonoseki, soumission de Chôshû.
1867 Édit impérial de restauration du pouvoir impérial (*Ôsei fukko no daigôrei*).

Période de Meiji

1868 Restauration de Meiji.
1889 Promulgation de la Constitution de l'empire du grand Japon (*Dainihon teikoku kenpô*).
1894-1895 Guerre sino-japonaise (*Nisshin sensô*).
1902 Alliance anglo-japonaise.

Période de Taishô-Shôwa

1904-1905 Guerre russo-japonaise.
1914 Déclaration de guerre à l'Allemagne.
1923 Tremblement de terre de Tôkyô (*Kantô daishinsai*).
1937-1945 Guerre sino-japonaise (*Nitchû sensô*).
1940 La triple alliance Japon-Allemagne-Italie.
1941-1945 Guerre du Pacifique.
1945 Hiroshima, Nagasaki. Capitulation.
1946 Constitution du Japon (*Nihonkoku kenpô*).
1949 Yukawa Hideki reçoit le prix Nobel de physique.
1951 Traité de paix de San Francisco.
1956 Membre de l'ONU.
1964 Jeux olympiques de Tôkyô.
1965 Tomonaga Shin.ichirô reçoit le prix Nobel de physique.
1968 Kawabata Yasunari reçoit le prix Nobel de littérature.
1972 Retour d'Okinawa dans la souveraineté japonaise.
1991 Éclatement de la bulle financière.

II
L'ESPACE JAPONAIS

幕藩

BAKUHAN

EDO ET LES FIEFS

Ayant échappé aux invasions mongoles au XIIIᵉ siècle, puis ayant renoncé aux aventures continentales après les deux échecs des armées de Toyotomi Hideyoshi en Corée à la fin du XVIᵉ siècle, le Japon pourrait apparaître comme un espace cohérent resserré sur ses îles. **Si l'idée d'une terre japonaise bénie des dieux est assez largement répandue depuis l'Antiquité, les limites de cette terre restent floues.** Réalité assez surprenante quand on songe à la politique dite de fermeture du pays menée à partir du début du XVIIᵉ siècle.

Par ailleurs, **ce pays dominé par un pouvoir fort n'est pas centralisé.** Certes Edo, la capitale des shôguns, va devenir la première ville du pays, mais elle restera longtemps en concurrence avec les villes de Kyôto, la capitale impériale, et d'Ôsaka, la commerçante. En outre chaque fief continuera de jouir d'une autonomie certaine, ce qui fera la fortune des villes sous le château, résidences des seigneurs. Le problème de l'articulation du pouvoir entre Edo, le *bakufu*, et les fiefs, les daimyô, sera traité en quatrième partie. Ce qui importe ici, c'est l'hétérogénéité de l'espace.

LE MORCELLEMENT DE L'ESPACE, LES PROVINCES, LES FIEFS, LES CIRCUITS

L'État antique avait organisé le pays en 66 provinces classées en trois catégories selon leur importance. Mises à part les deux provinces du nord-est, terres de conquêtes et donc particulièrement étendues, ces divisions étaient relativement homogènes. Adminis-

Carte des fiefs et du domaine propre du shôgun (1867)

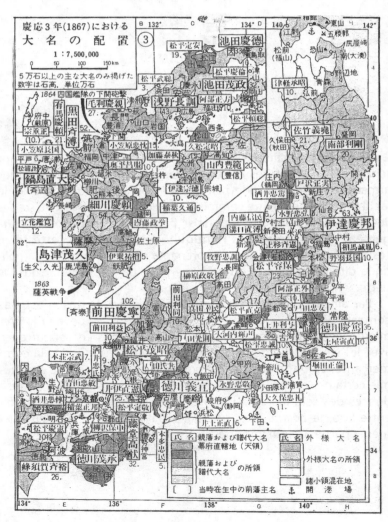

trativement parlant, ce découpage avait perdu toute fonction avec l'effondrement du régime des codes. Pourtant leur souvenir restera vivace. La cour de Kyôto continuera, tout le long de la période d'Edo, de distribuer les titres honorifiques de gouverneur de telle ou telle province à des daimyô (seigneurs d'un fief).

Le pouvoir des Tokugawa ne songea jamais à restaurer cet ordre spatial. Il s'appuya sur la réalité issue de la période des Provinces en guerre : la multitude des principautés. Après les derniers soubresauts et la mise en place du *bakufu* (gouvernement des guerriers), **le pays se trouve divisé entre les terres directement administrées par le *bakufu* et celles soumises aux différents fiefs. Le nombre de ceux-ci oscilla autour de 270,** avec de très grandes différences de taille et de revenus selon les fiefs. Les plus grands pouvaient regrouper plusieurs des anciennes provinces et constituer de véritables principautés, comme celui des Maeda qui gouvernaient les territoires des anciennes provinces de Kaga, Noto, Etchû, les Shimazu en Satsuma, les Hosakawa en Higo, les Kuroda en Chikuzen, une des branches des Tokugawa à Kii. À l'autre extrémité on trouvait des domaines minuscules dont le seigneur n'avait même pas le droit de se construire un château. Dans les régions stratégiques, comme les alentours de Kyôto, le *bakufu* avait multiplié les petits fiefs donnés à des vassaux directs. Pour se faire une idée de ce morcellement, il suffit de rappeler que le Japon contemporain est divisé en quarante-sept *ken* qui sont de la taille des départements français et qu'il comprend Hokkaidô et Okinawa qui se trouvaient alors en dehors de l'espace directement soumis au shôgun.

Pour ne s'en tenir qu'aux fiefs les plus importants, de plus de 100 000 *koku* (boisseaux de riz) de revenu annuel, en 1664 on en comptait sept à Kyûshû, le plus important étant celui des Shimazu à Kagoshima (730 000 *koku*), quatre à Shikoku, huit dans la région ouest de Honshû, quatre seulement dans la région proche de Kyôto, onze dans la région centrale de Honshû dont le plus important était celui des Maeda à Kanazawa (1 030 000 *koku*), six dans le Kantô, neuf dans le nord-est.

De plus **le *bakufu* administrait directement un certain nombre de points stratégiques, pour des raisons militaires, politiques ou économiques.** Ainsi en était-il de l'île de Sado et de ses mines d'or et d'argent, du port de Nagasaki ouvert aux commerçants hollandais et chinois, et des trois grandes villes : Edo, Kyôto, Ôsaka.

L'ESPACE JAPONAIS

LES CIRCUITS

Dans le Japon de l'Antiquité, les différentes provinces étaient regroupées en circuits, *dô*, qui partaient de la capitale. Avec le déclin de la capitale impériale, ces circuits ont perdu une grande partie de leur raison d'être, à l'exception de ceux qui reliaient la région de Kyôto au Kantô, siège du nouveau pouvoir, l'un par l'intérieur, le Tôsansandô, le circuit des montagnes de l'est, et l'autre le long de la côte, le fameux Tôkaidô, le circuit de la mer de l'est.

TÔKAIDÔ

Ce grand axe des communications d'Edo est resté celui du Japon contemporain. Il relie Edo à Kyôto puis à Ôsaka. À l'époque d'Edo, **il désigne la route marquée de 53 étapes, immortalisées par la série d'estampes de Hiroshige (cf. Estampe Ukiyo-e, chap. IX) ou le roman picaresque** *Tôkaidôchû hizakurige / La route de la mer de l'est sur le destrier genou* (cf. la Littérature populaire, chap. VIII), publié entre 1802 et 1809. Cette route, d'une importance stratégique et économique capitale, était sévèrement contrôlée par le *bakufu*. Elle était gardée par deux barrières, l'une à Hakone, l'autre à Arai. De plus les territoires qu'elle traversait étaient en grande partie confiés à des vassaux directs du shôgun. Enfin, pour freiner toute avance d'une éventuelle armée ennemie marchant sur Edo, il était interdit de construire des ponts sur les rivières traversées, d'où ces scènes étranges, sur un axe si fréquenté et dans un pays par ailleurs si développé, de passages à gué ou en bac (il faut tenir compte aussi de la difficulté de construire des ponts sur des rivières où les crues peuvent être de très grande ampleur). C'est cette route qu'empruntaient les cortèges des daimyô de l'ouest se rendant ou revenant d'Edo. Autour des auberges-relais se sont développées des agglomérations renforçant l'importance économique de cet axe.

Toutes les marchandises ne transitaient pas par cette route terrestre. Les plus pondéreuses voyageaient par mer. Le cabotage resta, tout le long de la période, le moyen de transport le plus utilisé.

LES TROIS VILLES : EDO, KYÔTO, ÔSAKA

À partir du XVIe siècle, le Japon connut un développement remarquable des villes. Les époques précédentes avaient été marquées par la présence d'une grande ville, la capitale s'appuyant sur un réseau de petites agglomérations. À la fin de la période des Provinces en guerre, les principautés se dotèrent de villes surgies au pied des châteaux. Six millions de personnes habitaient dans les mille sept cents agglomérations de plus de trois mille âmes. Si les trois villes administrées directement par le *bakufu* se distinguent, Kanazawa (fief des Maeda) et Nagoya (capitale du fief d'Owari, administrée par une branche cadette des Tokugawa) comptent près de cent mille habitants. On estime à soixante mille celles d'Okayama (famille Ikeda), Kagoshima (famille Shimazu), Hiroshima (famille Asano), Nagasaki.

Le Japon devint alors un pays urbanisé comparable à la Grande-Bretagne. Même si la population agricole représente encore la grande majorité, avec près de 15 % d'habitants urbanisés, le poids des villes est considérable pour une économie pré-industrielle.

EDO

Une des plus grandes villes du monde au début du XVIIIe siècle. Longtemps ce ne fut qu'une modeste bourgade de la province de Musashi. Sa fortune fut liée aux Tokugawa. À la suite d'un échange imposé par Toyotomi Hideyoshi, Ieyasu acquit les fiefs du Kantô, et s'établit à Edo en 1590. Il s'empressa d'y construire un nouveau château. Quand il fut nommé *Sei.i taishôgun* en 1603, c'est à Edo qu'il fixa le siège du gouvernement des guerriers, le *bakufu*.

Le centre de la ville était constitué par le château. La construction du nouveau château s'étagea d'Ieyasu au troisième shôgun, Iemitsu. Pour marquer sa puissance et alléger ses finances, le *bakufu* mit à contribution les daimyô pour sa construction. Conçu dans le contexte des guerres du XVIe siècle, *Edo-jô* était un château fort doté d'une triple enceinte avec douves, couronné d'un énorme donjon, *tenshu*, qui dominait la ville. **La fonction militaire, comme tous les aspects guerriers de l'époque d'Edo, fit place à la fonction symbolique. Le pouvoir militaire avait son centre dans les meilleures fortifications que l'on puisse imaginer à l'époque, mais aussi les plus belles.** Malheureusement les incendies n'épargnèrent pas le siège du pouvoir et, si beaucoup de bâtiments furent reconstruits régulièrement, le donjon ne le fut jamais après avoir brûlé en 1657. Le premier château fut décoré avec magnificence, à l'instar du mausolée de Nikkô. Dans la deuxième partie de l'époque, le style fut beaucoup plus sobre.

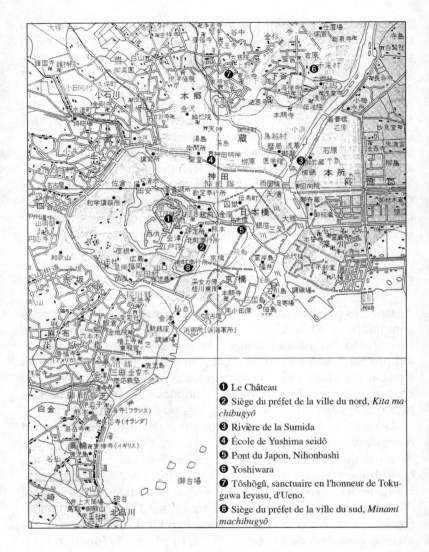

❶ Le Château
❷ Siège du préfet de la ville du nord, *Kita machibugyô*
❸ Rivière de la Sumida
❹ École de Yushima seidô
❺ Pont du Japon, Nihonbashi
❻ Yoshiwara
❼ Tôshôgû, sanctuaire en l'honneur de Tokugawa Ieyasu, d'Ueno.
❽ Siège du préfet de la ville du sud, *Minami machibugyô*

Plan d'Edo (1854-1868)

Le centre du château servit à accueillir l'empereur lors du déplacement de la capitale de Kyôto à Edo en 1868. C'est encore l'emplacement du palais impérial de nos jours, mais seules les douves et les murailles en courbe rappellent le château d'Edo.

Ce vaste ensemble de bâtiments combinait les fonctions de résidence du shôgun et de siège des principaux organes du pouvoir.

C'est autour de ce centre que se construisit la ville en spirale. Les résidences des branches cadettes et des vassaux les plus fidèles se trouvaient au plus près du château, plus loin les vassaux extérieurs. Les gens de la bannière, *hatamoto*, furent installés vers l'ouest, là d'où pouvait venir le danger.

Ce rôle de capitale fut renforcé par l'obligation faite en 1632 aux daimyô de venir régulièrement séjourner à Edo et donc d'y avoir au moins une résidence. **Ces résidences et leurs jardins occupaient 60 % de la superficie totale de la ville.** Comme les daimyô venaient avec une suite et devaient laisser leur famille en otage quand ils rentraient dans leur fief, Edo comprenait un nombre considérable de guerriers qui représentaient probablement 40 % de l'ensemble, autant que les « bourgeois », artisans et commerçants. C'est une population qu'il fallait nourrir, habiller, équiper, instruire. Ce fut l'origine d'un essor commercial et artisanal considérable qui rivalisa avec la dynamique d'Ôsaka à partir du XVIIIe siècle.

Les guerriers avaient, entre autres privilèges, de ne pas dépendre de l'administration de la ville, mais de leur seigneur. Aussi est-il difficile de connaître la population totale d'Edo, les recensements de

Plan du château d'Edo vers 1800

❶ Honmaru, château principal
❷ Ni no maru, deuxième château
❸ San no maru, troisième château
❹ Nishi no maru, château de l'ouest
(emplacement de l'actuel palais impérial
❺ Jardin de Fukiage
❻ Résidences des vassaux directs

1721 et 1843 font respectivement état de 501 394 et 587 458 habitants roturiers. **L'administration de la ville était confiée à deux postes de préfet de la ville,** *machi bugyô,* **l'un pour la moitié nord, l'autre pour la moitié sud.** **Les titulaires de ces postes exerçaient leur fonction par roulement mensuel,** comme c'était souvent le cas dans l'administration shogunale. Personnages prestigieux, les *machi bugyô* d'Edo faisaient partie de l'élite administrative ; ils dépendaient des conseillers (anciens), *rôjû,* du shôgun. Ils étaient recrutés parmi les hommes de la bannière, *hatamoto.* Ils s'occupaient aussi bien de l'administration générale des quartiers que de la police et de la justice. Pour les tâches de police, ils avaient à leur disposition des gendarmes à cheval, *yoriki,* ou à pied, *dôshin.*

Mais surtout ils s'appuyaient pour la gestion sur les anciens des quartiers, *machi doshiyori.* Ceux-ci étaient recrutés dans trois familles : Taruya, Naraya, Kitamura dont les ancêtres avaient été nommés par Ieyasu. Ils étaient, comme le *ya* des noms des deux premiers l'indique, des roturiers propriétaires d'une maison de commerce. Les anciens avaient sous leur responsabilité les chefs de quartier, *machi nanushi.* Le système hiérarchique de la société d'Edo distinguait ces *nanushi* en trois catégories selon l'ancienneté de leur implantation à Edo : *kusawake,* défricheurs, *komachi,* des vieux quartiers, *hira,* ordinaires. C'est à ce niveau-là que se déroulaient les enquêtes sur l'état de la population, la lutte contre les incendies, l'arbitrage des conflits de voisinage, etc.

Les quartiers prirent une coloration différente selon leur proximité du château, l'artisanat dominant. **Les quartiers populaires,** *shita machi* **(littéralement les quartiers d'en bas), produisirent une culture populaire d'une grande vitalité.** Une des innovations de l'urbanisme d'Edo fut rapidement suivie dans les autres centres urbains : la construction de quartiers de plaisir (cf. Loisirs, chap. X), trente-cinq, dont le plus célèbre, Yoshiwara, quartier qui donnait le ton de la mode.

Comme dans les autres villes-châteaux, les sanctuaires et monastères bouddhiques étaient regroupés en *tera-machi,* **quartiers des temples.**

Edo devait faire face à une grande masse de personnes venues chercher du travail, qui étaient ressenties par les autorités comme dangereuses, même si elles étaient nécessaires. La vie à Edo était haute en couleur, les bandes de voleurs et les bagarres étaient nombreuses. **Fait exceptionnel dans la société hiérarchisée de l'époque, une** partie non négligeable de la population d'Edo était composée de personnes sans aucune attache (cf. chap. III). Alors que partout ailleurs toute personne se trouvait prise dans le réseau des obligations et de la dépendance, la main-d'œuvre nécessaire aux grands travaux, comme la construction du château, était salariée. Elle ne travaillait plus sous forme de corvée, comme l'aurait voulu l'idéal social.

Cette ville immense n'a guère laissé de traces visibles dans le Tôkyô moderne. La responsabilité en vient bien évidemment au tremblement de terre de 1923 et aux bombardements américains de mars1945. Mais c'est aussi parce que **la ville ne cessa de brûler tout le long de l'époque d'Edo.** Les incendies faisaient partie de la vie de la ville. Celui de 1656 fut particulièrement dévastateur. Les mesures prises, comme l'élargissement des rues, limitèrent seulement l'ampleur de ces catastrophes qui n'épargnaient pas le château du shôgun. Les organisations de pompiers faisaient la fierté des quartiers (sur Edo, voir Philippe Pons, *D'Edo à Tôkyô*).

Cette ville n'a pas seulement laissé son nom parce qu'elle était la résidence des shôguns. Ce fut aussi elle qui, à partir du XVIIIe siècle, donnera le ton dans tous les domaines. Reprenant le flambeau d'Ôsaka, **les bourgeois et le petit peuple d'Edo créeront une culture urbaine qui rayonne jusqu'à nos jours.**

ÔSAKA

Les côtes de la mer intérieure, à proximité de la province de Yamato, ont très tôt abrité des ports qui permettaient d'approvisionner le centre politique du Japon archaïque. Plusieurs souverains ont même installé leur palais à Naniwa, actuel quartier de Nanba d'Ôsaka. Le port de Naniwa restera le port de la capitale quand celle-ci sera transférée à Heian, l'actuelle Kyôto.

Durant l'époque médiévale, plusieurs agglomérations se développèrent à l'embouchure des rivières Yodo, Yamato et Hirano, à proximité du grand monastère du Shitennô-ji et du sanctuaire de Sumiyoshi. La période des Provinces en guerre vit, dans la même région, la prospérité de Sakai, ville de marchands qui avaient réussi à créer une communauté autonome, ne relevant d'aucune des principautés qui s'affrontaient alors. C'était une place qui commerçait non seulement avec les ports de la mer intérieure, mais aussi avec la Chine et bientôt les Européens. C'était de plus un des grands centres de production d'armes à feu. Les grands généraux qui réunifièrent le Japon à la fin du XVIe siècle ne pouvaient tolérer de telles zones d'autonomie. Sakai finit par passer sous le contrôle d'Oda Nobunaga.

Une autre communauté s'était installée plus au nord, celle des adeptes de la véritable école de la Terre pure, Jôdo shin shû. Le Hongan-ji d'Ishiyama servit de base de repli à la Jôdo shinshû qui avait perdu son siège de Yamashina en 1532. **C'est autour de ce monastère-forteresse que se développa une agglomération désormais connue sous le nom d'Ôsaka.** Les bonnes relations du Hongan-ji avec la cour de Kyôto lui permirent d'obtenir des privilèges et d'attirer ainsi artisans et commerçants. Mais en 1580 le monastère-forteresse, isolé des autres communautés du Shinshû, fut détruit par les flammes.

Toyotomi Hideyohi, conscient de l'importance stratégique de la région d'Ôsaka et de l'expérience de ses marchands, décida d'y construire le plus grand de ses châteaux. Il déporta une partie des habitants de Sakai pour peupler la ville qu'il souhaitait voir se développer à son pied.

La bataille de Sekigahara, en 1600, permit à Tokugawa Ieyasu de prendre le pouvoir, mais le clan des Toyotomi restait maître du château d'Ôsaka et de la richesse de la ville. Il fallut attendre 1615 et deux campagnes pour que le château tombe et que tout le clan des Toyotomi soit exterminé. Le château avait alors été rasé et la ville en grande partie détruite.

Dès 1619, Hidetada, le deuxième shôgun, décida que désormais la ville d'Ôsaka serait sous administration directe du *bakufu*. De plus il fit reconstruire le château à l'emplacement même de celui de Toyotomi Hideyoshi, mais encore plus grand et plus magnifique. Pour ce faire, il mit à contribution les daimyô, les obligeant notamment à faire transporter les énormes pierres des remparts. Comme toujours le château jouait le double rôle de contrôle militaire, commandant tout l'ouest du Japon, et de marque de prestige. La puissance des Tokugawa s'affichait.

La construction constitua un énorme chantier qui rassembla à Ôsaka une immense masse de travailleurs et d'artisans qu'il fallait nourrir. La population atteignit alors 400 000 habitants, chiffre qu'elle ne récupéra qu'au milieu du XVIIIe siècle. **La vocation d'Ôsaka, « cuisine du Japon », était née.**

Le château d'Ôsaka ne joua plus guère de rôle dans la ville. Dans un plan de 1657, le château minutieusement figuré domine la planche orientée avec l'est en haut. Sur le plan de 1759, orienté avec le nord en haut, le château n'est plus qu'une parcelle vide. Par

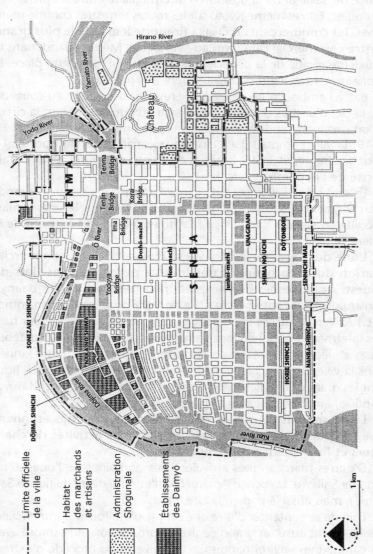

Ōsaka au début du XVIIᵉ siècle.

Hirano River

Yamato River

Yodo River

Château

TENMA

Tenma Bridge

Tenjin Bridge

Karai Bridge

Ima Bridge

Ō River

Dōshō-machi

Hon-machi

SENBA

Yodoya Bridge

Junkei-machi

UNAGIDANI

SHIMA NO UCHI

DŌTONBORI

SENNICHI MAE

SONEZAKI SHINCHI

NAKA NO SHIMA

DŌJIMA SHINCHI

Dōjima River

HORIE SHINCHI

NANBA-SHINCHI

Kizu River

Limite officielle de la ville

Habitat des marchands et artisans

Administration Shogunale

Établissements des Daimyō

0 1 km

ailleurs, la garnison était assez restreinte. La puissance résidait ailleurs, dans le commerce et l'artisanat. Profitant de la longue expérience de Sakai et de la position d'intermédiaire entre les provinces de l'ouest, Edo et même Kyôto sur les routes terrestres comme maritimes, **les commerçants d'Ôsaka firent de leur ville le plus grand centre commercial du Japon au** XVIIe **siècle.** Même quand, dans la deuxième moitié de la période, Edo finit par lui ravir cette place, le capitalisme marchand d'Ôsaka restera très puissant.

Bâti à l'embouchure de trois rivières, Ôsaka se dota, au cours du XVIe siècle, d'un très dense réseau de canaux qui facilitèrent la circulation des marchandises pondéreuses, à commencer par le riz. En 1619, la ville comptait 1 031 bateaux capables de transporter 10 *koku* de charge, et 1 592 barques de transport, *uwani*. **Ôsaka était la cité de l'eau,** *mizu no toshi.*

Le cœur de la ville commerçante battait dans ses trois grands marchés, celui des fruits et légumes près du pont de Tenma, le marché aux poissons à Kami Uoya-machi, et celui du riz au nord de la rivière Dôjima.

L'une des bases de la richesse se trouvait dans la commercialisation du riz provenant des impôts perçus par les fiefs de l'ouest. Ayant besoin de numéraire pour leurs achats, les daimyô construisirent des entrepôts sur l'île de Naka no shima. On en comptait 125 vers 1840. Ils confièrent la commercialisation de leur riz à des intermédiaires qui finirent par devenir leurs banquiers. Au début du XVIIIe siècle, 1,4 million de *koku* de riz arrivaient chaque année dans la ville. Parmi les *kuramoto*, gestionnaires des entrepôts, figurent les grandes familles marchandes d'Ôsaka, les Yodoya, Masuya, Kônoike, familles qui géraient le riz de quatre fiefs.

Le riz servant de moyen de paiement, il n'est pas étonnant que les grands marchands aient eu aussi des activités de changeurs et finalement de banquiers.

D'autres marchandises arrivaient des domaines de l'ouest, l'indigo de Shikoku, le sucre d'Amami (par l'intermédiaire du fief de Satsuma), mais aussi le papier, la cire, etc.

Loin de se contenter d'être une simple plate-forme commerciale, Ôsaka devint aussi un grand centre de production, en osmose avec les campagnes environnantes. La découverte du procédé d'extraction de l'huile des graines de coton permit le développement d'une production considérable d'huile d'éclairage. Le procédé fut étendu aux graines de colza cultivées en deuxième culture sur les rizières après la récolte du riz de printemps.

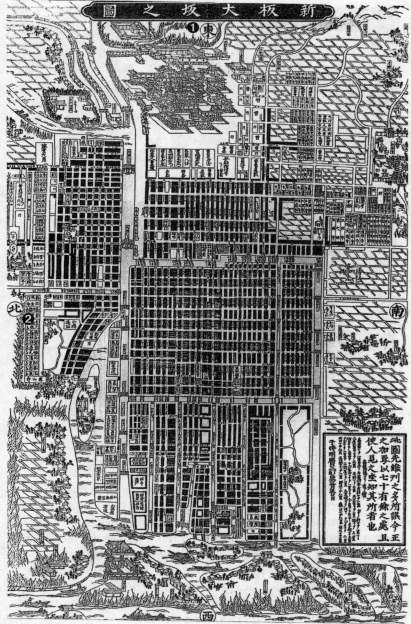

❶ Est. Château
❷ Nord

Ôsaka en 1657

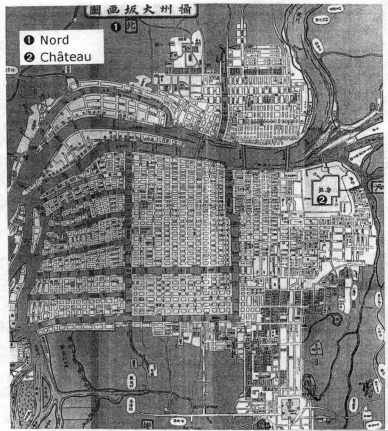

❶ Nord
❷ Château

Ôsaka en 1759.

Ôsaka était aussi le centre de raffinage du cuivre qui était devenu la matière principale d'exportation après les restrictions aux paiements en or et en argent au cours du XVIIᵉ siècle. On suppose que plus de dix mille personnes travaillaient dans la transformation du cuivre à la fin du XVIIᵉ siècle. Un consortium de cinq marchands d'Ôsaka réussit à obtenir le monopole de la vente du cuivre aux Occidentaux à Nagasaki.

D'autres marchands parvinrent à mettre la main sur les importations de produits médicinaux en provenance de Chine ou d'Asie du Sud-Est. Le quartier des apothicaires deviendra un des centres de l'industrie pharmaceutique du Japon moderne.

Le travail du cuir se trouvait aussi circonscrit à un quartier bien particulier depuis 1620, celui de Watanabe. Soumis à une sévère discrimination, les artisans du cuir et de la fourrure, des *eta* (parias, cf. Les autres éléments de la population, chap. III), ont pourtant bénéficié de la protection de l'administration, et leur production fut incluse dans les statistiques de la ville. Travaillant surtout pour la classe des guerriers qui était très demandeuse d'articles en cuir, les *eta* d'Ôsaka connurent une situation économique relativement bonne.

Tableau des douze principaux produits entrés à et sortis d'Ôsaka en 1714.

Entrées

Riz	40 814 kanme d'argent
Graine de colza	28 049
Bois de charpente	25 751
Sardines séchées	17 760
Vêtements de coton non teints	15 750
Papier	14 464
Fer	11 804
Bois de chauffage	9 125
Cuivre	7 171
Coton brut	6 705
Tabac	6 496
Sucre	5 614

Sorties

Huile de colza	26 005
Vêtements de coton à rayures	7 066
Cuivre pour exportation	6 588
Vêtements de coton non teints	6 265
Huile de coton	6 116
Articles d'occasion	4 045
Filé de coton	4 299
Sauce de soja	3 899
Outils de fer	3 750
Tourteaux	3 267
Objet de laque	2 840
Accessoires personnels	2 838

(D'après James L. Mc Clain et Wakita Osamu, *Osaka*, Cornell University Press, 1999, p. 62.)

L'importance des sardines séchées peut surprendre. Elles étaient vendues aux paysans de la région d'Ôsaka comme engrais. **Ôsaka fut aussi la ville où naquit la culture bourgeoise de l'époque d'Edo.** Elle donna plusieurs de ses grands noms, Chikamatsu Monzaemon qui écrivit les livrets du théâtre de poupées connu sous le nom de Bunraku. Mais aussi Ihara Saikaku, marchand, poète de *haikai* et romancier, ou encore, à la fin du XVIIIe et au début du XIXe siècle, Ueda Akinari, marchand d'huile, médecin et romancier (cf. Éducation et école, chap. VIII).

Les marchands d'Ôsaka avaient pris l'initiative de créer une école à l'instar de ce que le *bakufu* et les fiefs faisaient pour les enfants des guerriers. **Le Kaitokudô, fondé en 1726, fut un important foyer du rayonnement, jusqu'à la fin de l'époque d'Edo, non seulement de la culture des lettrés, les classiques du confucianisme, mais aussi de savoirs plus pratiques** (cf. Éducation et école, chap. VIII).

Kyôto, 410 000 habitants à la fin du XVIIe siècle

Résidence presque sans interruption de l'empereur depuis 794, Kyôto avait maintenu sa position de ville par excellence jusqu'au désastre des guerres de l'ère Ônin. Réduite à l'état de villages dispersés, mais toujours siège de la fonction impériale, Kyôto connut un nouvel essor au cours du XVIe siècle. Oda Nobunaga n'eut pas le temps d'y apposer sa marque, ce que fit Toyotomi Hideyoshi. Maître du pays, il tira sa légitimité de la cour impériale. En retour, il entreprit de redonner forme à l'ancienne capitale. Il l'entoura d'une enceinte, la première qu'elle eût connue. Il regroupa les monastères en un quartier, Tera machi, qui marque encore le paysage de Kyôto. Il s'y fit construire une résidence splendide où il reçut l'empereur. **Cet exemple sera suivi par Ieyasu qui bâtit le château de la deuxième avenue Nijôjô.**

Mais les Tokugawa ne s'installèrent pas dans la capitale. Ils la contrôlèrent minutieusement en plaçant leurs représentants près du château de Nijô. Poursuivant la politique de Hideyoshi, ils favorisèrent le regroupement des monastères en poussant les différentes écoles bouddhiques à avoir leur monastère principal à Kyôto. La ville prit alors ce caractère de ville religieuse qu'elle n'avait guère auparavant. **Tout en surveillant la cour, le *bakufu* lui assura une aisance relative.** Un certain nombre de rites et de cérémonies, qui avaient été abandonnés faute de moyens, furent restaurés au cours de

❶ Rivière Kamo
❷ Enceinte
❸ Nijôjô, le château de la 2e avenue
❹ Palais impérial
❺ Shôkoku-ji, monastère du Zen Rinzai
❻ Daitoku-ji, monastère du Zen Rinzai
❼ Hongan-ji, monastère de la Véritable école de la terre pure
❽ *Tera machi*, le quartier des monastères

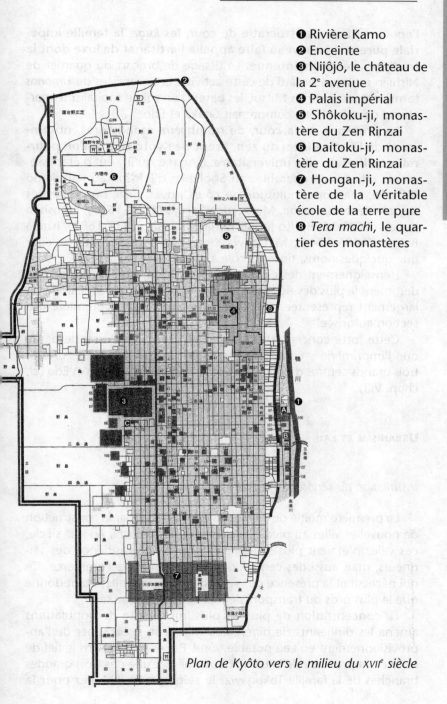

Plan de Kyôto vers le milieu du XVIIe siècle

l'époque d'Edo. **L'aristocratie de cour, les** *kuge*, **la famille impériale purent de nouveau faire appel à l'artisanat de luxe dont la tradition s'était maintenue.** Le tissage de brocart du quartier de Nishijin est représentatif de cette activité. Les grossistes de *kimonos* formèrent, comme les Mitsui, les bases d'un solide capitalisme marchand dont le réseau comprenait Ôsaka et Edo.

La présence de la cour, de nombreux monastères, notamment de l'école Rinzai du zen, firent de Kyôto ce que l'on pourrait qualifier de ville universitaire. Non pas qu'il y eut d'établissements officiels comparables au Shôheikô d'Edo ou au Kaitokudô d'Ôsaka, mais une multitude de cours privés, *juku*, où des lettrés dispensaient leur savoir. Matsunaga Sekigo (1592-1657), Kinoshita Jun.an (1621-1698), Itô Jinsai, Yamazaki Ansai (1618-1682), Ishida Baigan (1685-1744), Minakawa Kien (1734-1807), pour ne citer que quelques noms, tinrent école à Kyôto.

L'enseignement des classiques du confucianisme était bien évidemment le plus développé, mais la médecine qui lui était si liée fut largement représentée. C'est à Kyôto qu'eut lieu la première dissection autorisée.

Cette forte concentration de lettrés explique en grande partie que l'imprimerie y connut une grande activité. Kyôto fut l'un des trois grands centres d'impression de l'époque, avec Ôsaka et Edo (cf. chap. VIII).

URBANISME ET EAU

Installation du service des eaux potables

La première moitié du XVIIe siècle est marquée par la construction de nouvelles villes au pied des châteaux, *jôka machi*. Au XVIIe siècle, ces villes n'étaient plus seulement les lieux de résidence des seigneurs, mais aussi des centres de production et de commerce. Ce qui nécessitait la présence des voies d'eau à proximité, étant donné que le plus gros du transport s'effectuait par bateaux.

La concentration de plus en plus importante de populations amena les dirigeants de différentes villes à se préoccuper de l'approvisionnement en eau potable, *jôsui*. Par exemple, dans le fief de Mito de la province de Hitachi, gouverné par une des trois grandes branches de la famille Tokugawa, **le seigneur fit installer pour la**

première fois en 1627 un service d'eau potable, deux années après la construction de la ville au pied de château. Les canalisations d'eau, *suidô*, atteignirent 10,7 km. Du côté de la mer du Japon, le fief de Fukui, où se développa très tôt une grande ville au pied de château, fit construire dès 1606 des canalisations non seulement pour l'eau potable, mais aussi pour irriguer les rizières, pour éteindre les incendies.

Au siège du *bakufu,* les travaux d'adduction d'eau commencèrent en 1603, année où Tokugawa Ieyasu reçut de la cour impériale le titre de shôgun. La ville fut construite en grande partie sur un terrain conquis sur la mer vers le sud. En 1609, la ville d'Edo comptait déjà une population de plus de 150 000 habitants. Comme l'histoire de la construction de la ville d'Edo l'explique, ses habitants rencontraient de sérieuses difficultés pour obtenir autre chose que de l'eau de mer en creusant des puits. C'est pourquoi on entreprit d'énormes travaux pour la pose de canalisations d'eau potable. Encore au milieu du XVIIe siècle, même certaines parties des palais du shôgun ne pouvaient pas en profiter. **Jusqu'aux années de l'ère Kyôhô (1716-1735), les habitants de la ville d'Edo ne maîtrisaient pas la technique nécessaire pour creuser des puits de plus de 9 m afin de puiser ainsi directement une eau douce de bien meilleure qualité que l'eau potable fournie par les canalisations.** Celles-ci avaient été réalisées à partir du deuxième shôgun Hidetada (1603-1623) à Kanda, Tamagawa, Aoyama, Mita, Kameari et Senkawa. Les quatre dernières furent fermées en 1722. Quant aux deux premières, elles fournissaient de l'eau potable au château du shôgun ainsi qu'aux principaux quartiers de la ville durant l'époque d'Edo, et continuaient à fonctionner encore à l'époque de Meiji.

Les fonctionnaires qui avaient la charge du service de l'eau potable ne semblent pas au départ s'en être occupés de façon exclusive. Ce fut, semble-t-il, vers les années 1660 que les autorités créèrent les postes permanents de préfets des eaux potables, *jôsui bugyô*. Ce service fut confié, à partir de 1693, aux préfets des voies, *michi bugyô*, puis, en 1739, à ceux de la ville, *machi bugyô*. Désormais trois anciens de la ville d'Edo, *machi doshiyori*, ainsi que deux nouveaux fonctionnaires chargés des eaux, *mizuyaku*, contrôlèrent les voies calaisiennes d'eau potable de la capitale.

Les réparations des pièces utilisées pour ces voies étaient à la charge des syndicats des eaux créés en 1734, qui avaient aussi la responsabilité de la construction. Pour assurer la qualité de l'eau potable, les autorités menaient des campagnes auprès de la population en lui interdisant de jeter des ordures dans les canalisations, de s'y baigner, d'y laver des objets ou des produits sales, d'y pêcher ou d'y chasser, ou encore d'y ancrer des navires ou des radeaux, etc.

Système d'évacuation des eaux d'égout

Contrairement à une idée reçue, le système d'évacuation des eaux n'était pas inconnu du Japon préindustriel. Le terme « *gesui* (eaux d'égout) » existait déjà au XVIIe siècle. Plus précisément nous en trouvons une des premières mentions en 1657 dans un avis adressé aux habitants de la capitale, *machibure*. **Ces eaux d'égout,** qui finissaient par se déverser dans la baie d'Edo après avoir coulé dans les petites rivières ou les fossés des résidences, **semblent avoir favorisé jusque dans les années 1950 l'apparition de planctons qui nourrissaient avantageusement les poissons de la baie.** Ce qui permettait aux gens d'Edo d'avoir des poissons de qualité dans la mer la plus proche.

LES FRONTIÈRES ET LES RELATIONS EXTÉRIEURES

Morcelé en de multiples fiefs aux limites très précises, le Japon d'Edo entretenait à ses marges des territoires aux statuts assez souples. On parlait des trois portes faisant office de postes avancés du territoire dépendant du *bakufu*.

Au nord, le fief de Matsumae s'établit au sud de l'île d'Ezo (actuelle Hokkaidô). Du fait de son éloignement, les daimyô n'étaient tenus à se rendre à Edo que tous les cinq ans. Le climat ne permettait pas alors la culture du riz, les revenus du fief reposaient avant tout sur les droits de pêche et le commerce avec les Aïnu. Ceux-ci fournissaient notamment des fourrures, des faucons pour la chasse, mais aussi certains produits chinois qui avaient transité par le fleuve Amour. **Au cours du XVIIIe siècle, avec la répression des dernières révoltes, les Aïnu cessèrent de représenter une menace,** et l'ensemble de l'île passa sous contrôle des Japonais. Les pêcheries passèrent sous la coupe de marchands venus de Honshû. Les Aïnu y servaient de main-d'œuvre quasi gratuite.

Mais c'est aussi par cette partie assez peu stable du Japon que les Occidentaux se présentèrent sous un visage inquiétant. Les Russes commençaient à descendre vers le sud après avoir conquis le Kamtchatka. Les vaisseaux anglais et américains étaient aussi présents, et même les Français. La Pérouse laissa son nom (sur les cartes françaises) au détroit de Sôya qui sépare Sakhaline de Hokkaidô. Ce n'est donc pas un hasard si l'un des premiers ports à être ouverts aux étrangers après le traité de 1854 fut Hakodate.

La position stratégique de l'île explique que, pendant un certain temps, elle fut administrée en grande partie directement par le *bakufu*.

À l'ouest, l'île de Tsushima servit depuis l'Antiquité d'intermédiaire dans les relations avec la Corée. L'île était sous la domination de la famille Sô depuis le milieu du xvᵉ siècle. L'absence de ressources propres rendit primordial le commerce avec la Corée. C'est lui qui assura les principales ressources du fief jusqu'à la fin de l'époque d'Edo. La famille s'efforça de maintenir des contacts avec la Corée, même quand le pouvoir central n'entretenait aucune relation diplomatique. Elle alla même jusqu'à accepter des fonctions à la cour de Corée.

Bien qu'ayant participé aux expéditions de Toyotomi Hideyoshi, les Sô, qui s'étaient ralliés aux Tokugawa, n'hésitèrent pas à prendre l'initiative de renouer les relations entre les deux pays. Au prix de la falsification des documents émanant des deux parties, ils réussirent à faire rétablir des relations diplomatiques. Si l'on excepte le cas du royaume des Ryûkyû que nous examinerons bientôt, les échanges diplomatiques avec la Corée sont les uniques relations d'État à État entretenues par le *bakufu* des Tokugawa. **Même si le commerce avec la Chine fut assez florissant, il n'y eut aucun contact officiel avec la dynastie des Qing** (cf. Commerce international, chap. V).

Dans le cas de la Corée, curieusement, seuls les Coréens envoyèrent des ambassades au Japon. Il n'y eut jamais de réciprocité. La première étape était bien entendu Tsushima. Jusqu'au xixᵉ siècle, Tsushima servit de poste d'observation sur la situation en Corée. Comme pour Matsumae, l'éloignement permit aux Sô de ne se rendre à Edo que tous les trois ans.

Le fief tira profit de la reconnaissance réciproque. Alors que le commerce de Nagasaki est très connu, on sous-estime souvent l'importance de celui du Tsushima qui exportait pourtant de très grandes quantités de métaux vers la Corée qui lui vendait en contrepartie le riz nécessaire à sa population.

Dernière porte, les Ryûkyû. Situé entre Taiwan et l'archipel japonais, **les Ryûkyû se constituèrent en un royaume prospère au début du xvᵉ siècle**, qui servit de plaque tournante entre les pays de

L'ESPACE JAPONAIS

l'Asie du Sud-Est, la Chine, la Corée et le Japon. La fermeture de la Chine sous les Ming fut une belle occasion de développer son commerce. La réunification du Japon mit fin à son autonomie. Le clan des Shimazu de Satsuma (Kagoshima), avec l'autorisation du *bakufu*, lança en 1609 une attaque sur le royaume, fit prisonnier le roi et le réduisit à accepter ses conditions, un protectorat assez brutal. **Ainsi les Shimazu, vassaux des Tokugawa, se trouvaient maîtres d'un royaume.** De plus le royaume des Ryûkyû entretenait aussi des relations de vassalité avec la Chine. Ces contacts directs avec la Chine, combinés avec des relations de plus en plus étroites avec le Japon, donnèrent à la culture d'Okinawa une coloration très particulière qui perdure en partie de nos jours.

À chaque changement de shôgun, à l'occasion de l'avènement de chaque nouveau souverain, les rois de Ryûkyû se devaient d'envoyer une ambassade à Edo. À la différence des ambassades coréennes, il s'agissait ici clairement d'une marque de soumission. **Avant de pouvoir débarquer au Japon même, les Occidentaux fréquentèrent beaucoup les Ryûkyû au cours du XIXe siècle.** Des traités furent même signés en 1854 avec les États-Unis, la France, les Pays-Bas. Le véritable bénéficiaire de cette ouverture fut le fief de Satsuma qui contournait depuis longtemps les restrictions commerciales du *bakufu* en passant par les Ryûkyû. Le royaume fut finalement incorporé au Japon en 1879. Il deviendra bientôt le département d'Okinawa.

LES CONTACTS DIRECTS AVEC LE MONDE EXTÉRIEUR

Avec la Chine

Comme le terme « *sakoku* (pays verrouillé) », employé depuis l'extrême fin du XVIIIe siècle, le montre clairement, **le Japon coupa peu à peu ses contacts avec le monde extérieur pour ne tolérer en 1635 que les Hollandais à Dejima, un îlot en face de Nagasaki, les Chinois à Nagasaki et les Coréens à Tsushima.** Nous ne pouvons donc aborder les problèmes de relations internationales au sens politique du terme sauf avec le royaume des Ryûkyû ainsi qu'avec la Corée. **Pourtant il y eut une dynamique d'échange considérable avec les Occidentaux ainsi qu'avec les Chinois au cours des XVIIIe et XIXe siècles.**

Les relations avec le monde occidental apportèrent une impulsion déterminante dans le domaine des sciences à partir du milieu du XVIIIe siècle (cf. Les sciences, chap. VIII). Les relations sino-japonaises ont moins retenu l'attention des Occidentaux. Pourtant, tout au long de l'époque d'Edo, le niveau des échanges intellectuels, des importations d'ouvrages chinois de divers domaines, mais aussi de produits variés : fil de soie, étoffe de soie, coton, produits pharmaceutiques à commencer par le ginseng, sucre, zinc, alun, etc. est considérable. Les exportations ne sont pas non plus négligeables, comme l'argent (arrêtées à partir de 1763), le bronze. De plus **il faut signaler l'arrivée d'un certain nombre d'intellectuels chinois qui jouèrent au Japon un rôle considérable dans les domaines du bouddhisme, de l'art ou de la médecine, de la médecine vétérinaire.** On peut noter, à propos des produits exportés, que quelques pieds de camélias, espèce connue en Europe depuis 1702, furent exportés pour la première fois en Chine en 1711 (cf. Commerce international, chap. V).

Parmi les ouvrages importés à cette époque, on peut signaler qu'entre 1685 et 1720 tous les ouvrages en rapport direct ou indirect avec le christianisme furent interdits. Après la levée de l'interdiction stricte au temps du huitième shôgun Yoshimune, **un nombre considérable d'ouvrages chinois abordant l'astronomie, la science du calendrier, les mathématiques occidentales furent importés et diffusés.** Malheureusement il est quasiment impossible de connaître tous les détails concernant les objets et produits importés selon les années. Il y a une seule exception, l'année 1711. On connaît pour cette année tout ce qui a été importé au Japon par les 54 navires chinois arrivés à Nagasaki. Les ouvrages importés (86 titres) cette année-là furent : des ouvrages médicaux des Ming (1368-1644), des commentaires des *Quatre livres* et *Cinq classiques*, notamment du *Yijing / Livre des mutations*, du *Shejing / Livre des odes*, du *Daxue / Grandes études*, des ouvrages de stratégie militaire, le *Bengzao gangmu / La grande pharmacopée*, des ouvrages d'histoire, des commentaires des codes pénaux des Ming, etc.

En plus des livres, le Japon d'Edo vit arriver un certain nombre d'intellectuels chinois, en particulier des moines comme Yinyuan Longqi (jap. Ingen Ryûki) (1592-1673) arrivé au Japon en 1654 et connu comme fondateur de l'école Ôbaku du zen. Déjà dans la première moitié du XVIIe siècle, à Nagasaki, trois monastères étaient célèbres pour la présence de moines chinois. Yinyuan / Ingen, arriva à Nagasaki à l'invitation d'un autre moine chinois installé dans un de ces trois monastères. Il fonda en 1661 le monastère Manpuku ji situé sur le mont Ôbaku dans la province de Yamashiro au sud de Kyôto, sur le terrain offert par le quatrième shôgun Ietsuna (1651-1680). Dès lors les prédications de Yinyuan / Ingen connurent un succès considérable parmi les membres de la haute société de l'époque, à commencer par l'empereur retiré GoMizunoo, le quatrième shôgun Ietsuna lui-même, le grand ancien Sakai Tadakiyo, etc. Il reçut non seulement le titre de maître officiel, mais laissa aussi une communauté influente d'adeptes qui transmit ses recueils de prédications et de propos. Il est également connu pour avoir introduit le style de calligraphie des Ming.

Le siège de l'école Ôbaku, le Manpuku ji, se lança dans l'impression de la totalité du canon bouddhique à partir de planches de cerisier gravées qui subsistent encore de nos jours.

On peut noter un apport remarquable de l'école d'Ôbaku en peinture. De façon plus générale, les lettrés japonais furent très sensibles à la peinture des lettrés chinois. Comme en Chine, tout bon lettré se devait d'être aussi peintre, ce qui permit l'éclosion de talents comme celui de Watanabe Kazan (1793-1841).

Avec l'Occident

Commercialement parlant, les relations avec l'Occident devinrent marginales. Les limitations imposées par le *bakufu* s'appliquaient aussi bien aux importations qu'aux exportations. **Le pouvoir craignait surtout l'hémorragie de métaux précieux qui avait accompagné l'essor du commerce au début du XVIIe siècle.** Le Japon exporta, surtout à partir de la fin du XVIIe siècle, de la porcelaine, des ormeaux séchés, des ailerons de requin en grande quantité. La présence des Hollandais à Dejima serait presque anecdotique si elle n'avait permis la diffusion, longtemps fort modeste, des savoirs occidentaux.

Le Portugal et l'Espagne, catholiques, avaient tenté d'évangéliser le pays en envoyant des missionnaires à partir de 1549. Ils durent cesser définitivement toute relation ; le premier en 1639, le dernier en 1624. Les Pays-Bas, protestants, prirent le relais. Déjà à partir de 1617, l'Angleterre, qui partageait jusque-là le commerce avec eux, se retira de toute activité commerciale avec le Japon. Cela ne signifie pas que les Japonais ne gardaient des contacts qu'avec les Hollandais, car tous ceux qui se présentaient en tant qu'employés du comptoir néerlandais pouvaient séjourner à Nagasaki. C'est ainsi que les Japonais ont pu connaître entre autres **le célèbre botaniste suédois Carl Peter Thunberg (1743-1822)**. Il séjourna au Japon en 1775 et 1776 en tant que médecin rattaché à la maison de commerce du comptoir néerlandais. **Philipp Frantz von Siebold (1796-1866)**, jeune médecin allemand, résida au Japon au même titre que Thunberg, de 1823 à 1829. Ces Européens, tous deux devenus par la suite des spécialistes du Japon en Europe, marquèrent des étapes décisives dans le domaine des sciences naturelles. Ils ne se contentèrent pas d'étudier le Japon, notamment sa flore. Ils transmirent aussi aux quelques Japonais qu'ils pouvaient fréquenter des connaissances précieuses, en particulier dans le domaine de la médecine, de la botanique, de la physique ou de la chimie (cf. Sciences, chap. VIII).

III
LA SOCIÉTÉ

士農工商
SHINÔKÔSHÔ
GUERRIERS, PAYSANS, ARTISANS, MARCHANDS

La division de la société en quatre catégories : guerriers, *shi*, paysans, *nô*, artisans, *kô*, commerçants, *shô*, est la vision idéale que la partie la plus favorisée a voulu donner de la société. Cette vision repose sur une conception chinoise qui établissait les fonctions nécessaires à une société et non pas des classes ou des ordres, comme ce le fut au Japon. De plus, en Chine, le *shi* ne renvoyait pas aux guerriers mais aux fonctionnaires lettrés.

Cette division japonaise est donc une production *a posteriori* visant à justifier la place prééminente des guerriers et le rôle primordial de l'agriculture. Celle-ci fournissait non seulement la nourriture, mais aussi la majeure partie des revenus de la classe guerrière et donc du *bakufu*. Les revenus des fiefs, *kokudaka*, étaient calculés à partir de la production de riz. Les penseurs les plus conséquents de la classe des *bushi*, comme Ogyû Sorai (1666-1728), préconisèrent le retour à la terre des samurais.

Dans la vision confucianiste de l'élite, les différentes catégories de la population permettaient de faire vivre ceux qui assurent l'ordre et la paix, c'est-à-dire, dans le cas du Japon, les guerriers. Une fois la nourriture assurée, les autres besoins étaient considérés comme secondaires. Le rôle des marchands, non producteurs, ne pouvait être que méprisé dans une optique morale se référant à un monde agrarien idéal.

La hiérarchie des valeurs prônée par cette division devint assez rapidement en décalage flagrant avec la réalité. D'une part les guerriers vivaient en ville près de leur seigneur et se trouvaient coupés des campagnes. D'autre part le développement d'une bourgeoisie marchande, ou le prestige que pouvaient atteindre certains artisans, ne correspondait pas à la place que leur réservait la hiérarchie idéale.

Ce qui est certain, c'est que la classe dirigeante avait souhaité créer une distinction nette entre les guerriers et le reste de la population. De plus, voulant assurer la stabilité de la société, elle désirait également freiner le plus possible la mobilité sociale, en réaction, en quelque sorte, au grand brassage qu'avait connu la période des Provinces en guerre.

Dans la vision hiérarchisée que les élites avaient de la société, tout individu se devait d'appartenir à un groupe clairement défini, en relation de dépendance vis-à-vis d'un supérieur. La pyramide de dépendance remontant jusqu'au shôgun.

Cette vision théorique laissait de côté plusieurs catégories de la population. La cour de Kyôto et son aristocratie civile, bien qu'étroitement surveillées, ne se trouvaient pas prises dans ce réseau de dépendance. De même les moines bouddhistes et les desservants des sanctuaires du shintô se trouvaient hors position sociale, *mibun*, tout en ayant leur propre hiérarchie. Certaines professions comme les médecins bénéficieront de ce statut hors cadre.

Enfin l'époque d'Edo vit se durcir les pratiques d'exclusion envers diverses populations : *eta*, réputés contaminés par le contact de la souillure à cause de leurs métiers liés à l'abattage des animaux et au travail du cuir ; *hinin* (non-humains), condamnés mis au ban de la société.

Tout concourait à séparer ces différentes catégories par des cloisons étanches. **Le code vestimentaire, le langage, l'habitat, les coutumes matrimoniales marquaient ces classes.** Pourtant on observe de nombreuses exceptions à cet idéal d'une société hiérarchisée figée. Des *eta* ont pu quitter leur position, l'adoption par exemple a permis des alliances, *a priori* contre nature, entre commerçants et guerriers.

LES GUERRIERS

Le *bakufu* organisa plusieurs recensements de la population au cours de l'époque d'Edo. Mais ceux-ci ne concernaient que les roturiers. Nous ignorons donc le nombre exact de guerriers. Toutefois **on peut dire que leur nombre s'accrut au cours de la période et qu'ils représentaient un peu moins de 8 % de la population dans la première moitié du XIXe siècle.** Lors du premier recensement complet de la population en 1873, juste avant la disparition du statut de guerrier, on en comptait près de deux millions sur une population de 31 millions d'habitants.

Comme dans beaucoup de sociétés d'ancien régime, la tenue vestimentaire était la marque d'appartenance sociale la plus visible. Les autorités réglementaient minutieusement les vêtements et accessoires selon les catégories sociales.

Les guerriers se distinguaient du reste de la population par le port du *haori*, ample veste portée sur le *kimono*, et du *hakama*, large pantalon, mais surtout par celui des deux sabres. Ils devaient en effet en porter deux en permanence, un grand et un court, qui leur servaient de signe d'appartenance à la classe dominante.

Guerrier et sa suite.

Le port du grand sabre était aussi un droit de vie et de mort sur les autres catégories de la population, le fameux *kirisute gomen*. Ce droit, qui permettait aux guerriers de se faire justice eux-mêmes sur les autres catégories de la population, semble en réalité ne pas avoir été très utilisé. Il n'en resta pas moins le symbole du statut de *samurai*.

Ieyasu à la bataille de Seki ga hara

Le grand sabre devait mesurer plus d'un *shaku* 8 *sun* (environ 57 cm) au début de l'époque. Plus tard il sera légèrement plus court, de plus d'un *shaku* 5 *sun*, environ 49 cm. **Le privilège remonte en 1588 lorsque Toyotomi Hideyoshi interdit le port du sabre à la classe paysanne.** Dorénavant les paysans ne purent porter de sabre, pas même le court, sauf pour des occasions exceptionnelles comme les voyages ou les festivités, et seulement avec une autorisation accordée soit par le *bakufu* soit par les daimyô. Curieusement le port de sabre court de moins d'un *shaku* 8 *sun* (plus tard d'un *shaku* 5 *sun*) fut autorisé aux résidents de grandes villes. Toutefois une mesure particulière s'appliqua aux résidents de la capitale shogunale. À partir de 1668, il leur fut interdit de porter même un sabre court à l'intérieur de la ville, et à partir de 1683 le *bakufu* leur interdit le port de sabre court d'environ 49 cm à tout moment. Quant à certaines professions, médecins ainsi que lutteurs de *sumô*, elles bénéficièrent de l'autorisation exceptionnelle du port de sabre court accordée par les seigneurs du fief. Les guerriers d'un certain rang se devaient d'entretenir cheval et armure. Celle-ci n'avait guère subi de modifications depuis l'époque médiévale.

Autre privilège des guerriers, celui de porter un nom patronymique. Selon une mesure imposée par le *bakufu*, **il s'agissait d'un droit réservé aux guerriers et aux nobles de cour, autrement dit à la classe dominante.** Ni les paysans ni les marchands n'avaient en théorie le droit de porter un nom patronymique. Mais on note d'assez nombreuses exceptions. Il n'était pas très rare que de riches paysans en portent. D'autre part, les commerçants pouvaient utiliser leur nom d'établissement, *yagô*, comme équivalent du nom patronymique. Ce règlement du *bakufu* s'appliqua plus ou moins de la même manière à l'intérieur des différents fiefs. En d'autres termes, **partout dans le Japon les noms patronymiques étaient réservés en principe à la classe dominante (cf. Les noms de famille, chap. XI).**

Il y eut toutefois une catégorie sociale, ne faisant pas partie de la division sociale officielle, qui eut droit de porter un nom. Il s'agit des médecins de quartier indépendants du pouvoir shôgunal et de la cour.

Un grand nombre de signes étaient prévus pour marquer la grande distinction, celle qui séparait les guerriers du reste de la population. Cela ne signifie pas que les samurais constituaient un ensemble homogène. Une hiérarchie stricte organisait ces privilégiés. Il n'y avait guère de point commun si ce n'est les deux sabres, mais de qualité fort différente, entre un daimyô et un *ashigaru*, piéton qui n'avait pas les moyens d'entretenir un cheval. **Le cloisonnement entre les diverses catégories de *bushi* était aussi sévère qu'entre les différentes classes sociales.** Si les daimyô représentaient la haute aristocratie et vivaient dans des palais, les seconds pourraient être qualifiés de soldatesque et connaissaient la vie de caserne.

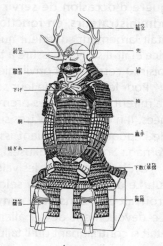

Armure

Une des grandes caractéristiques des *bushi* est d'avoir été dans leur immense majorité des pensionnés. Sauf à de rares exceptions comme dans certains fiefs de Kyûshû, les guerriers n'avaient plus de liens directs avec la terre. La distinction entre les guerriers de basse catégorie qualifiés de « sans revenu », *musokunin*, c'est-à-dire recevant une pension sans référence à une terre, et ceux qui percevaient ce type de revenu, *chigyô*, devint purement formelle. Au début du XVIIIe siècle, dans 201 fiefs sur 243, ces revenus de la terre étaient purement fictifs. Les guerriers recevaient directement des greniers du seigneur le riz supposé être le revenu de la terre qui leur avait été attribuée à titre purement nominal.

LA SOCIÉTÉ

Les guerriers vivaient près de leur seigneur, au pied du château, dans des résidences plus ou moins grandes selon leur rang, dans un quartier qui leur était réservé. **Ils recevaient une pension en riz en échange de laquelle ils devaient être à la disposition de leur maître.** Les daimyô eux-mêmes pouvaient être changés de fief soit comme une sanction, et ils recevaient un territoire plus réduit, soit au contraire pour les promouvoir.

Leur première obligation était d'être prêts au combat. Aussi tout *bushi* se devait-il de pratiquer les armes, le sabre, mais aussi le tir à l'arc, la lance, s'il le pouvait l'équitation. **L'époque d'Edo n'ayant connu que fort peu de conflits, les guerriers n'avaient guère d'occasion de servir à la guerre. Ils se reconvertirent en administrateurs, en fonctionnaires.** Toutefois le nombre de *bushi* était largement supérieur aux besoins d'encadrement. Aussi le service était-il souvent assuré à tour de rôle, ce qui laissait beaucoup de loisirs à cette classe privilégiée à plus d'un titre.

Pour les besoins de leur service mais aussi par goût, les guerriers se mirent à l'étude. Les premières écoles officielles leur furent destinées. Il n'est donc pas très surprenant que la majorité des penseurs de l'époque d'Edo soient issus de leurs rangs. Kumazawa Banzan, Yamaga Sokô, Arai Hakuseki, Ogyû Sorai étaient des *bushi*.

On leur inculquait les valeurs confucéennes adaptées à leur statut. **Le dévouement au seigneur primait toute autre vertu et se trouvait être considéré comme un autre aspect de la piété filiale.** Ce dévouement devait aller jusqu'à la mort. Cet idéal de fidélité était si contraignant qu'il fallut un édit très sévère du *bakufu* en 1668 pour interdire la pratique du *junshi*, le suicide par éventrement, d'un vassal à la mort de son seigneur.

Les guerriers possédaient en effet un dernier privilège, celui de pratiquer le *seppuku*. Soit parce qu'il n'y avait pas d'autre moyen de montrer leur désaccord envers leur seigneur, soit parce qu'ils avaient été condamnés à mort à la suite d'une faute grave, **ils avaient l'honneur de pouvoir s'ouvrir le ventre selon un rituel très précis.** Seuls les roturiers étaient passibles des peines infamantes de la décapitation ou de la crucifixion.

La condition de guerrier n'était pas exempte d'aléas. **Liés à leur seigneur, les *bushi* se retrouvaient sans maître et sans revenu quand celui-ci perdait son fief.** Il arrivait aussi qu'un guerrier abandonne volontairement le service d'un maître. Ces *rônin* (*bushi* sans maître) formaient une sorte de prolétariat de l'aristocratie guerrière. S'ils ne réussissaient pas à trouver un nouveau seigneur, ces guerriers essayaient de ne pas déroger complètement à leur statut en devenant maîtres d'armes, maîtres d'école ou réparateurs de parapluies, quand ils ne tombaient pas dans le banditisme.

LES PAYSANS

Les habitants des campagnes représentaient à peu près 85 % de la population. Ce qui ne signifie pas qu'il y avait 85 % d'agriculteurs au Japon durant la période d'Edo. En effet, vivaient dans les campagnes une part non négligeable de personnes qui ne cultivaient pas directement la terre : artisans, charbonniers, chasseurs, colporteurs, religieux, musiciens, comédiens. Toutes professions souvent oubliées quand on parle du monde des

Vannage du riz

villages. De plus la division idéale de la société en quatre catégories laisse de côté des villages entiers, ceux des pêcheurs. L'importance de la pêche dans un pays où aucune région ne se trouve très éloignée de la mer n'est plus à démontrer. Les marchés aux poissons dans les grandes villes comme Ôsaka ou Edo illustrent la place de ceux-ci dans l'alimentation.

Il n'en reste pas moins que la très grande majorité de la population des campagnes vivait de l'agriculture.

Sous le régime des Tokugawa, la terre appartenait en théorie aux daimyô ou au shôgun. Mais dans les faits les paysans inscrits dans les registres du cadastre en tant que responsables du paiement des redevances étaient bien possesseurs terriens, usufruitiers détenant un droit de culture garanti.

L'unité d'administration fiscale et de vie était le village, *mura*. La grande majorité des villages étaient de création relativement récente, au cours de l'époque de Muromachi. Chaque village disposait d'une certaine autonomie de gestion dans les affaires de la communauté. Mais cette gestion était assurée par une assemblée constituée uniquement des paysans responsables fiscalement. Les autres paysans : fermiers d'un paysan principal, ceux qui étaient engagés à vie comme domestiques, journaliers, ne bénéficiaient des avantages communautaires que par l'intermédiaire de la protection d'un patron. Les paysans principaux avaient besoin en moyenne d'une main-d'œuvre de huit ou neuf adultes pour cultiver deux hectares. Les taxes représentaient en principe plus de la moitié du revenu des terres. **Le rendement estimé en quantité de riz** reste approximatif, car il pouvait varier légèrement d'un domaine à l'autre. **Il était calculé et fixé chaque année en fonction de la récolte de riz et des autres cultures.** Par ailleurs le développement de culture industrielle de coton, de plantes tinctoriales, etc. modifia de façon non négligeable les revenus des paysans, notamment dans les régions les plus riches du Kinai. En fait, à la taxe principale calculée en riz s'ajoutaient des taxes variées sur les landes et les bois. Celles-ci étaient levées en proportion de la capacité productive estimée en riz du village pour payer notamment des travaux publics. Il existait également, pour certains villages situés le long des grands axes de circulation, des corvées de transport.

La gestion des communautés rurales s'effectuait sous le contrôle de fonctionnaires nommés par le fief ou par le bakufu. Dans chaque village, les chefs de famille élisaient des administrateurs dont le principal était le maire, appelé nanushi ou shôya. Celui-ci remplissait sa fonction gratuitement. Il assumait le rôle d'intermédiaire entre la population et les autorités. Il était assisté par des adjoints et des contrôleurs des comptes. Notons toutefois que ses redevances étaient allégées par rapport à celles des autres contribuables. Cette fonction de maire était la plupart du temps confiée héréditairement aux membres d'une même famille.

On attendait d'eux qu'ils aident à l'amélioration de la production agricole, veillent à la répartition équitable des taxes entre les villageois, etc. Certains responsables ont payé de leur vie leur sens des responsabilités. Pour dénoncer des fonctionnaires corrompus, il ne restait pas d'autre moyen que la pétition directe au seigneur. Ce qui était puni de mort. Pourtant des responsables villageois le firent en connaissance de cause. Ils furent exécutés, mais souvent le bien-fondé de la réclamation était reconnu. D'un autre côté, comme on pouvait s'y attendre, on eut également à regretter des abus de pouvoir chez certains administrateurs ruraux.

C'est l'assemblée qui approuvait les règlements propres au village, okite, et exerçait une surveillance sur ses membres. Elle pouvait décider de sanctions allant jusqu'à l'exclusion de la communauté.

Il existait diverses façons de répertorier la population. **En dehors des registres des monastères et des temples où chacun devait être inscrit pour faire preuve qu'il n'était pas chrétien, il existait par exemple les registres du cadastre.** On y portait les noms des paysans responsables du paiement et de tous les possesseurs de parcelles. Par contre, dans le registre des noms des contribuables, document d'administration villageoise, on enregistrait uniquement les familles les plus importantes.

Par ailleurs, les chefs de familles regroupées par cinq, nommés *gonin gumi,* plus ou moins institutionnalisés dans tout le pays, avaient la responsabilité collective du paiement des taxes, du maintien de l'ordre ainsi que de la police. Le chef de chaque groupe de cinq était responsable de la conduite des individus de son groupe devant le maire et tenait un registre du groupe dont un exemplaire devait être envoyé au fonctionnaire local et sur lequel les naissances et les décès devaient être enregistrés (cf. Famille, chap. XI).

Le réseau très serré de surveillance ne permettait pas aux communautés villageoises de s'exprimer. Le poids des redevances devenait insupportable en cas de mauvaise récolte. **Aussi la fameuse paix des Tokugawa fut marquée par de très nombreuses révoltes paysannes.** Dans un premier temps, elles furent surtout dirigées contre l'administration seigneuriale. À la fin de l'époque, la coloration sociale se fit plus forte, et les gros propriétaires furent la cible de la vindicte. On en compta près de deux mille entre 1770 et 1870.

LES ARTISANS

Les artisans et les marchands constituaient les bourgeois, *chônin,* ceux qui habitaient dans les quartiers. La distinction entre les deux activités n'est pas toujours facile à établir. **Ces catégories apparurent clairement dès l'époque de Kamakura, mais se développèrent considérablement au XVIᵉ siècle avec la construction des villes.** Profitant du développement des activités marchandes, les autorités imposèrent des taxes sur les artisans, transporteurs et marchands. En contrepartie, les bourgeois avaient le droit de choisir les fonctionnaires municipaux et même de le devenir.

L'explosion urbaine qui avait commencé au XVIᵉ siècle fournit aux artisans de l'époque d'Edo l'occasion de développer leurs capacités, notamment lors de la construction de nouveaux quartiers dans

Fabricants d'éventails

les villes qui ne cessaient de grandir. C'est ainsi que la ville d'Ôsaka vit sa population gonfler au début du XVIIᵉ siècle, au moment de la reconstruction du château. Elle diminua de près de moitié une fois les travaux terminés.

Au début du régime, les artisans eurent l'obligation de fournir régulièrement au palais du shôgun des prestations, *kuni yaku*, relevant de leur spécialité. Leur intervention était indispensable à l'entretien du château en tant que château fort : l'affirmation du symbole de la puissance militaire était encore indispensable au régime.

Cependant progressivement leurs travaux s'inscrivirent dans le cadre de l'amélioration et de l'épanouissement de la vie des guerriers à Edo ou même dans chaque fief. Ils répondirent ensuite aux besoins des grandes villes.

Si l'on parle en particulier des artisans d'Edo, ils devaient fournir tout ce qui était nécessaire à la vie des guerriers et des marchands. Mais comme, dès le XVIIᵉ siècle, la fabrication de plusieurs types de textiles, des *tatami* ou d'autres marchandises nécessaires à la vie quotidienne, se faisait sur une grande échelle dans les grandes villes d'ouest comme Ôsaka, Kyôto, Ise, Ômi, les artisans de la capitale se spécialisèrent surtout dans les travaux de construction et de finition de *tatami*, ou dans certaines techniques spécialisées comme celles de la fonte, de la fabrication de tonneaux, ou de coiffure.

À Edo, les artisans travaillaient pour le *bakufu*, et ceux qui se trouvaient à leur tête insistaient surtout sur les liens forts qui les associaient aux Tokugawa dès le début du régime. Cela laisse supposer que le shôgunat engagea de préférence des artisans proches d'eux, entrés à leur service au début du régime, plutôt que d'autres qui pourtant pouvaient se prévaloir d'une ancienneté, dans leur spécialité, de plusieurs générations.

Le shôgunat arriva à contrôler sans trop de difficulté durant un siècle et demi l'organisation des artisans résidant dans la capitale. **Il les obligea à former, à partir du début du XVIIIᵉ siècle, une sorte de syndicat ayant pour objectif d'apporter une contribution à la bonne application de la politique économique mise en place.**

La restructuration sociale, rendue nécessaire par les nombreuses famines ainsi que par les grands incendies et tremblements de terre qui frappèrent la ville d'Edo, fit émerger, à partir de la deuxième moitié du XVIIIᵉ siècle, une autre catégorie d'artisans. C'étaient des **ouvriers journaliers, arrivés dans la capitale des villages voisins, et qui échappaient au contrôle du pouvoir shôgunal.** Celui-ci fut obligé de développer les services de l'organisation des préfets de la capitale, *machi bugyô*, pour mieux contrôler les artisans résidant à Edo. Le pouvoir eut aussi recours à des marchands de main-d'œuvre qui entretenaient de fortes relations avec la pègre.

D'autre part, **à partir de la fin du XVIIIᵉ siècle, la fin du monopole des techniques artisanales spécialisées concentrées sur Ôsaka et quelques autres villes de l'ouest permit aux artisans d'Edo ainsi qu'à des paysans des villages proches de la capitale d'élargir leurs activités professionnelles.** Ils purent s'occuper des travaux de finition d'un certain nombre de produits artisanaux de haut de gamme comme la teinture, les objets de laque, la couture, la confection de kimonos, les produits pharmaceutiques, les objets en cuir, etc.

LES MARCHANDS

Si la division en quatre classes sociales devint plus nette au fur à mesure que le régime des Tokugawa se stabilisait, elle était moins claire au début de l'époque d'Edo et redevint moins stricte

à la fin du régime. C'est ainsi qu'un certain nombre de guerriers et de religieux (moines bouddhistes et desservants de sanctuaires shintô) du début de l'époque étaient devenus de grands marchands. À l'inverse, vers la fin du régime, l'évolution de l'économie du pays, due à l'émergence et au développement de l'économie marchande, les nombreuses calamités naturelles, la tension internationale, la politique menée par le shôgunat, non seulement entraînèrent des troubles sociaux mais permirent aussi à la fraction la plus élevée de la classe marchande de se rapprocher des guerriers. Parmi ces derniers, les plus conscients ressentirent la nécessité de participer aux activités économiques.

La grande concentration de guerriers dans les villes, contraints à une certaine oisiveté du fait de la paix relative, favorisa le développement de la fabrication de toutes sortes d'objets accessoires pour l'habillement, l'habitat, mais aussi d'armes d'apparat, de plus en plus raffinés. Ces objets faisaient bien évidemment objet d'un commerce. **Ce nouveau mode de vie entraîna des modifications considérables aussi bien dans les habitudes de consommation des daimyô, mais aussi dans celles des guerriers de rang relativement bas.** Tous avaient un rang à tenir.

Pour faire face à cette nouvelle situation, pour pouvoir payer les objets de luxe de plus en plus recherchés, les plus puissants commencèrent par exemple à gérer des mines. Certains ont pu battre

Apothicaire

monnaie, d'autres sont intervenus dans la circulation monétaire. **Lorsqu'ils ne pouvaient pas payer leurs dépenses excessives, ils négociaient leurs dettes chez les riches commerçants, en les autorisant à porter le sabre ou un nom de famille.** Ils laissèrent même des marchands acheter le statut de guerrier à des guerriers de basse catégorie qui éprouvaient de grandes difficultés financières. La pratique était camouflée sous forme d'adoption d'un marchand par une famille de guerriers. Ce phénomène aurait commencé dès le règne du huitième shôgun Yoshimune (1716 à 1745).

L'épanouissement de l'économie monétaire, dès le règne de Yoshimune, plaça en réalité les marchands au-dessus des paysans et des artisans du point de vue de la richesse et du prestige social. Certains négociants purent compter sur des revenus équivalant à ceux d'un fief. Cette richesse ne devait cependant pas se montrer trop ostensiblement, à la différence des guerriers de haut rang qui devaient l'exposer. Pour l'avoir oublié, certains marchands se virent confisquer leurs biens, comme le fameux négociant d'Ôsaka, Yodoya Tatsugorô, en 1705. Chikamatsu en fit une pièce en 1708.

Artisans et commerçants sont les héros et les producteurs de la culture urbaine de l'époque d'Edo. Ce sont eux qui lisent les romans en japonais, qui vont au théâtre de *bunraku* ou de *kabuki*. Saikaku, qui est l'un d'eux, les a peints dans son œuvre romanesque (cf. La littérature populaire, chap. VIII).

Toutes les villes sous le château possédaient leur communauté de marchands, mais sans conteste **la ville la plus importante pour le commerce fut Ôsaka.** On y traitait une grande partie de la commercialisation du riz de l'impôt. Ces commerçants envoyaient aussi de nombreux produits en abondance à Edo qui devint une ville de grande consommation (cf. Osaka, chap. II).

Les maisons de commerce devaient être tenues par des hommes adultes. En cas de difficulté, par manque d'héritier mâle, la direction en revenait soit à la veuve soit à une fille. Les femmes, associées étroitement à la marche des affaires, pouvaient donc prendre la succession de l'époux ou du père, sous le contrôle toutefois d'un tuteur qui supervisait la gestion de l'entreprise.

Malgré leur puissance, leurs liens avec le pouvoir, leur niveau d'instruction, les commerçants n'ont pas réussi à jouer un rôle politique important. Ils ne semblent pas avoir cherché à le faire, même au moment de la crise du régime à la fin de la période.

Quant aux marchandises qui leur permirent de s'enrichir, ce furent : étoffes de soie, fil à coudre, produits pharmaceutiques,

sucre, papier, tatami et nattes, objets en métal, objets laqués, bougies, coton, produits de mer séchés, produits cosmétiques, chaussures, parapluies, etc. (cf. chap. V).

LES AUTRES ÉLÉMENTS DE LA POPULATION

Une part non négligeable de la population ne relevait pas de cette division. Il s'agissait d'une part de la cour de Kyôto et, à l'autre extrémité du corps social, des marginaux. Nous aborderons les religieux dans le chapitre VII traitant des croyances.

LA COUR DE KYÔTO

La cour avait réussi à survivre aux troubles de l'époque des Provinces en guerre. **Autour de l'empereur et des maisons princières, les anciennes familles de cour, les *kuge*, formaient un petit monde dont l'importance symbolique n'avait rien de comparable ni à leur nombre, fort réduit, ni à leurs revenus bien modestes, et encore moins à leur pouvoir politique.**

Le monde de la cour, très étroitement surveillé par le *bakufu* (cf. Organisation politique, chap. IV), conservait un grand prestige. La paix revenue, la curiosité pour les us et mœurs du passé se développant, les *kuge* rétablirent peu à peu les principaux rites de la cour antique. **Dépositaires des traditions secrètes de la poésie japonaise, experts en questions de protocole, musiciens, ils restaient des modèles pour l'élite des guerriers.** Leur monde était celui de la capitale impériale, Kyôto, et plus particulièrement le quartier qui entourait le palais. L'image véhiculée par la littérature populaire de personnages efféminés, futiles et fourbes ne repose sans doute que par le contraste avec les *bushi* qui détenaient la force et la réalité du pouvoir.

LES MARGINAUX

Il existait enfin des groupes humains mis à l'écart du reste de la population, des hors-caste en quelque sorte. Les plus connus et les plus nombreux sont les *eta* et les *hinin*. En 1871, au moment de leur émancipation, on comptait : 280 311 *eta*, 23 480 *hinin* et 79 095 autres.

Ces catégories ont une longue histoire dans la société japonaise. En effet **elles trouvent leur origine dans la notion de** *senmin*, **littéralement peuple vil, impur, par opposition à celle de** *ryômin*, **bon peuple. Elles furent juridiquement définies dès la réforme de Taika en 645.** Les *eta* et les *hinin* avaient un mode de vie bien distinct de celui du « bon peuple ». Les *eta* formaient le groupe le plus nombreux. La première mention du terme remonte à la fin du XIIIe siècle, mais leur organisation fut fixée sous le régime des Tokugawa. **Inscrits dans des registres particuliers à partir du début du XVIIIe siècle, ils étaient chargés des travaux spécifiques considérés comme ignobles depuis l'Antiquité, car liés à la souillure de la mort : le tannage, l'équarrissage, les exécutions capitales, mais aussi la fabrication des socques et des sandales.** Ils étaient des consommateurs de viande potentiels : viandes de sanglier ou, pire, de cheval ou de bœuf, animaux domestiques utilisés pour les travaux agricoles. Ils n'avaient pas le droit au port du chignon du peuple ordinaire. Ils étaient vêtus de kimonos de coton et portaient des sandales de paille. **Selon le règlement du** *bakufu*, **tout contact avec les autres catégories de la population leur étaient interdits.** Ils habitaient dans des hameaux qui ne figuraient même pas sur les cartes. Il leur était interdit d'entrer dans la maison des personnes ordinaires. Ils ne pouvaient fréquenter les mêmes lieux de culte que le reste de la population. Sauf à Ôsaka où leur activité était prise en compte, ils n'étaient pas recensés. Le monopole du travail du cuir amena une certaine aisance pour ceux qui travaillaient pour les guerriers. Enfin, en période de disette, il est arrivé que des membres du « bon peuple » rejoignent les hameaux des *eta* où l'on pouvait manger de la viande. **Leur condition était héréditaire. Cette catégorie fut officiellement supprimée en 1871 sous le gouvernement de Meiji quand furent abolies les anciennes distinctions sociales. Mais en pratique les anciens** *eta*, **devenus sur les registres d'état civil des « nouveaux sujets », et leurs descendants furent obligés de perpétuer leur mode de vie dans le Japon contemporain sous la nouvelle étiquette de** *buraku min*, **gens des hameaux.**

Ce terme était employé également pour les descendants des *hinin*, **non-humain. Il s'agissait d'individus provisoirement exclus ou rejetés de la société.** D'une part, il y avait ceux qui étaient issus du « bon peuple » et qui en furent chassés pour tomber dans la catégorie de *hinin* en raison d'une faute, un crime par exemple. Il existait d'autre part des *hinin* héréditaires : les gens du spectacle et leurs descendants, les jardiniers et les puisatiers, les fabricants d'objets en bambou, etc. Qu'ils soient sédentaires ou nomades, ils avaient la possibilité de gagner leur vie en distrayant les gens ordinaires avec des spectacles ou en mendiant. Les signes distinctifs des *hinin* étaient beaucoup moins évidents, car la politique des daimyô à leur égard variait considérablement d'un fief à l'autre. Toutefois il faut noter que le shôgun Yoshimune interdit en 1723 aux femmes de *hinin* d'avoir la même coiffure que les femmes ordinaires. **Cependant, contrairement aux *eta*, ils gardaient théoriquement la possibilité de retrouver un statut dans la société.**

Parmi les marginaux de l'époque, **une autre catégorie occupait une place grandissante dans la société. Il s'agissait des *mushuku*, les sans-domicile-fixe,** vagabonds qui avaient été exclus des registres de leur village pour différentes raisons : abandon, à cause de la pauvreté, du village auquel ils appartenaient, rupture des liens familiaux à cause du déshéritement, peine d'expulsion. L'abandon du village par les paysans les plus pauvres devint un problème social de plus en plus préoccupant pour les autorités. **La transformation de la société, à cause de l'épanouissement de l'économie marchande qui s'amorça à l'extrême fin du XVIIe siècle, puis la répétition des famines et disettes accélérèrent chez les paysans ce phénomène d'abandon.** Cette nouvelle catégorie d'exclus se regroupait souvent dans des zones urbaines après avoir erré sur les chemins. Ils se transformaient en mendiants, en travailleurs journaliers, ou encore se joignaient à des groupes de joueurs. C'est ainsi que les autorités ressentirent, durant l'ère Hôei (1704-1710), la nécessité pressante de contrôler ces exclus auxquels il faut joindre les *rônin*, les guerriers sans maître. En 1709, le sixième shôgun Ienobu décréta que les personnes exclues des registres des villages et qui n'avaient pas commis de crime devraient soit retourner dans leur village ou leur famille lorsque cette solution était possible, soit être mis sous le contrôle des *hinin*.

Cette mesure devint presque intenable déjà au temps de Yoshimune (1716-1745). Le *bakufu* diminua alors le nombre d'expulsions et **créa en 1778 des lieux d'accueil pour les *mushuku*.** C'est au temps d'Ieharu (1760-1786) que le shôgunat les envoya sur l'île de Sado, dans des mines d'or ou pour d'autres travaux, en échange d'une rémunération très basse, image qui nous est familière grâce aux films de samurais. **À partir de 1790, ces centres d'accueil des** exclus des registres furent encore plus institutionnalisés. Le shô-gun suivant, Ienari (1787-1837), fut obligé de trouver en première urgence une solution pour ces *mushuku*. Le réformateur de l'ère Kansei (1789-1793), Matsudaira Sadanobu, fit apporter des amé-liorations aux lieux d'accueil pour *mushuku* et travailleurs jour-naliers, *ninsoku yoseba*. Ils contribuèrent à augmenter la pro-duction de charbon, de papier ou de chaux.

Ils participèrent aussi aux travaux de construction, à la confection de nattes, de cordes, de sandales, à la production de papier recyclé, aux travaux agricoles, etc. Malheureusement, dès que Matsudaira Sadanobu quitta le pouvoir, le traitement de ce problème fut sou-mis au contrôle du préfet de la ville, *machi bugyô*. L'on revint alors à une approche juridique et pénale.

DÉMOGRAPHIE

Malgré des progrès remarquables, depuis la deuxième guerre mondiale, des études démographiques sur la société japonaise du début des temps modernes, on ne peut malheureusement pas four-nir de chiffres précis pour le XVIIe siècle à cause de l'absence de recen-sement effectué sur la totalité de la population. Nous sommes donc obligés de nous contenter d'une estimation appuyée sur des sources indirectes. En 1975, **Hayami Akira, célèbre démographe et histo-rien, proposa le chiffre de 10 ou 12 millions d'habitants pour tout le Japon vers 1600.** Cette estimation de Hayami est générale-ment acceptée par la majorité des historiens travaillant sur le Japon.

Pour le XVIIIe siècle, nous bénéficions d'une vision beaucoup plus précise. En effet, **à partir de 1721, au moment où le huitième shô-gun Yoshimune était en fonction, des recensements périodiques furent effectués tous les six ans (sauf pour le premier intervalle qui était de cinq ans). Ils se répétèrent jusqu'en 1846.** Il s'agit de recensements des roturiers de plus de quinze ans. Les résultats de dix-huit recensements sur les vingt-deux nous sont parvenus. Ils nous montrent des fluctuations faibles. La population oscilla entre 27 et 25 millions. Ce qui nous permet de conclure que, **pour cette période, nous pouvons retenir approximativement autour de 26 millions de roturiers de plus de 15 ans.**

L'évaluation des exclus de ces recensements : les jeunes de moins de 15 ans, les guerriers et leurs familles, les nobles de la cour, les parias, les exclus temporaires des registres de la population, ainsi que les mendiants et les vagabonds, représentaient, d'après les spécialistes, environ 20 % de la population. Ce qui nous permet de conclure que la population totale, au début du XVIIIe siècle, s'élevait légèrement au-dessus de 31 millions. Ce chiffre est considérable si on le compare aux 20 millions de Français à la même époque.

Le Japon avait connu une grande croissance démographique avant 1721. Ce phénomène serait dû à un taux de natalité élevé. Les Japonais ne semblaient pas encore se préoccuper du contrôle des naissances. En partant des chiffrages approximatifs donnés ci-dessus, on peut estimer qu'au cours du XVIIe siècle la population, à l'échelle du pays, aurait été multipliée au moins par deux et demi, passant de 12 millions en 1600 à 31 millions en 1721.

Par contre, la période de 1721 à 1846 fut marquée globalement par une stagnation plus ou moins nette. Plusieurs causes sont avancées : mauvaises récoltes liées à la basse température, ou même grandes famines (1723-1763, 1782-1787, 1833-1836), taux de mortalité élevée chez les jeunes enfants.

Il faut ajouter un autre élément : l'importance de la croissance démographique des zones urbaines, à commencer par Edo qui aurait atteint avant 1700 environ un million d'habitants. Comparé aux 575 000 habitants de Londres, nous pouvons nous rendre compte de l'importance de ce chiffre. De plus, ce phénomène d'expansion urbaine ne touchait pas uniquement la ville d'Edo, mais aussi tout le pays à partir de l'extrême fin du XVIIe siècle. En effet, quelques centaines de milliers de résidents se trouvaient dans les villes de Kyôto et d'Ôsaka. Autrement dit, le saut dans la croissance démographique du Japon au cours du XVIIe siècle est indiscutablement lié à l'expansion urbaine de la même période. Les villes purent absorber le surplus de population. Dans le même temps, elles bénéficièrent d'un taux de mortalité infantile radicalement inférieur à celui de la ville de Londres de la même époque, problème qui n'est pas sans rapport avec un niveau d'hygiène publique plus élevé que celui des villes européennes.

IV

L'ORGANISATION POLITIQUE

幕府

BAKUFU

GOUVERNEMENT DE LA TENTE

À la différence de l'État régi par les codes, qui se définissait par une architecture administrative d'une grande logique (même si la réalité fut assez différente), l'organisation politique de l'époque d'Edo s'est construite petit à petit en tenant compte d'un ensemble de contraintes et d'éléments qu'il n'était pas question de remettre en cause. **Malgré sa force, le pouvoir d'Edo ne songea jamais à supprimer les fiefs et encore moins l'institution impériale. Alors qu'il réussit à imposer un certain nombre de mesures sur tout le territoire, comme l'interdiction du christianisme, il ne chercha pas à aller au-delà d'un contrôle tatillon sur les questions d'armement et d'étiquette dans les fiefs qui conservèrent une large autonomie, particulièrement en matière d'impôt, de finance, d'instruction.**

TRAITS ESSENTIELS DU POUVOIR SHÔGUNAL

Bien qu'utilisant les mêmes appellations, *shôgun*, *bakufu*, et se situant dans la continuité des régimes qui l'ont précédé, le pouvoir des shôguns Tokugawa est différent de ceux des époques précédentes. À l'époque de Kamakura (XIIᵉ-XIVᵉ siècles), les shôguns

97

Minamoto se virent très vite confisquer le pouvoir effectif par les Hôjô. Seul le premier, Minamoto no Yoritomo, exerça un pouvoir autocratique ; par la suite, les shôguns, qu'ils fussent de la famille Minmoto ou des princes de la famille impériale, n'exercèrent aucun pouvoir. À l'époque de Muromachi (xive-xvie siècles), l'affaiblissement considérable du pouvoir de la cour impériale à l'issue de la division entre les cours du sud et du nord permit au shôgun de détenir tout le pouvoir exécutif. Les shôguns Ashikaga établirent des alliances politiques avec l'ensemble des institutions religieuses.

Mais dans le même temps les territoires soumis au pouvoir shô-gunal se réduisirent rapidement. Les domaines appartenant aux grands monastères lui échappèrent. Les autres terres étaient gérées directement par d'anciens notables locaux militarisés qui entrèrent dans la sphère d'influence des gouverneurs militaires résidant en province. Ces derniers se conduisirent peu à peu en **princes auto-nomes dans leur principauté.**

C'est Oda Nobunaga, petit daimyô à l'origine, qui unifia le pays vers le milieu du xvie **siècle.** Il soumit ou noua des alliances avec les principales principautés. Il imposa son contrôle aux institu-tions religieuses en détruisant leur puissance militaire et en réduisant considérablement leur assise foncière. **Il libéra définitivement le pouvoir central de la puissance des groupes religieux.**

C'est grâce à son œuvre poursuivie par Toyotomi Hideyoshi que les shôguns Tokugawa réussirent à imposer à tout le pays une domination foncière de type féodal. Dans le même temps, ils imposèrent un système politique reposant sur un pouvoir centra-lisé, se réservant l'essentiel du pouvoir aussi bien sur les terres qu'ils contrôlaient directement que sur les différents fiefs. D'autre part, **il est important de souligner que la politique du** bakufu, **gouver-nement des guerriers, fut menée certes par des guerriers ayant juré une soumission totale au shôgun, mais qui possédaient les caractéristiques de bureaucrates modernes** (voir ci-dessous).

Un survol rapide des différentes politiques menées par les quinze shôguns Tokugawa, si l'on excepte ceux qui régnèrent dans un contexte historique particulier, comme le premier et le dernier shô-gun, on observe une relation directe entre l'apparition de modifica-tions marquantes sur le plan politique et la durée de la charge du shôgun. **En effet d'importantes stratégies politiques apparais-sent sous les shôguns suivants, qui restèrent plus de vingt ans en fonction : le troisième shôgun Iemitsu (de 1623 à 1651, 27 ans), le quatrième, Ietsuna (de 1651 à 1680, 28 ans), le cinquième,**

Tsunayoshi (de 1680 à 1709, 28 ans), le huitième, Yoshimune (de 1716 à 1745, 29 ans), le onzième, Ienari (de 1787 à 1837, 50 ans). Déjà Ieyasu, le premier shôgun (de 1603 à 1605), avait effectué sur une grande échelle la confiscation des fiefs de ses adversaires, après la bataille de Sekigahara en 1600, pour les redistribuer à des fidèles. Les deuxième et troisième poursuivirent la même politique. Pour consolider le pouvoir shôgunal, ils pratiquèrent destitutions ou transferts. **Pour un meilleur contrôle des grandes puissances guerrières régionales, surtout les grands seigneurs extérieurs, le troisième shôgun Iemitsu introduisit le séjour alterné obligatoire à Edo,** *Sankin kôtai.*

Sous le régime des Tokugawa, les daimyô étaient répartis en trois catégories selon leur origine. Ils recevaient un traitement différencié de la part du shôgun. Il y avait d'abord les maisons apparentées à la famille Tokugawa. Les trois principales, les *Gosanke,* celles d'Owari, de Kii et de Mito avaient le privilège de pouvoir proposer des héritiers au poste de shôgun au cas où la branche principale ne pouvait le faire. Elles se virent souvent confier des fiefs situés dans des positions stratégiques. Venaient ensuite les vassaux de la maison Tokugawa, vassaux héréditaires d'avant la bataille de Sekigahara, appelés *fudai.* Enfin les daimyô extérieurs à la maison Tokugawa, les Tozama, devenus vassaux après la bataille de Sekigahara. Situés le plus souvent à l'ouest du pays, donc loin du centre politique, ils furent l'objet d'une surveillance méticuleuse, ce qui ne les empêcha pas de devenir les artisans de la chute du *bakufu* au xixe siècle.

La hiérarchie des daimyô était aussi déterminée selon l'importance de leur fief. Par exemple, les daimyô possesseurs de plusieurs provinces et maîtres d'un château, comme les Maeda, étaient plus élevés dans la hiérarchie que ceux qui ne dirigeaient qu'une seule province ou ceux qui n'avaient pas le droit de construire un château. **La hiérarchie était marquée par l'octroi par la cour de Kyôto, mais sur la recommandation du** *bakufu,* **d'un rang et d'une fonction formelle, comme titre de gouverneur de telle ou telle province.**

Le pouvoir central surveillait donc principalement les daimyô extérieurs qui représentaient une menace réelle. Cependant ni les maisons apparentées, ni les vassaux héréditaires n'étaient épargnés par la répression, si cela s'avérait nécessaire. **Il fallait que tous comprennent que tout le pouvoir revenait au seul shôgun.**

Grosso modo, trois motifs principaux étaient invoqués par le pouvoir shôgunal pour justifier ces mesures imposées aux daimyô. Premièrement les sanctions lourdes, confiscation ou réduction du fief,

LE JAPON D'EDO

après la bataille de Sekigahara, cela concerne les Toyotomi et leurs alliés. Deuxièmement l'absence d'héritier, ce qui ne permettait pas d'assurer la stabilité des maisons seigneuriales. Mais, à partir du quatrième shôgun Ietsuna, la situation s'améliora, car l'adoption d'un héritier fut désormais tolérée pour les maisons seigneuriales. **Enfin troisièmement apparaissent comme motif les violations des règlements édictés par le *bakufu*.** Celui-ci pouvait aussi invoquer comme prétexte, pour imposer la destitution d'un daimyô, son incapacité à administrer son domaine sans conflit avec les autorités shogunales ou avec ses principaux vassaux. Étaient également sanctionnés les travaux dans les parties militaires de leur château sans autorisation préalable du shôgun. Les « fautes » commises par les daimyô pouvaient entraîner leur transfert d'un domaine à un autre beaucoup moins important en termes de revenu. Cette relative précarité de la position des daimyô avait un autre avantage pour le *bakufu*. Elle empêcherait les daimyô de nouer des liens trop forts avec les paysans, fournisseurs de riz de leurs domaines. Il n'empêche, on observe une remarquable stabilité dans la majorité des grands fiefs comme ceux des Shimazu, des Mori ou des Maeda.

L'autre moyen utilisé par le shôgun pour contrôler les daimyô était le système du service alterné à Edo, *Sankin kôtai*. Cette mesure, qui existait depuis le shôgunat des Ashikaga, fut institutionnalisée en 1635 par le troisième shôgun Iemitsu. Selon ce règlement, tous les daimyô devaient séjourner alternativement à Edo, pour servir le shôgun, et dans le fief qui leur avait été confié. En pratique, les daimyô du Kantô résidaient à Edo la moitié de l'année et les autres faisaient un an de séjour à Edo suivi d'une année dans leur propre fief. De plus les daimyô étaient tenus de laisser à Edo leur épouse ainsi que leurs enfants pendant leur absence de la capitale. Ce qui ressemblait fort à des otages. La composition des cortèges lors de ces voyages périodiques était réglementée en fonction de l'importance du fief. Les dépenses pour les cortèges représentaient environ 20 % du budget annuel pour les daimyô des régions lointaines. On peut aisément comprendre que ces voyages périodiques pouvaient provoquer l'épuisement des finances de certains fiefs. Cet argent profitait à tous les commerces situés sur les grands axes, particulièrement le Tôkaidô. C'était surtout autant de capitaux que les daimyô ne pouvaient utiliser pour accroître par exemple leur puissance militaire.

L'EMPEREUR ET LE SHÔGUN

Le pouvoir de la cour impériale et celui du shôgun s'étaient trouvés dans un rapport de quasi-égalité au début de l'époque de Kamakura. La perte considérable d'influence de l'empereur durant les xive et xve siècles entraîna aux époques postérieures des modifications importantes dans les relations entre la cour impériale et le *bakufu*. Ces rapports sont une des clefs pour bien comprendre l'histoire de cette période. **Tout au long de l'époque d'Edo, la cour impériale de Kyôto et l'empereur demeurèrent présents surtout sur le plan culturel et symbolique. Leur poids s'accrut de plus en plus à la fin de la période à cause des tensions politiques qui montaient pour des raisons tant internes qu'externes.**

Formellement l'empereur restait le seul souverain du Japon, et le shôgun n'était qu'un général. Mais dans les faits l'empereur ne pouvait rien faire sans l'aval du *bakufu*. Le futur premier shôgun Tokugawa Ieyasu, en gagnant la bataille de Sekigahara en 1600, obtint ainsi la suprématie militaire. Il fixa l'emplacement de sa capitale à Edo en 1603, l'année où l'empereur lui octroya le titre de *Seii taishôgun*, généralissime chargé de combattre les barbares, accordé par l'empereur au chef des guerriers.

Malgré cette position de dépendance, du moins apparente, vis-à-vis de la cour, le *bakufu* contrôlait sévèrement les activités de la cour tout en la subventionnant. **Dès le premier shôgun Ieyasu, toute intervention de la cour dans la vie politique avait été écartée,** alors que dans le passé certaines avaient été acceptées par des guerriers comme Toyotomi Hideyoshi.

Pour bien montrer où se trouvait la réalité du pouvoir, **c'est le *bakufu* qui, en 1615, définit les droits et devoirs de l'empereur et des nobles de la cour de Kyôto.** Il s'agissait des *Règlements concernant la maison impériale et les nobles de cour / Kinchû narabini kuge shohatto*. Ce texte faisait obligation aux nobles d'étudier les lettres et de s'abstenir de pratiquer les armes. Il leur imposait des limitations sévères dans leurs relations avec le reste du pays. L'article 7 précisait que les rangs de cour accordés aux guerriers devaient être distincts de ceux des nobles de cour, et qu'ils ne devaient être accordés que sur proposition du shôgun.

Les rapports relativement complexes entre empereur et shôgun laissaient apparaître en gros la répartition suivante des pouvoirs. **Si le *bakufu* détenait tout le pouvoir concernant le gouvernement** du pays, que ce soit dans les domaines militaire, politique, finan-cier, juridique ou judiciaire, la cour impériale ne conservait qu'une certaine autonomie pour la gestion de la vie interne de la cour. Mais elle dépendait en fait des subsides que le *bakufu* vou-lait bien lui accorder. Les revenus des domaines accordés à la mai-son impériale s'élevaient à peine à trente mille *koku*, alors que ceux du *bakufu* atteignait quatre millions de *koku*. Les chiffres parlent d'eux-mêmes. Les ressources financières de la maison impériale étaient du niveau d'un daimyô moyen.

Formellement l'empereur détenait trois pouvoirs précis : accorder des rangs de cour, réformer le calendrier (durant l'époque d'Edo il y eut quatre réformes), décider des noms d'ère. Mais, dans ces activités également, la cour était contrôlée et ses déci-sions étaient soit préparées préalablement, soit soumises au *bakufu*. Il faut cependant noter que toutes ces mesures étaient toujours ren-dues publiques au nom de l'empereur. Autrement dit, l'empereur était considéré comme la source d'autorité dans ces domaines fondamentaux que sont la maîtrise du temps et de la hiérarchie sociale, même si cette maîtrise était avant tout symbolique.

La cour intervenait aussi directement dans les affaires du bouddhisme. D'une part la direction d'un certain nombre de grands monastères était réservée à des princes. C'était une façon de résoudre la question des familles princières dont le nombre était contrôlé bien évidemment par le *bakufu*. Mais cela donnait indirectement à la cour le contrôle de grandes institutions bouddhiques. D'autre part la cour avait, depuis le VIIIᵉ siècle, la responsabilité de la collation des titres les plus prestigieux de la hiérarchie bouddhique comme ceux de *hô.in* (sceau de la Loi), *hôgen* (œil de la Loi), *hôkkyô* (pont de la Loi). Elle pouvait offrir aussi à des moines des robes violettes, *shie*, signe de leur promotion, et leur conférer de nouveaux noms monastiques. Mais, dans ces cas également, il fallait l'accord préalable du *bakufu*. C'est pour l'avoir oublié qu'en 1626 l'empereur Go-Mizuno.o fut désa-voué par les autorités d'Edo et qu'il se résolut à abdiquer.

Comme le montre cet incident, les rapports pouvaient être ten-dus entre la cour impériale et le *bakufu*. La cour supportait mal le contrôle parfois brutal imposé par Edo. Mais elle bénéficia aussi de son soutien. Sans les subsides du *bakufu*, des rites aussi impor-tants que le *Daijô.e*, la grande gustation des prémices, un des prin-cipaux rites d'avènement, n'auraient pu être restaurés. Car, malgré sa puissance incontestée, le shôgun avait besoin de l'autorité de l'empereur pour légitimer sa prise de pouvoir.

Les deux pouvoirs ont tenté de nouer des relations matrimoniales. Une des filles du deuxième shôgun, Hidetada, fut donnée comme épouse à l'empereur Go-Mizuno.o. Elle lui donna une fille qui devint une des deux impératrices régnantes de l'époque d'Edo. Ce précédent ne fut cependant pas suivi. La famille Tokugawa ne parvint pas à jouer le rôle qu'avaient assumé, depuis l'Antiquité, les Fujiwara, celui de pourvoyeuse d'épouses impériales. À l'inverse, à partir du troisième shôgun Iemitsu, presque tous les shôguns choisirent leurs épouses parmi les filles de l'empereur, d'une des maisons princières ou des grandes familles aristocratiques. Cependant aucun enfant né de ces unions ne parvient au poste de shôgun. La succession se réalisait par les enfants nés de concubines, reconnus *a posteriori*.

Symboliquement responsable de l'ordre du monde, l'empereur était garant, en principe, de la prospérité du pays. C'est pourquoi il était astreint à de fortes contraintes rituelles. Pour ces raisons, et à cause du contrôle du *bakufu*, il ne quittait que très rarement son palais de Kyôto. En outre son corps devait rester pur et intact. Il ne fallait donc jamais le blesser même en cas de traitement médical. Par conséquent on ne pouvait lui appliquer ni l'acupuncture ni la moxibustion. Si l'ordre symbolique était perturbé par son fait, il aurait pu être considéré comme responsable de calamités naturelles ou sociales : incendie, tempête, foudre, révoltes… À l'époque d'Edo, les contraintes subsistaient alors que les justifications symboliques n'étaient plus guère invoquées. **Il était également responsable de tout le calendrier rituel.**

LA JOURNÉE DU SHÔGUN

Vers la fin du régime shôgunal, le shôgun se levait vers 6 heures du matin, selon la division temporelle actuelle. Puis il faisait sa toilette (gargarisme, lavage du visage, brossage des dents avec du dentifrice ou du sel). En attendant le petit déjeuner, il faisait une prière devant l'autel bouddhique et se reposait en prenant du thé léger dans une petite pièce. On lui apportait ensuite, dans la salle à manger, deux plateaux à quatre pieds sur lesquels se trouvaient un bol de riz, un bol de soupe, des légumes macérés, une assiette contenant deux poissons, des *kisu*, l'un salé et grillé, l'autre assaisonné avec une sauce et grillé. Le premier, le 15ᵉ et le 28ᵉ jour du mois, cette assiette présentait soit une daurade soit une sole, parfois une anguille grillée. Tout ce qui se trouvait sur ces plateaux était évidemment goûté par le chef du service de la table. Le menu était soit fixé par le shôgun lui-même, soit proposé par le service de la table. En cas de maladie du shôgun, on pesait la quantité du riz mangé pour mesurer le degré de l'appétit du shôgun. Pendant le petit déjeuner, environ 6 coiffeurs le rasaient, le coiffaient à la manière dite d'Ôichô (littéralement grande feuille du ginkgo). On lui retirait ensuite les plateaux.

Le shôgun recevait tous les jours, juste après le petit déjeuner, la visite de six médecins spécialisés dans la pathologie interne, qui lui prenaient le pouls et examinaient l'état de sa langue. Tous les trois jours, il recevait la visite d'ophtalmologues, d'acupuncteurs, de médecins spécialisés dans les traitements externes. Régulièrement le médecin du plus haut rang effectuait un examen abdominal, une des six techniques traditionnelles d'examen.

Pour la matinée, il n'y avait pas de planning particulier après le petit déjeuner. Le shôgun tirait à l'arc, s'entraînait au maniement du sabre et de la lance, peignait.

Ensuite déjeuner à midi. Après le déjeuner, le shôgun passait des heures à s'occuper des problèmes politiques. Entre 5 et 8 personnes au service du palais servaient de messagers entre le shôgun et ses anciens, rôjû, qui se présentaient dans une pièce éloignée du lieu de repos du shôgun. Un ou plusieurs messagers lisaient à haute voix les papiers présentés par les conseillers concernant les décisions finales : condamnation à mort ainsi qu'exils sur les îles lointaines, nominations et destitutions des personnes occupant des fonctions dépendant de l'administration centrale, etc. Puis venait le moment du repos dans une pièce appelée pièce aux érables, ou bien de la réflexion dans une petite pièce située derrière. Dans celle-ci se trouvait une commode dans laquelle le shôgun rangeait tous les papiers importants écrits de sa propre main ainsi que les papiers et documents à traiter. C'est dans cette pièce également que le shôgun les signait.

Les nuits du shôgun ont beaucoup fait fantasmer. Tout comme l'empereur et tous les puissants, il allait de soi qu'il était polygame. Mais les shôguns qui firent parler d'eux dans ce domaine sont peu nombreux. Certes le onzième shôgun, Ienari, est connu pour son faste et les nombreuses épouses qu'il entretenait dans le palais du fond, Ôoku. Il en eut 55 enfants. Par contre, le huitième, Yoshimune, célèbre pour son austérité, renvoya toutes les femmes trop belles pour ne garder qu'une épouse vertueuse.

LA STRUCTURE DES ORGANES POLITIQUES AU SEIN DE L'ADMINISTRATION SHÔGUNALE

Pour mieux cerner les caractéristiques du gouvernement militaire des Tokugawa, il faut garder à l'esprit que **d'une part le *bakufu* formé autour du shôgun représente le gouvernement central qui contrôle tout le pays en exerçant son pouvoir souverain sur l'ensemble des domaines des daimyô, et que d'autre part il correspond en même temps à un organisme administratif qui gère les domaines particuliers du shôgun.**

Il n'est pas question d'aborder ici le détail des modifications apportées dans la structure des organes politiques durant plus de deux siècles et demi de fonctionnement. Nous nous baserons ici sur l'état de l'administration, de la seconde moitié du XVIIe siècle à la première moitié du XVIIIe siècle. Il est en effet communément admis que l'organisation administrative centrale se stabilisa durant cette période. D'autre part, cette tranche chronologique comprend l'ère Genroku qui est considérée comme l'apogée du régime des Tokugawa.

C'est évidemment le shôgun appelé également *taikun*, le grand seigneur vis-à-vis de l'étranger, qui dirigeait l'ensemble de l'administration centrale.

Le shôgun est directement assisté d'un conseil composé de quatre ou cinq anciens, *rôjû*. Ceux-ci le servaient chaque mois à tour de rôle. Ce conseil était présidé par le chef des anciens, **le grand ancien, *tairô*,** nommé par le shôgun lorsque les circonstances étaient délicates. Autrement dit, la nomination d'un grand ancien n'était pas de règle. On ne connaît au total que dix grands anciens au cours de l'histoire de l'époque d'Edo. À partir du XVIIIe siècle, seules deux familles, les Sakai et les Ii, purent quelquefois occuper cette charge. Durant l'ensemble de la période, une quarantaine de familles de daimyô ont fourni des anciens. **Ce conseil des anciens avaient la haute main sur les affaires militaires et politiques, les relations avec la cour, les questions religieuses et financières, les travaux, les confirmations ou suppressions de fiefs. Il agissait de façon collégiale.** Il avait de plus sous sa tutelle directe vingt-huit postes chargés de l'administration, de la police et de la justice des grands centres urbains, de la surveillance des daimyô, etc.

Les forces militaires du *bakufu* étaient assurées d'une part par les contingents fournis par les daimyô, et d'autre part par les

troupes permanentes constituées par les hommes de la bannière, *hatamoto*, qui pouvaient être reçus en audience par le shôgun, et les hommes de service, *gokenin*, qui ne le pouvaient pas. Ces deux catégories étaient des vassaux directs du shôgun, d'un revenu inférieur à 10 000 *koku*. Ils n'étaient donc pas considérés comme daimyô. La tâche ordinaire de ces forces consistait à garder le château et la ville d'Edo et à déléguer par roulement des détachements à Kyôto et à Ôsaka.

Les finances étaient confiées aux préfets des comptes, *kanjô bugyô*, au nombre de trois à cinq. Recrutés parmi les *hatamoto*, ils dépendaient directement du conseil des anciens. Ils se chargeaient de gérer les dépenses de l'administration centrale, de contrôler la gestion des fonctionnaires locaux, et de traiter les procès concernant les affaires financières. Ils s'occupaient également de la frappe des monnaies en faisant travailler les ateliers de monnayage de l'or et de l'argent sous leur contrôle. Comme pour tous les postes de ce type, ils assuraient leur service à tour de rôle.

La surveillance des daimyô était sous la responsabilité des inspecteurs généraux, *ô metsuke,* au nombre de quatre à cinq. Ils disposaient de subordonnés. Ils étaient eux aussi choisis parmi les hommes de la bannière. Ces inspecteurs étaient chargés de veiller au bon ordre et au respect du protocole au château d'Edo et de faire des tournées d'inspection dans les domaines des daimyô.

Les établissements religieux bouddhiques ou shintô étaient sous la responsabilité de préfets qui dépendaient directement du shôgun, *jisha bugyô.* Leur rôle ne concernait pas le contenu doctrinal, les différentes écoles s'en occupaient, mais les conflits relatifS aux terres, aux revenus, les querelles entre le siège des écoles et les monastères affiliés. Ils s'occupaient également des religieux non encadrés ainsi que des musiciens aveugles. Cette charge était prestigieuse et faisait partie des postes convoités.

L'administration de la police et de la justice dans les grands centres urbains était confiée aux préfets de onze villes dépendant directement du *bakufu.* On peut citer Edo, Sunpu, Ôsaka, Kyôto, Fushimi, Nagasaki. Pour la capitale, on créa deux postes de préfet de la ville, l'un de la partie nord, l'autre du sud. Ils étaient chargés de toutes les affaires administratives et judiciaires.

Le conseil des anciens était doublé par un autre, celui des « jeunes anciens », *wakadoshiyori.* Ils étaient choisis parmi les daimyô vassaux héréditaires des Tokugawa. Vingt-neuf postes en dépendaient directement. Les tâches principales de ce conseil auxiliaire étaient de contrôler, avec le concours d'inspecteurs, *metsuke*, les affaires concernant les hommes de la bannière et de la maison, d'assurer la garde du château.

Les villes de Kyôto et d'Ôsaka bénéficiaient d'une attention toute particulière depuis la fondation du régime. Dans l'une se trouvait la cour impériale. L'autre avait été le siège du pouvoir des Toyotomi. Pour cette raison, le shôgun créa des postes de gouverneurs militaires à Kyôto et à Ôsaka. **Le gouverneur de Kyôto, *kyôto shoshidai*, avait la responsabilité de la garde de la cour impériale, du contrôle des nobles de cour. Il assurait aussi la surveillance des puissants daimyô extérieurs des régions de l'ouest. Quant au gouverneur d'Ôsaka, *Ôsakajô dai*, il avait la charge de la défense de la ville ainsi que des régions avoisinantes. Lui aussi s'occupait de la surveillance des daimyô.**

Enfin, dans le domaine de la justice, **la cour de justice, *hyôjôsho*,** était composée des préfets des comptes et de ceux d'Edo, d'inspecteurs généraux ainsi que des préfets de villes provinciales du rang de daimyô. **Il s'agissait d'un conseil chargé de délibérer et de prendre des décisions collégiales.** C'était en quelque sorte l'organe suprême de la justice du *bakufu*. **Il tranchait dans les affaires graves.**

LES FIEFS ET LEUR GOUVERNEMENT

Avant d'aborder les caractéristiques de l'administration des fiefs, précisons que le *bakufu* possédait 23,3 % de la totalité des terres productives. Cela revient à dire que **le *bakufu* contrôlait presque un quart de la capacité productive du pays.** Les 250 à 270 daimyô se répartissaient les trois quarts restants. Les domaines attribués à la maison impériale et aux nobles de cour (0,3 %) et aux institutions religieuses (sanctuaires shintô et monastères bouddhiques, au total 1,3 %) représentaient à peine 2 % des terres productives. **Sur le plan politique, le *bakufu* imposait aux daimyô le service militaire, la corvée pour les travaux publics comme la construction des châteaux d'Edo et d'Ôsaka, le service au château d'Edo. D'un autre côté, dans le cadre de leur domaine (fief, *han*), tous les daimyô conservaient leurs droits de justice et de législation.**

À l'époque d'Edo, les daimyô étaient les seigneurs de domaine (fief) dont le revenu était évalué à plus de dix mille *koku* de riz (1 *koku* de riz égale environ 180 litres). Comme nous l'avons vu plus haut (cf. Edo et les fiefs, chap. II), environ 260 daimyô se partageaient les trois quarts du territoire du pays, autrement dit 22 500 000 *koku*. En moyenne, on pouvait compter autour de 80 000 ou 90 000 *koku* par daimyô. Cependant l'étendue des domaines seigneuriaux variait beaucoup. De plus, au fil du temps, certains daimyô ont pu passer d'une catégorie à l'autre. **La puissance des daimyô dépendait directement de leur origine ainsi que de l'importance de leur domaine.**

Le bureau du préfet du fief de Matsumae

La production en riz des domaines des plus puissants daimyô s'élevait de cinq cent mille *koku* à un million de *koku*. On en comptait grosso modo une dizaine. **Comparables à de véritables princes territoriaux avec un gouvernement autonome, ils étaient maîtres d'une ou de plusieurs provinces.** Pour la gestion de leurs domaines, ils édictaient leurs propres lois. Ils concédaient eux-mêmes des fiefs à leurs vassaux. Ils levaient les impôts sur les paysans de leurs domaines. Sur le plan juridique, ils étaient également les justiciers suprêmes, sauf pour les affaires graves.

Sur le plan économique, leur autonomie était considérable. **Ils pouvaient encourager le défrichement des terres. Ils devaient se préoccuper de la meilleure gestion possible des eaux pour accroître la productivité de leurs domaines.** Après l'épanouissement de l'économie marchande, **à partir du XVIIIᵉ siècle**, qui ébranla les bases du système d'économie agraire, **ils favorisèrent le développement des industries locales et encouragèrent l'exportation extra-régionale des spécialités produites dans leurs domaines.**

Les daimyô possesseurs de château, mais dont le domaine était inférieur à une province, apparaissaient comme nettement secondaires.

L'emplacement des bureaux des intendants chargés de la perception des redevances (daikan) - 1863

Cependant un gouvernement autonome leur était accordé, comme pour les daimyô possesseurs de province(s). Cela concernait principalement la gestion des affaires internes de leurs domaines.

En pratique, l'autonomie des domaines seigneuriaux était beaucoup plus restreinte lorsqu'il s'agissait des domaines attribués aux vassaux héréditaires, *fudai daimyô*. Car ils changeaient fréquemment de fief en fonction des besoins du gouvernement shôgunal. Il en était de même pour les daimyô dépourvus de château, puisqu'il n'était pas question pour eux d'assurer un gouvernement autonome.

Une importante transformation apparut dans la gestion des domaines seigneuriaux à partir du milieu du XVIIe siècle. **Elle concernait surtout les rapports entre le daimyô et ses vassaux. Durant l'époque des guerres civiles, aux XIVe et XVe siècles, ces derniers étaient eux-mêmes de petits seigneurs et donc propriétaires de leurs propres domaines dans le cadre d'un territoire administré par leur suzerain. Or, sous le régime des Tokugawa, les différents suzerains eurent tendance à intégrer les domaines de leurs vassaux dans leur propre administration, en renforçant ainsi le pouvoir exercé sur les vassaux.** Autrement dit, à partir de ce moment-là les suzerains gérèrent directement l'ensemble de leurs domaines. Ils percevaient sans intermédiaires les redevances sur tous les paysans.

Cette transformation des rapports entre les daimyô et leurs vassaux guerriers visait à améliorer la gestion des domaines. Elle renforça ainsi leur autonomie vis-à-vis de l'administration centrale du *bakufu*. À la fin du XVIIIe siècle, on vit apparaître certains daimyô extérieurs si puissants qu'ils étaient parvenus à rivaliser avec le gouvernement d'Edo.

La structure de l'administration de chaque fief pouvait varier. Mais on retrouve certains principes communs comme le conseil des anciens et des fonctions imposées par le *bakufu*, comme les *jishabugyô*.

L'EXERCICE DE LA JUSTICE

La référence dans ce domaine est le *Kujikata osadame gaki*, sorte de code judiciaire applicable aux roturiers. **C'est le huitième shôgun Yoshimune qui lança le projet de ce recueil de lois et de jurisprudence inspiré par les codes chinois des Ming et des Qing. Le recueil fut terminé en 1742, mais son achèvement définitif date de 1743. Il fut augmenté continuellement jusqu'en 1754. Tenu secret, il n'était remis qu'à un nombre restreint d'officiers dépendant des préfets en rapport avec la cour de justice, *hyôjô sho*.**

Le recueil était composé de deux volumes. Le premier était constitué de 81 textes d'ordonnances, le second était un recueil de jurisprudence. Malgré son caractère secret, il semble avoir été déjà diffusé dans différents fiefs. Il a été connu même parmi les roturiers durant l'ère Kansei (1789-1801) à partir des copies réalisées par les officiers de la cour de justice, copies qui comportaient malheureusement de nombreuses erreurs.

C'est surtout le deuxième volume qui connut une grande diffusion au point d'apparaître comme un code autonome à part entière. Visant la réglementation de la jurisprudence, il était composé de cent trois articles avec des corrections et des ajouts. On l'appelait souvent l'*Osadamegaki hyakka jô / Texte de jurisprudence en cent articles*.

La mise en application de ce code fut assez large. Il était en effet admis que les daimyô ainsi que les fonctionnaires du *bakufu* pouvaient consulter de façon confidentielle les bureaux concernés.

L'application réelle de ce code reposait, conformément aux mesures juridiques modernes, sur une structure bipolaire : d'un côté le domaine équivalant au code de procédure pénale, appelé *ginmi suji*, et de l'autre celui de procédure civile, appelé *deiri suji*. Les daimyô, les hommes de la bannière, les nobles de cour ainsi que les établissements religieux avaient la juridiction sur les affaires internes de leurs propres domaines. Cependant c'est le *bakufu* qui intervenait dans les affaires juridiques survenues entre les différents domaines. Dans ce sens, on peut dire que le *bakufu* exerça un pouvoir juridique sur l'ensemble du territoire.

L'étendue de la juridiction de différents seigneurs était définie dans un règlement de 1697, appelé *jibun shioki rei*, règlement concernant les sanctions du ressort des seigneurs eux-mêmes. Selon ce texte, **les daimyô exerçaient leur pouvoir pénal sur leurs vassaux, sur les familles de ces derniers, ainsi que sur les résidents de leur**

domaine. Par conséquent les sans-domicile-fixe pouvaient être jugés dans n'importe quel domaine. Si les affaires judiciaires concernaient des personnes appartenant à d'autres domaines, les daimyô devaient les confier au *bakufu*. Ceci n'empêchait pas les daimyô de juger des affaires entraînant des châtiments très lourds, comme les peines de mort les plus sévères : crucifiement, peine du bûcher. **Les hommes de la bannière ne pouvaient se saisir d'affaires de ce type. Ils devaient les confier aux autorités shôgunales.** Le déroulement concret de la procédure pénale suivait grosso modo celle d'aujourd'hui. Par exemple, **dans la ville d'Edo, on trouvait l'enchaînement suivant : enquête sur le crime, examen des faits, décision de la peine à appliquer, publicité de la sentence, exécution de la peine.** Dans ce système, il n'existait pas de procureur. C'étaient donc les préfets mentionnés plus haut, assistés de fonctionnaires inférieurs, qui avaient la charge de la totalité de la procédure. L'examen des faits consistait essentiellement à obtenir des aveux des personnes accusées. C'était pour ainsi dire le seul élément indispensable pour aboutir à un verdict de culpabilité. Les notes prises au cours de l'enquête étaient confirmées en présence des préfets par les accusés et signés. La signature des accusés était indispensable pour déterminer la sentence. En réalité, dans le cadre du Japon de cette époque, il ne s'agissait pas d'une signature, mais du sceau personnel ou de l'empreinte du pouce de la main gauche pour les accusés masculins et de celle du pouce de la main droite pour les accusées féminines. Pour obtenir cet équivalent de la signature, les fonctionnaires chargés de l'enquête avaient le droit de recourir à la torture. Mais comme, d'un autre côté, l'emploi de la torture révélait le caractère insuffisant de l'enquête, les représentants de la loi l'évitaient au maximum. **La sentence fixée par les préfets était, en dernier lieu, confirmée par les anciens.** Toutefois, pour pouvoir valider une sentence sans la signature de l'accusé, les préfets s'adressaient directement aux anciens faisant partie du tribunal. Dans ces cas-là, la sentence était d'ordinaire légèrement allégée. Une fois la sentence rendue publique, elle était en général suivie immédiatement de l'exécution de la peine. Comme du côté de l'accusé(e) le moyen d'appel n'existait pas, la procédure s'achevait simplement par l'exécution de la peine confirmée par les anciens. Pour éviter la lourdeur de procédures qui s'étalaient sur une longue durée, le huitième shôgun Yoshimune obligea les hommes de loi à avertir systématiquement le shôgun de tous les procès qui duraient plus de six mois.

LE JAPON D'EDO

Fonctionnaires de police

Dans ce système impitoyable, **il existait heureusement des amnisties accordées par le shôgun aux condamnés ou aux accusés à l'occasion d'événements de bon augure survenus à la cour ou au château d'Edo, ou de services religieux pour des défunts illustres.** Les amnisties permettaient de fixer un terme aux peines d'exil ou d'expulsion à durée indéterminée. **Elles allégeaient les peines trop lourdes.**

Les peines appliquées aux roturiers se voulaient exemplaires. Ainsi existait-il six procédures distinctes d'application de la peine de mort, selon la catégorie de crime. La décapitation à la scie (*nokogiri hiki*) était réservée au cas de meurtre de son seigneur ; le crucifiement (*haritsuke*) au meurtre de son ancien seigneur, d'un parent, d'un maître, pour des coups et blessures portés à son seigneur. La décapitation et l'exposition de la tête coupée (*gokumon*) étaient appliquées aux cas d'adultère avec l'épouse du seigneur, de vente de poison, pour les faussaires de balances. La peine du bûcher (*kazai*) était infligée aux pyromanes. La strangulation (*shizai*) revenait aux voleurs de plus de dix *ryô*, à ceux qui avaient commis l'adultère avec une femme mariée ou un homme marié. La décapitation sans exposition de la tête (*geshunin*) s'appliquait au cas d'homicide à l'occasion d'une bagarre ou d'une dispute. La décapitation (*zanzai*) ou l'exil lointain (*entô*) étaient appliqués aux cas d'homicide involontaire. L'expulsion sévère (*jû tsuihô*) était la peine encourue pour les cas d'adultère avec une femme mariée sans son consentement. L'exil de gravité moyenne (*chû tsuihô*) correspondait aux cas d'adultère avec la fille du seigneur. L'expulsion légère (*kei tsuihô*) concernait le port du sabre par un marchand ou par un paysan, l'adultère avec une femme fiancée. L'expulsion de la ville d'Edo (*Edo harai*) s'appliquait aux serviteurs d'un guerrier ayant blessé autrui sous l'effet de l'alcool, ou à ceux qui cachaient une personne expulsée, etc.

V

LA VIE ÉCONOMIQUE

農工商

NÔKÔSHÔ

AGRICULTURE, ARTISANAT, COMMERCE

Pour une grande majorité de la population et encore plus pour la quasi-totalité des lettrés, la vie économique se résumait à l'agriculture. Tous les autres aspects en découlaient. La force du modèle social qui plaçait les paysans juste en dessous des guerriers imposait le modèle agraire. Lors des différentes crises qui secouèrent le *bakufu*, les remèdes préconisés rappelaient le primat de l'agriculture aussi bien au niveau idéologique que réel. Des penseurs aussi différents que Kumazawa Banzan (1619-1691) ou Ogyû Sorai (1666-1728) proposaient de renvoyer à la campagne, pour la cultiver, les oisifs des villes, dont une grande partie de guerriers. Il n'était pas question de remettre en cause ce primat. L'économie de l'époque d'Edo demeurait une économie d'ancien régime, ses crises étant en grande partie la conséquence directe de mauvaises récoltes. La majorité de la population restait paysanne.

Pourtant, depuis la période des Provinces en guerre, la circulation des produits ne se faisait plus majoritairement entre les provinces et la capitale, mais entre la multitude de centres qui avaient éclos avec le morcellement politique. Les guerres avaient accru ces échanges et donné une impulsion considérable au commerce interne au Japon, mais aussi à celui avec l'étranger : Corée, Chine, Asie du Sud-Est, et par l'intermédiaire des Portugais avec l'Occident. L'artisanat s'était développé dans les villes au pied des châteaux.

113

LA VIE ÉCONOMIQUE

Au sortir des guerres, c'était donc un pays profondément transformé qu'auraient à gérer les Tokugawa, sans avoir toujours les outils nécessaires pour le faire. Les différentes réformes : de l'ère Kyôhô (1716-1735), de l'ère Kansei (1789-1800), de l'ère Tenpô (1830-1844), non seulement ne remettaient pas en cause la structure économique du régime, mais ne concernaient que les domaines relevant directement du *bakufu*. Leur efficacité fut toute relative. Par contre, à l'échelle des fiefs, particulièrement ceux de la périphérie dont la soumission avait été la plus tardive, des politiques volontaristes réussirent, comme à Chôshû à l'ouest de Honshû, ou à Satsuma dans l'île de Kyûshû. Ces fiefs seront les moteurs du mouvement qui aboutit à la restauration de Meiji.

Toyotomi Hideyoshi reprit le monnayage à la fin du XVIᵉ siècle avec les *ôban* d'or, autant pour affirmer son pouvoir et renforcer son prestige que pour faciliter le commerce. Ce retour à la monnaie métallique ne changea pas fondamentalement l'échelle des valeurs : **la référence première ne pouvait être que le produit de l'agriculture. Les impôts et les traitements étant payés en riz,** les fiefs comme les guerriers devaient en confier la majeure partie à des commerçants pour recevoir en échange de la monnaie métallique qui leur permettait de se fournir en autres biens. La concentration urbaine qui commença au XVIᵉ siècle encouragea la production de riz pour la vente. **On peut parler dès lors d'une économie nationale.**

AGRICULTURE

Ce n'est pas un hasard si les revenus des fiefs ou le traitement des guerriers étaient calculés en *koku*, boisseaux de riz. La culture du riz représentait beaucoup plus que sa valeur vivrière, même si celle-ci demeure fondamentale. **Le riz reste, tout au long de la période, la valeur de référence.** Sa culture était encouragée. Une grande partie des nouveaux terrains mis en culture durant la période sont des rizières humides, comme ceux gagnés grâce aux travaux d'endiguement et de drainage au nord-est d'Edo. La surface cultivée passa de deux millions de *chô* (à la fin du XVIᵉ siècle) à plus de trois millions au moment de la restauration de Meiji, l'essentiel de l'accroissement se situant dans la deuxième moitié du XVIIᵉ siècle et, dans une moindre mesure, dans la première moitié du XVIIIᵉ siècle. L'accroissement des surfaces cultivées connaîtra alors une sorte de

LA VIE ÉCONOMIQUE

palier. Le relevé des travaux d'aménagement confirme l'expansion du début de la période. Que ce soit pour les aménagements des fleuves (le plus bel exemple étant le détournement du cours du fleuve Tone dans la région d'Edo), la création d'étangs-réservoirs, celle de canaux d'irrigation, ce sont les périodes 1601-1650 et 1651-1700 qui montrent l'activité la plus importante, la seule exception étant l'assèchement et le défrichement qui connaît son plus grand pic à la fin de l'époque d'Edo.

Une partie de ces travaux fut assurée grâce à l'investissement de capitaux marchands. **On estime que la production agricole a plus que doublé durant la période d'Edo.**

Du point de vue des techniques agricoles, même si on voit apparaître de nombreux traités d'agronomie, dont certains furent l'œuvre de lettrés comme Kaibara Ekiken

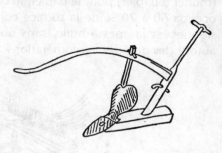

Araire à soc de fer et versoir

(1630-1714), Moyazaki Yasusada (1623-1697), auteur d'une encyclopédie agricole, on n'observe pas de bouleversements notoires. On peut noter la diffusion des techniques d'enrichissement de la terre par l'engrais humain près des grandes villes, mais aussi de la fumure issue de la mer.

Le riz demeure la culture de référence. Objet de l'impôt, réservé en priorité à la nourriture de la classe guerrière, il coexistait avec les autres céréales cultivées soit sur les rizières asséchées après la récolte du riz, soit directement en culture sèche. En 1721, on comptait 1 643 000 *chô* de rizières pour 1 317 000 *chô* de champs secs (un *chô* égale 99,17 ares). L'écart entre les deux modes de culture diminuera légèrement au profit des cultures sèches à la fin de la période. Ces céréales annexes étaient à la base de la nourriture de la plus grande partie de la population sous forme de nouilles *udon* à base de froment, *soba* à base de sarrasin. **La faiblesse de l'élevage et la très faible consommation de viande rendaient la culture du soja très précieuse pour l'apport en protéines.** Les différentes sortes de patates jouèrent un rôle non négligeable, notamment la patate douce introduite grâce aux Hollandais dans le Kyûshû au XVIIIᵉ siècle, mais aussi la pomme de terre dont la culture fut préconisée, au

115

début du XIXe siècle pour combattre la famine de 1835-1836, sur les conseils de Takano Chôei (1804-1850).

La nouveauté est à chercher dans le développement de cultures destinées au commerce et non plus seulement à la subsistance ou au paiement des impôts. Des régions se spécialisèrent, l'archipel d'Amami au sud de Kyûshû fut voué à la canne à sucre, l'indigo à Shikoku, le mûrier pour l'élevage des vers à soie, le broussonetia (mûrier à papier) pour le papier, le coton dans la région d'Ôsaka (il occupa 60 à 70 % de la surface cultivée), du colza pour approvisionner les lampes à huile, sans oublier les cultures maraîchères autour des grandes agglomérations.

Égrenage du riz

L'expansion des cultures, mais aussi des manufactures de poterie, de l'industrie du fer, la fabrication du charbon de bois, indispensable au chauffage dans les grandes agglomérations, le bois de construction, entraînèrent une surexploitation des forêts qui amena le *bakufu* et certains fiefs à prendre des mesures de protection.

ARTISANAT ET MANUFACTURE

Comme dans les autres sociétés préindustrielles, **les activités de tissage et de teinture représentent les prémices de l'industrie** avec la même organisation de marchands drapiers.

Une mention spéciale doit être faite à l'artisanat de luxe qui connaît un de ses sommets à cette époque au Japon. Les tisserands de Nishijin, les laqueurs, les bronziers, les potiers, mais aussi les fabricants de papier (la variété et la qualité des papiers fabriqués au Japon est extraordinaire) produisent des objets d'une qualité exceptionnelle qui répondent à la demande de la cour et de l'aristocratie guerrière.

Pourtant les produits manufacturés ne présenteront guère de valeur dans les échanges commerciaux extérieurs avant le XIXe siècle. Dans ce domaine ce sont les matières premières qui vont longtemps dominer.

Toyotomi Hideyoshi avait pris le contrôle des mines d'or et d'argent sur tout le territoire ; les Tokugawa poursuivirent la même politique. Le Japon du XVIIe siècle fut un des premiers producteurs de métaux précieux de son temps, particulièrement dans les mines de Sado. Mais la production baissa à partir du siècle suivant, entraînant une certaine pénurie de numéraire. La production de cuivre prit le relais. **Le raffinement du cuivre à Ôsaka s'effectuait dans des ateliers plus proches de la manufacture que de l'artisanat (cf. Osaka, chap. II).**

La fortune des Portugais au Japon reposait en grande partie sur l'importation de soie grège de Chine payée par les Japonais en argent. Les progrès de l'élevage du ver à soie permirent au Japon de se suffire à lui-même au cours du XVIIIe siècle. **Les grands centres de tissage restaient Kyôto, dans le quartier de Nishijin pour le brocart**, mais on en trouvait aussi à Hakata (Kyûshû), Ashikaga, Ueda dans l'est du Japon (cf. Habillement, chap. XI).

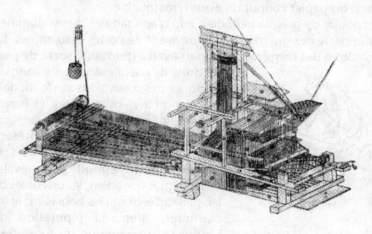

Métier à tisser de haute lisse

Les cotonnades étaient surtout produites dans le Kyûshû (Kurume, connu également pour un type de tissage et de teinture à l'indigo) et dans la région d'Ôsaka. La teinture d'indigo se développa à Tokushima, dans le Shikoku. C'était la teinture de base des étoffes de coton.

La poterie, une des premières industries des sociétés préindustrielles, connut un essor considérable à l'époque d'Edo, avec la création ou l'expansion de multiples fours. Une nouvelle impulsion avait été donnée par les artisans coréens ramenés de force lors des expéditions de Toyotomi : poteries de Kutani, Arita, Kiyomizu, Seto, Tobe. À côté de la poterie d'usage quotidien, il faut noter la présence de la poterie d'art liée à l'expansion de la cérémonie du thé et du cercle des amateurs. Ce fut la fortune des potiers de Bizen ou de Hagi ; ceux-ci prenaient rang auprès des plus grands artistes. Et, chose inimaginable en Chine, des lettrés comme Ogata Kenzan (1663-1743) n'hésitaient pas à mettre la main à la pâte.

Les objets de laque étaient connus au Japon depuis l'époque Yayoi ; leur production se concentra dans les régions de Wakayama, Wajima, Morioka.

D'autres régions, comme celle du fief des Maeda, se spécialisèrent dans les plantes médicinales et la fabrication de remèdes.

Soutenue par le développement de l'imprimerie, l'alphabétisation, les emplois divers dans l'aménagement des maisons, la fabrication du papier connut un essor remarquable.

Époque de paix, la période d'Edo n'en était pas moins dominée par la classe des guerriers qui se devaient de porter deux sabres. **La technique des forgerons japonais avait atteint une sorte de perfection**. Ils n'avaient pas été longs à fabriquer des mousquets sur le modèle de ceux qu'avaient apportés les Portugais, et ils faisaient partie des artisans les plus réputés. Les sabres représentaient une des exportations vers la Chine depuis l'époque médiévale. D'usage plus quotidien, les ustensiles de fer, particulièrement les bouilloires et les marmites, firent la réputation de Morioka. La technique de *tatarafuki*, enrichissement en oxygène à l'aide d'énormes soufflets, permettait d'obtenir un acier de très grande qualité.

Forme à papier plongée dans le bac de pâte diluée

Charpentiers

LA VIE ÉCONOMIQUE

Certaines activités particulièrement lucratives furent encouragées par les fiefs qui n'hésitèrent pas à patronner des activités manufacturières. Le moyen le plus courant était l'établissement de monopoles pour certaines activités sur tout le territoire du fief. Ce monopole était confié à quelques familles d'artisans marchands.

Des métiers ont gardé, à l'époque d'Edo, des relations particulières avec la cour de Kyôto : fondeurs, charpentiers, tuiliers, miroitiers, médecins, peintres, devins, lutteurs. Ainsi la maison Matsugi protégeait et ponctionnait les fondeurs.

Toute une branche de l'artisanat était réservée aux marginaux (cf. Société, chap. IV) : le travail du cuir, bien évidemment, puisqu'il supposait le contact avec des cadavres d'animaux, mais aussi la fabrication de toutes sortes de chaussures, sandales de cuir bien entendu, mais aussi socques de bois, et même sandales de paille de riz. Bien que discriminés, les artisans de ces domaines fournissaient une production considérable qui n'avait rien de marginal.

Les fabricants de charbon de bois n'avaient guère bonne réputation, probablement parce qu'ils vivaient trop longtemps dans les lieux sauvages. Pourtant leur produit était de toute première nécessité à une époque où la houille n'était pas exploitée, et dans un pays qui ne connaissait pas l'âtre de pierre ou de brique. Seul ce combustible permettait de se chauffer sans trop de risque dans des maisons de bois. Les grandes villes représentaient un marché considérable.

On pourrait le dire pour tous les corps de métier, mais les artisans du bois étaient particulièrement présents. **Les grandes villes étaient en perpétuelle construction non seulement à cause de leur expansion, mais aussi par la faute des incendies.** Les charpentiers qui faisaient aussi office d'architectes pouvaient faire figure d'artisans par excellence.

COMMERCE

Paradoxalement, c'est l'existence d'une forte population non productive qui explique le développement de l'artisanat et du commerce. La structure sociale qui mettait les guerriers au sommet de la société, l'obligation qui leur était faite de demeurer près de leur seigneur, au pied du château, la nécessité d'être à sa disposition et donc de ne pas travailler et de tenir leur rang firent des villes de grands centres de consommation de produits artisanaux.

LA VIE ÉCONOMIQUE

Au début de la période, comme c'était le cas du temps des Provinces en guerre, l'objectif était, pour chaque fief, d'atteindre l'autonomie dans tous les domaines. Les échanges ne concernaient donc que les rares et précieux produits qu'on ne pouvait trouver sur place. Mais progressivement la spécialisation des cultures, l'avancée de l'économie monétaire accrurent les échanges entre les provinces.

Comme leurs prédécesseurs de l'époque des Provinces en guerre, les commerçants d'une certaine envergure n'étaient pas spécialisés et faisaient profit de toutes sortes de marchandises sous la protection des daimyô. Le cloisonnement du pays en principautés qui se voulaient autonomes entraînait de fortes disparités de prix selon les régions. **Les commerçants capables de prendre le risque des transports, avant tout maritimes, pouvaient réaliser des bénéfices considérables.**

Avec l'accroissement des échanges, on assista à une certaine spécialisation. Les fiefs comme le *bakufu* laissèrent les marchands s'organiser en corporations, *nakama*, qui avaient le monopole du commerce de certains produits. Comme pour beaucoup d'innovations, celle-ci partit d'Ôsaka, la grande place commerciale de l'époque d'Edo.

Le marché au poisson à Zakoba-chô à Ôsaka

LA VIE ÉCONOMIQUE

C'est là que se décidait le prix du riz.

Les marchands servaient d'intermédiaires obligés aux fiefs pour l'écoulement de leurs produits et tout particulièrement du riz de l'impôt, dont les *kuramoto* avaient le monopole. **À Ôsaka, devenu le marché national du riz, les fiefs confiaient la gestion de leurs entrepôts à des marchands qui se chargeaient de commercialiser le riz.** L'exemple le plus connu est celui de la maison Kônoikeya qui servait d'intermédiaire à 32 fiefs et en tirait des profits comparables à ceux d'un daimyô. Parfois ces mêmes marchands géraient pour le fief les sommes issues de ces ventes. Ces banquiers, *kakeya*, pouvaient aussi prêter aux fiefs (sur Ôsaka, cf. Les trois villes, Ôsaka, chap. II).

Les maisons de commerce fleurirent à Ôsaka et à Edo ; certaines seront à l'origine de grandes compagnies du Japon contemporain comme Mitsui. La maison fut fondée en 1673. Son magasin, Echigoya, était spécialisé dans les étoffes.

En 1683, ses activités s'étendirent au change. Elle en arriva à traiter avec le *bakufu*. Cette maison se transforma en banque en 1873

La boutique Mitsui à l'enseigne d'Echigoya à Ôsaka

et fut le noyau d'un des grands groupes industriels, *zaibatsu*, du Japon du xxᵉ siècle.

Partie du commerce des produits pharmaceutiques et du livre à Kyôto, **la famille Sumitomo** se spécialisa dans le commerce du cuivre affiné selon une technique occidentale. Installés à Ôsaka, sous la raison sociale d'Izumiya, les Sumitomo bénéficièrent du privilège, accordé par le *bakufu* aux commerçants du cuivre de cette ville, de commercer avec les Hollandais et les Chinois. Ils exploitèrent les nouvelles mines de Besshi en Shikoku, mais aussi en Bitchû, Dewa. **Ils diversifièrent leurs activités en exerçant la fonction de changeur mais aussi de *kuramoto*, responsables de dépôts de riz.** Devenus banquiers, *kakeya*, ils servirent d'intermédiaires au *bakufu* pour le paiement des pensions des hommes de la bannière, *hatamoto*.

COMMERCE INTERNATIONAL

Le début de l'époque d'Edo est marqué par une forte implication des Tokugawa dans le commerce international. **Ieyasu**, suivant probablement l'exemple de Toyotomi Hideyoshi, **systématisa un commerce avec l'Asie du Sud-Est.** Il permit aux bateaux munis de son autorisation marquée par son cachet rouge, *shuinsen*, de faire du commerce outre-mer. Il avait demandé au préalable aux différentes autorités étrangères de ne recevoir que les bateaux munis de cette licence. **Entre 1604 et 1635, 355 bateaux, l'ayant obtenue, fréquentèrent les ports de Manille, Malacca, Patani.** Ils recevaient des commerçants chinois : soie grège, cuir, peaux, plomb, étain, sucre, épices, en échange d'argent, de cuivre mais aussi de fer et de camphre (cf. Les frontières, et les relations extérieures, chap. II).

Les bénéficiaires de ces licences étaient d'abord de grands commerçants mais aussi des daimyô de Kyûshû, comme les Shimazu ou les Hosokawa, des négociants chinois et des Européens comme le fameux William Adams, Anglais naufragé devenu protégé d'Ieyasu.

Dans les années 1630, le pouvoir central appliqua des mesures de contrôle de plus en plus strictes sur les échanges internationaux, provoquant la ruine des très grands marchands qui travaillaient dans les ports spécialisés dans l'armement pour la haute mer, dont les bateaux se rendaient régulièrement en Chine et en Asie du Sud-Est. On a beaucoup glosé sur **la fermeture du Japon** à l'époque d'Edo. **La répression du christianisme** fut certes l'un des facteurs. Mais **la volonté de contrôler le commerce extérieur** en est un autre. Nous avons vu que les Portugais avaient tiré un très grand profit du commerce de la soie grège ; celui-ci passa sous le contrôle du *bakufu* par l'intermédiaire d'une compagnie, *Sankasho itowappa nakama*, réunissant des commerçants de Kyôto, Ôsaka, Sakai, rejointe ensuite par des négociants d'Edo.

Les bénéficiaires de la fermeture furent d'abord les Hollandais qui réussirent ainsi à évincer les Portugais et les Espagnols et les Anglais. Cantonnés dans l'îlot de Dejima, dans la baie de Nagasaki, ils furent les seuls relais directs entre l'Occident et le Japon jusqu'à l'ouverture forcée par les Américains au milieu du XIXe siècle. **Parmi les exportations japonaises, il faut noter le cuivre qui alla jusqu'à concurrencer le cuivre suédois sur le marché d'Amsterdam.** Le cuivre japonais était aussi vendu par les Hollandais en Asie du Sud, Arabie, Perse. La majeure partie des marchandises apportées par les Hollandais provenaient d'Asie et concurrençaient les Chinois : ainsi **la soie grège venait avant tout du Bengale, du Tonkin, puis de Chine et même de Perse.** Le sucre importé finit par être concurrencé par le sucre japonais. Mais il eut le temps de susciter un boum sur les gâteaux sucrés, les *manjû* de Toraya, au sucre blanc de Dejima. La demande de cuir de cerf nécessaire pour les armures des guerriers était si énorme qu'elle faillit entraîner l'extinction de cette espèce dans le Sud-Est asiatique. Les peaux de requin, appréciées aussi pour les articles militaires, faisaient partie des importations.

Les mesures de fermeture ne concernaient pas uniquement les restrictions mises à l'accueil des étrangers, elles visaient aussi les commerçants japonais. Il leur était dorénavant interdit de sortir du Japon et même d'y revenir s'ils s'étaient installés outre-mer. La volonté de se prémunir au maximum de contacts avec le dangereux Occident semble indéniable.

Vue d'Occident, cette politique ressemble à une fermeture, mais en fait le commerce extérieur, en grande partie contrôlé par le *bakafu*, ne cessa nullement. Comme nous l'avons vu en présentant l'espace, la notion de frontière restait une notion floue. **Certains fiefs entretenaient des rapports avec l'extérieur, qui étaient aussi des rapports commerciaux tolérés par Edo : Tsushima avec la Corée (il importa du riz de Corée au XIXe siècle), Satsuma avec les Ryûkyû, Matsumae avec les Ainu. Si bien que les relations avec l'Asie orientale ne furent jamais interrompues.**

Par ces différents intermédiaires, c'étaient autant de routes avec la Chine qui étaient ouvertes. Si l'on ajoute que les commerçants chinois, certes obligés de se regrouper dans un quartier de Nagasaki, restèrent très nombreux, force est de reconnaître que la fermeture ne fut que relative. **On a souligné que le pic des exportations d'argent se situait en 1660, soit près de trente ans après les mesures de fermeture, et que celles qui passaient par Tsushima dépas-**

saient celles de Nagasaki. Avec la Chine, les échanges portaient, en plus des matières déjà cités, sur les imprimés, l'ivoire et la corne contre des produits médicinaux, des produits de la mer séchés.

Il n'en reste pas moins que la volonté de restreindre les échanges était bien réelle. Outre les problèmes idéologiques soulevés par la peur du christianisme et d'une éventuelle colonisation, les questions économiques jouèrent un rôle important. **L'argent fuyant le Japon, plusieurs mesures visèrent à restreindre cette hémorragie à partir de 1685.**

Bien que s'étant placé volontairement en dehors des grands échanges internationaux, le Japon d'Edo n'avait rien d'un pays qui se serait coupé du monde pour entrer dans une sorte d'immobilisme archaïsant. Que ce soit par le biais des livres hollandais qui finirent par être autorisés pourvu qu'ils ne parlassent pas de religion ni de philosophie, ou par les ouvrages scientifiques des jésuites traduits en chinois (l'importation de livres était aussi une des fonctions des marchands de Nagasaki), les lettrés japonais se tinrent au courant de ce qui se passait dans le monde et notamment des échanges commerciaux (cf., Sciences, chap. VIII).

MONNAIES

L'histoire des monnaies japonaises est singulière. Après avoir emprunté à la Chine ce moyen de paiement au VIIIᵉ siècle, le Japon le délaissa au Xᵉ siècle. Ce monnayage semble avoir été plus une question de prestige qu'une réelle utilité économique. Durant cette longue période, on ne compta que 12 émissions. L'impact de cet instrument d'échange semble avoir été très faible dans l'État antique. Sa disparition ne paraît pas avoir affecté les échanges. **L'apogée du Japon classique reposait sur une économie sans monnaie métallique.** Les impôts étaient payés en nature, les traitements des fonctionnaires aussi, la monnaie de compte étant les pièces d'étoffe.

À l'époque médiévale, ce sont les monnaies chinoises qui serviront dans le commerce aussi bien international que local. Les principautés issues de l'effondrement du pouvoir central commencèrent à émettre des monnaies dont la circulation demeurait faible. Il fallut attendre la réunification de la fin du XVIᵉ siècle pour voir apparaître des monnaies reconnues sur l'ensemble de l'archipel. **Mais ni Toyotomi Hideyoshi, ni les shôguns Tokugawa ne réussirent, et peut-être ne souhaitèrent, mettre sur pied un système monétaire unifié.**

Il n'exista jamais un seul métal de référence, mais deux : or et argent, et même trois en tenant compte du cuivre. La valeur respective des métaux changeant, la valeur des pièces d'un métal par rapport à celle d'un autre variait. **Alors que le *bakufu* et les provinces de l'est se référaient à l'or, les marchands d'Ôsaka et les provinces de l'ouest continuèrent à préférer l'argent.** Par ailleurs les transactions de la vie quotidienne se faisaient en billons de cuivre.

La fluctuation du cours entre l'or et l'argent donna une importance considérable aux changeurs qui mirent au point des procédés de lettres de change, amorçant ainsi un système bancaire.

Les premières monnaies d'or, *ôban*, furent émises par Toyotomi Hideyoshi. **Monnaies de prestige, les pièces pesaient 165,4 grammes avec 73 % d'or.** Mais elles ne furent pas intégrées dans un système monétaire cohérent avant Tokugawa Ieyasu.

L'aloi de référence demeura, tout le long de la période, celui des pièces émises en 1601 (67 % d'or, 30 % d'argent, 3 % d'autres métaux), avec des dégradations (1657, 1695) et des restaurations (1714, 1725). Il resta stable jusqu'en 1860. De forme oblongue (15 cm de haut sur 9 cm de large), les *ôban* portaient leur valeur, 10 *ryô*, indiquée à l'encre de Chine, mais s'échangeait souvent pour 7,5 *ryô*. **Elles étaient relativement fragiles et restaient le plus souvent enveloppées dans du papier et enfermées dans des coffres.**

Dans le système or, l'unité de référence était donc le *ryô* qui se subdivisait en 4 *bu* ou 16 *shu*. Il existait, en plus des *ôban*, des pièces d'or de 1 *ryô* appelées *koban*, puis de 2 *bu*, 1 *bu*, 2 *shu*, 1 *shu*.

Dans le système argent, le plus souvent ce n'étaient pas les divisions *bu* et *shu* qui étaient utilisées, mais des unités de poids, l'unité de référence étant alors le *monme*, millième partie du *kan*. Pour l'argent, plutôt que de pièces équivalant aux *ôban*, **c'étaient des lingots qui circulaient**, lingots que l'on pouvait fractionner selon les besoins de la transaction.

Monnaies

Pièce de deux *shu* d'argent de l'ère Ansei

Pièce de deux *bu* d'or de l'ère Bunsei

Pièce d'un *koban* d'or de l'ère Genroku

Les monnaies de cuivre, après avoir été longtemps chinoises ou locales, recommencèrent à être frappées officiellement en 1636 pendant l'ère Kan.ei. Ces pièces, nommées *Kan.ei tsûhô*, servirent de nom générique aux monnaies de métal non précieux. Elles **furent appelées familièrement** *zeni* jusqu'à la restauration de Meiji. Elles avaient la valeur de 1 *monme*.

Au XVIIᵉ siècle, le *ryô* valait 50 *monme* d'argent soit environ 188 grammes et correspondait à 1 000 pièces de billon chinoises, autrement dit un *kanmon*, une ligature, ou 4 000 pièces de billon japonaises.

Au XVIIᵉ siècle, le poids de l'argent équivalant à 1 *ryô* fut porté à 60 *monme* soit 225 g. **Mais il n'y eut jamais de cours fixe entre les deux métaux.** La relative rareté d'un des deux pouvant entraîner un renchérissement, la fuite de l'argent pour l'achat des marchandises particulièrement dans le commerce avec la Chine, les fluctuations du cours du riz qui servait aussi de référence monétaire, rendirent indispensable l'intermédiaire des changeurs.

À titre d'exemple, à la fin du XVIIᵉ siècle, un *koku* de riz valait 40 *momme*.

MESURES

Les principales mesures, comme leur dénomination, avaient été importées de Chine au moment de la grande vague de sinisation à partir de la fin du VIᵉ siècle. Les mesures ayant évolué en Chine, chaque nouvelle vague d'importation apportait des mesures différentes. L'État régi par les codes établit un système de mesures unifié qui ne touchait que la partie, somme toute limitée, de la population qui était en rapport direct avec le pouvoir. L'éclatement du pays en principautés de plus en plus autonomes à partir du XVᵉ siècle entraîna une multiplication des systèmes de mesure, ou plus exactement **une extrême variété des définitions correspondant à des appellations communes.** La longueur du pied variait donc d'une province à l'autre. De plus, certains termes étant utilisés aussi bien comme unité de longueur que de surface, il faut quelque temps pour se familiariser avec le système.

Les réunificateurs du pays s'efforcèrent d'unifier les mesures, mais la diversité persista tout le long de la période d'Edo. Les équivalents donnés habituellement sont ceux fixés par le gouvernement de Meiji au moment de la réforme de l'impôt foncier, avant de prôner le système métrique qui ne fut définitivement rendu obligatoire qu'en 1954. Malgré ces efforts d'uniformisation, le *tatami* de la région de Kyôto reste toujours plus grand que celui de Tôkyô et, malgré l'adoption du système métrique, les mesures de surface pour les terrains ou les appartements sont de nos jours encore souvent données en *tsubo* ou *jô* (*tatami*).

Mesures de longueur
Un *ri* (lieue : 3 909 mètres) vaut 36 *chô*.
Un *chô* (108,6 mètres) vaut 60 *ken*.
Un *jô* vaut 10 *shaku*.
Un *ken* (1,81 m) vaut 6 *shaku*.
Un *shaku* (pied : 0,301 m) vaut 10 *sun* (pouce).

Les artères de grande circulation qui partaient d'Edo étaient dotées de bornes à chaque *ri*, *ichirizuka*, dont le point de départ était le pont de Nihonbashi.

Mesures de surface
Un *chô* (98 ares) vaut 10 *tan*.
Un *tan* vaut 10 *se*.
Un *se* vaut 30 *tsubo*, ou *bu*.
Un *tsubo* vaut 6 *shaku* carré.

Quand Toyotomi Hideyoshi lança son projet d'arpentage du pays, *Taikô kenchi*, il ne pouvait le faire que sur la base de mesures de surface valables pour tout le pays. Comme la canne d'arpentage utilisée mesurait six pieds trois pouces, le *tsubo* valait alors 3,5 m². Pour accroître la pression fiscale, la canne d'arpenteur passa à six pieds trois *bu* (lignes), soit le *tsubo* à 3,3 m² au cours de l'époque d'Edo. Ainsi les mesures unificatrices ne mirent pas fin aux différences régionales qui perdurèrent jusqu'à la restauration de Meiji.

Mesures de capacité
Un *koku* (boisseau : 180,3 litres) vaut 10 *to*.
Un *to* (18,03 litres), vaut 10 *shô*.
Un *shô* vaut 10 *gô* (de nos jours encore, les grandes bouteilles de sake font un *shô*, 1,8 litre)

LES JAPONAIS

VI
LE TEMPS

暦
KOYOMI
LE CALENDRIER

Au sortir des guerres qui avaient bouleversé le Japon presque sans interruption depuis la moitié du XIVᵉ siècle, les Japonais ont eu conscience d'entrer dans une nouvelle période. Se tournant vers le passé, ils le divisaient en *jôko*, la haute Antiquité, le Japon d'avant l'arrivée du bouddhisme, et *chûko*, l'Antiquité moyenne, qui correspond à peu près à la période que nous nommons Heian. Venait après l'Âge des guerriers. Pour se situer dans cette longue période de domination de la classe guerrière qui commença avec l'institution du premier « gouvernement de la tente », *bakufu*, on se référa au lieu de pouvoir ou à la famille détentrice de ce pouvoir. Ce fut d'abord le *bakufu* des Minamoto situé à l'est, à Kamakura, puis celui des Ashikaga dans un quartier de la capitale à Muromachi, avant d'entrer dans le temps présent, le *bakufu* des Tokugawa à Edo.

Ce type de division resta cependant assez peu utilisé. La référence demeurant les règnes des empereurs, même quand ceux-ci n'avaient plus aucun pouvoir, un peu comme les consuls dans le système romain. Autrement dit, **sans avoir recours à de grandes divisions équivalant aux dynasties de la tradition chinoise, les Japonais, depuis les premières sources écrites, se réfèrent au nom du souverain, puis, à partir du VIIIᵉ siècle, aux noms d'ère.** Parallèlement à ces mesures irrégulières du temps, **on utilisa, depuis que l'on connaissait l'écriture chinoise, le cycle de soixante ans qui combine les**

douze animaux zodiacaux (rat *ne*, bœuf *ushi*, tigre *tora*, lièvre *u*, dragon *tatsu*, serpent *mi*, cheval *uma*, bélier *hitsuji*, singe *saru*, oiseau (coq) *tori*, chien *inu*, sanglier [cochon] *i*) **et les cinq principes** ou agents (bois, feu, terre, métal, eau) dédoublés chacun en aîné et cadet. Ce cycle commence par l'année du rat de l'aîné du bois, en sino-japonais *kôshi*, en japonais *ki no e ne*, et se termine par l'année du sanglier du cadet de l'eau, *kigai* ou *mizu no to i*.

CALENDRIER

On ignore tout des calendriers qui ont pu exister avant l'introduction du système calendérique chinois. Celui-ci, déjà très évolué, s'imposa dès le début du VIIe siècle. **Ce calendrier chinois, luni-solaire, est assez complexe puisqu'il doit prévoir des rattrapages réguliers entre les mois lunaires et le cycle solaire.** Ce dernier est présent dans le calendrier avec les 24 souffles (cf. *La Chine classique*, p. 135-139) qui sont calés sur les solstices et les équinoxes. Dans ce système, les saisons sont à cheval sur les solstices et les équinoxes. **Le nouvel an coïncidait en théorie avec le début du printemps.**

Pendant toute la période ancienne, on importa les systèmes de calcul des calendriers chinois au fur et à mesure de leur promulgation en Chine. Malgré l'importance théorique du calendrier, il ne semble pas que celui-ci ait été considéré comme une priorité par le pouvoir japonais. Certes ce fut toujours un bureau spécialisé qui préparait le calendrier. Mais ce bureau de la cour ne se préoccupait que du calcul permettant d'éviter des suites de mois longs quand il fallait ajouter le mois intercalaire. L'exactitude astronomique paraissait hors de ses capacités. On observa donc une chose singulière : de 862 à 1685, il n'y eut aucune réforme du calendrier. Dans le même temps, la Chine avait amélioré ses méthodes de calcul.

Aussi les calendriers émis chaque année n'étaient d'aucun secours pour la prévision des phénomènes astronomiques relativement bien connus que sont les éclipses. **À partir de la seconde moitié du XVIIe siècle, le *bakufu* va prendre les choses en main et, au prix de trois réformes, réussir à mettre sur pied un calendrier luni-solaire fiable.** Ce calendrier de Tenpô entra en vigueur en 1843. Il servit jusqu'à la réforme de 1873 qui vit l'adoption du calendrier solaire au Japon. Il est encore consulté dans les almanachs qui comportent, de nos jours encore, presque toujours les deux calendriers.

Après avoir tiré tout leur savoir astronomique de la Chine, les lettrés japonais prirent conscience des limites de ce savoir et se tournèrent vers l'Occident. **Les derniers calendriers luni-solaires en vigueur au Japon reposaient sur des calculs et une science occidentaux.** C'est grâce à la présentation des travaux de de Lalande (1732-1807) par Takahashi Yoshitoki (1764-1804) que Shibukawa Kagesuke (1787-1856) put mettre au point le calendrier de 1843. Si les calculs étaient effectués par des fonctionnaires du *bakufu*, la rédaction formelle des calendriers étaient toujours confiée à la famille Tsuchimikado, responsable à la cour de Kyôto du bureau du *yin* et du *yang* et, à ce titre, du calendrier. **Finalement c'était l'empereur qui avait toujours le privilège de le promulguer.**

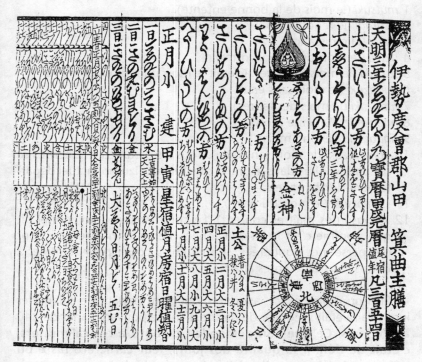

Calendrier d'Ise de la 3ᵉ année de l'ère Tenmei (1783)

Ce calendrier est divisé en mois lunaires de vingt-neuf ou trente jours. Ces mois sont appelés premier, deuxième mois, etc. Pour éviter toute confusion avec le calendrier solaire, en traduction française

LES JAPONAIS

133

on a coutume de conserver la traduction littérale : 1ᵉʳ jour du 2ᵉ mois, pour toutes les dates antérieures à 1873 quand elles sont données par des sources japonaises. On constate à peu près un mois de décalage avec les mois du calendrier grégorien. Il existe une série d'appellations purement japonaises surtout utilisées en littérature (cf. tableau). Les caractères qui servent à les transcrire donnent un sens arbitraire à des termes dont l'étymologie a parfois été oubliée depuis longtemps. Les traductions données ne sont donc qu'indicatives.

Les douze mois

1 *mutsuki* (le mois de la bonne entente).
2 *kisaragi* (le renouveau).
3 *yayoi* (la croissance).
4 *uzuki* (le mois des chènevottes).
5 *satsuki* (le mois précoce). C'était le mois du repiquage du riz.
6 *minazuki* (le mois sans eau).
7 *fumizuki* (le mois des lettres).
8 *hazuki* (le huitième mois).
9 *nagatsuki* (le long mois).
10 *kaminazuki* (le mois sans dieu). Tous les dieux étaient censés se rassembler alors dans le grand sanctuaire d'Izumo (actuel département de Shimane).
11 *shimotsuki* (le mois du givre).
12 *shiwasu* (les maîtres courent). Le commentaire traditionnel dit que, comme c'est la fin de l'année, même les maîtres, qui sont des personnes pondérées, se mettent à courir pour terminer à temps leurs différentes affaires.

Plus ou moins exact, astronomiquement parlant, le calendrier luni-solaire était irrégulier de nature, l'année pouvant varier de 340 à 370 jours. **Ce que l'on demandait d'abord à ces calendriers, c'était de définir la qualité des jours, leur caractère faste ou néfaste selon le type d'activité.** Cette partie de la science calendérique fut toujours l'objet d'un très grand soin. Les bases de cette science sont bien évidemment chinoises, mais assimilées par les Japonais depuis l'Antiquité. Les premiers renseignements, tirés du cycle de soixante, permettaient de connaître la coloration du jour ou de l'année. **Ainsi les années de l'aîné du feu du cheval, c'est-à-dire** la conjonction maximale de *yang*, étaient considérées comme néfastes pour la naissance des filles, *yin* par définition. Les femmes nées cette année-là seraient dangereuses pour leur mari.

L'époque d'Edo vit se développer un cycle de 6 jours, *rokki*, établissant clairement les caractères fastes et néfastes de chaque jour. Le plus faste étant le *taian*, la grande paix. De nos jours encore, c'est le jour le plus souvent choisi pour les unions.

LES SIX JOURS

senshô : matin faste, après-midi néfaste. Faste si l'on se hâte.
tomobiki : matin et soir fastes, après-midi néfaste. Il faut éviter les funérailles ces jours-là.
senbu : faste si l'on garde son calme.
butsumetsu : jour sans victoire.
taian : très faste.
shakku : très néfaste (après-midi faste).

Un certain nombre de jours du mois étaient mis en relation avec une divinité du shintô ou du bouddhisme, jour de lien en.nichi : le 5e jour était le jour de Suitengû (divinité protectrice des marins), le 8e celui de Yakushi (le bouddha maître des remèdes), le 10e celui de Konpira (divinité protectrice des métiers de la mer), le 18e celui de Kannon (Avalokitesvara, le *bodhisattva* de la compassion), le 24e de Jizô (le *bodhisattva* Ksitigarbha, protecteur des chemins et des jeunes enfants), le 25e de Tenjin (divinisation du lettré Sugawara no Michizane), le 28e celui de Fudômyôô (le roi de science Acala, l'inébranlable).

Enfin, sur la base de croyances d'origine chinoise, certains jours du cycle de soixante virent se développer des pratiques qui, d'aristocratiques à l'origine, gagnèrent ensuite une grande partie de la population. C'est le cas de *Kôshin*, jour du singe de l'aîné du métal. Les nuits de *Kôshin*, il faut rester éveillé pour empêcher les trois vers qui sont dans le corps de monter faire leur rapport au Ciel sur les mauvaises actions commises par celui qui les abrite.

Beaucoup de dates de fêtes étaient fixées en fonction de ces jours. Ainsi les sanctuaires d'Inari célèbraient le premier jour du cheval, *hatsu uma*, du 2e mois ; ou encore la célébration de la gustation des prémices devait avoir lieu à la cour le 2e jour du lièvre du 11e mois.

LES JAPONAIS

LES HEURES

Les heures reprenaient les douze animaux zodiacaux et correspondaient donc à deux heures du système occidental, avec des variantes saisonnières, les heures de jour d'été étant plus longues que celles d'hiver. La première heure était l'heure du rat, la sixième celle du cheval. Dans le japonais contemporain, la matinée se dit encore : avant le cheval, *gozen*, et l'après-midi : après le cheval, *gogo*. Les artisans japonais fabriquèrent dans la deuxième moitié de l'époque d'Edo des horloges munies des mécanismes de régulation des horloges occidentales, mais qui pouvaient être réglées pour donner la bonne heure à chaque saison en fonction de la durée du jour.

ÈRES

Depuis l'avènement de l'empereur Meiji en 1868, le Japon ne compte qu'un nom d'ère par règne, comme ce fut le cas en Chine depuis les Ming. Auparavant les noms d'ère variaient au gré des signes fastes ou néfastes observés. **Parmi les événements qui entraînaient automatiquement un changement d'ère, on peut citer l'avènement d'un nouveau souverain, les années de « révolution » dans le cycle des soixante.** Première année du cycle (année du rat de l'aîné du bois) en 1624, 1684, 1744, 1804, 1864. Mais aussi l'année du coq du cadet du métal (l'année supposée de la fondation du Japon) : 1681, 1741, 1801, 1861. De 1603 à 1868, on compte 36 ères pour 15 empereurs, les plus longues faisant 21 ans, la plus courte une année. Les noms d'ères, comme la décision d'en changer, dépendait d'un bureau spécialisé de la cour de Kyôto. Ces noms, toujours en deux caractères (deux syllabes), sont tirés des classiques chinois et sont, bien entendu, de bon augure, du genre la « paix céleste » Tenna (1681-1684).

Ces ères servent à repérer les grands événements ; on parle du grand incendie de Meireki (1655-1658), des réformes de Kansei (1789-1801), de la famine de Tenpô (1830-1844), de la culture de Genroku (1688-1704).

Les changements d'ère pouvaient avoir lieu au cours de l'années. Comme celle-ci était luni-solaire, on a parfois des décalages dans la transposition en année grégorienne.

Les ères de l'époque d'Edo jusqu'à nos jours

Keichô (1596-1615)
Genna (1615-1624)
Kan.ei (1624-1644)
Shôhô (1644-1648)
Kei.an (1648-1652)
Jôô (1652-1655)
Meireki (1655-1658)
Manji (1658-1661)
Kanbun (1661-1673)
Enpô (1673-1681)
Tenna (1681-1684)
Jôkyô (1684-1688)
Genroku (1688-1704)
Hôei (1704-1710)
Shôtoku (1711-1716)
Kyôhô (1716-1736)
Genbun (1736-1741)
Kanpô (1741-1744)
Enkyô (1744-1748)
Kan.en (1748-1751)

Hôreki (1751-1764)
Meiwa (1764-1772)
An.ei (1772-1781)
Tenmei (1781-1789)
Kansei (1789-1801)
Kyôwa (1801-1804)
Bunka (1804-1818)
Bunsei (1818-1830)
Tenpô (1830-1844)
Kôka (1844-1848)
Kaei (1848-1854)
Ansei (1854-1860)
Man.en (1860-1861)
Bunkyû (1861-1864)
Genji (1864-1865)
Kei.ô (1865-1868)
Meiji (1868-1912)
Taishô (1912-1926)
Shôwa (1926-1989)
Heisei (1989-)

LES JAPONAIS

Liste des empereurs durant l'époque d'Edo jusqu'à nos jours
Les dates indiquées sont celles de leur règne. Le numéro qui précède leur nom est celui des généalogies traditionnelles qui commencent avec l'empereur Jinmu qui aurait vécu en 660 avant notre ère.
107 Goyôzei (1586-1611)
108 Gomizuno.o (1611-1629)
109 Meishô (1629-1643), impératrice, petite-fille d'Ieyasu
110 Gokômyô (1643-1654)
111 Gosai (1654-1663)
112 Reigen (1663-1687)
113 Higashiyama (1687-1709), restauration du *daijôsai*
114 Nakamikado (1709-1735)
115 Sakuramachi (1735-1747)
116 Momozono (1747-1762)
117 Gosakuramachi (1762-1770), impératrice
118 Gomomozono (1770-1779)
119 Kôkaku (1779-1817)

137

120 Ninkô (1817-1846)
121 Kômei (1846-1866)
122 Meiji (1867-1912)
123 Taishô (1912-1926)
124 Shôwa (1926-1989)
125 empereur actuel (1989-)

Formellement les shôguns ne se servaient pas de mesure du temps ; pourtant on faisait référence au règne de tel ou tel shôgun, soit sous nom ou son nom posthume, soit par son numéro d'ordre, le huitième shôgun par exemple, pour Yoshimune.

Liste des shôguns Tokugawa (dates de fonction)
1 Ieyasu (1603-1605)
2 Hidetada (1605-1623)
3 Iemitsu (1623-1651)
4 Ietsuna (1651-1680)
5 Tsunayoshi (1680-1709)
6 Ienobu (1709-1712)
7 Ietsugu (1713-1716)
8 Yoshimune (1716-1745)
9 Ieshige (1745-1760)
10 Ieharu (1760-1786)
11 Ienari (1787-1837)
12 Ieyoshi (1837-1853)
13 Iesada (1853-1858)
14 Iemochi (1858-1866)
15 Yoshinobu (1866-1867)

LES FÊTES

On peut distinguer deux types de fêtes : celles relevant principalement du calendrier et celles liées aux sanctuaires ou aux monastères.

Dans le premier cas, les plus importantes sont caractérisées par un double chiffre impair, c'est-à-dire un double *yang*, 1er jour du 1er mois (en réalité le premier *sekku* est célébré le 7e jour), 3e jour du 3e mois, 5e jour du 5e mois, 7e jour du 7e mois, 9e jour du 9e mois, les cinq fêtes, *go sekku*. **La majeure partie des fêtes considérées comme traditionnelles ont vu leur forme se fixer au cours de l'époque d'Edo.**

LES JAPONAIS

C'est pourquoi les célébrations de cette époque renvoient un étrange sentiment de familiarité.

Shôgatsu

Le 1ᵉʳ jour du 1ᵉʳ mois était et reste la plus grande fête de l'année. On la désigne souvent d'un des noms de ce mois, *shôgatsu*. Pour marquer le passage de l'année, la maison doit d'abord avoir été nettoyée, c'est le *susu harai*, l'enlèvement de la suie, le 13ᵉ jour du 12ᵉ mois. Le papier des *shôji* (parois coulissantes translucides) est réparé ou changé. La porte de la maison est décorée d'une branche de pin, le *kado matsu*, le pin de la porte, plus ou moins grande selon la richesse de la famille. Cette branche, coupée dans la montagne, est censée servir de support au dieu de l'an. Celui-ci est célébré dans la plus belle pièce de la maison. Si celle-ci comprend un *tokonoma*, c'est là qu'on installe un petit autel marqué par une corde de paille de riz, *shime nawa*. **En offrande sont déposés des *kagami mochi*, gâteaux de riz glutineux, souvent au nombre de trois, empilés par ordre décroissant de taille.** La dernière nuit de l'année est marquée par une grande agitation : tout le monde s'affaire pour avoir terminé ses occupations, notamment payé ses dettes, avant les jours de repos et de fête qui marquent le nouvel an. Le matin du jour de l'an, en prenant un an (cf. Les âges de la vie), on recommence toutes les activités. C'est la première eau puisée, le premier *sake*. Celui-ci, appelé pour l'occasion *toso*, est parfumé de plantes médicinales supposées garantir une année sans maladie. Le nécessaire pour ce *sake* peut être d'un grand raffinement en bois laqué. Le premier bouillon, le *zôni*, qui comprend des *mochi* (ronds dans l'ouest, carrés dans l'est du Japon), des légumes, de la sauce de soja pour l'est et du *miso* blanc pour l'ouest, pâte de soja fermentée. Chaque famille a sa propre recette. Le *zôni* se mange avec des baguettes de saule non laquées. Moment de repos, le nouvel an est l'occasion de visites de politesse à la famille, les branches cadettes allant rendre leurs devoirs à la branche principale. Pour les élèves, c'est le moment de saluer le maître. Pour les vassaux, celui de rendre hommage au seigneur. C'est aussi le moment de divertissements particuliers. Les jeunes filles jouent au volant avec des raquettes de bois au revers richement décoré. Le bruit du volant frappant la raquette est un bruit du nouvel an. Les jeunes garçons lancent des cerfs-volants.

Jinjitsu, jour de l'homme
Le premier des cinq *sekku*. Le 7ᵉ jour de l'année, on absorbait un bouillon de sept plantes.

Setsubun
Cette appellation désigne le jour précédant le changement de saison. Sans autre précision, il s'applique au jour précédant le printemps. Ce jour pouvait tomber au début du 1ᵉʳ mois, mais parfois au cours du 12ᵉ mois. Proche du début de l'année, il partage beaucoup de traits avec les rites de nouvel an ; on y mange le *soba* (nouilles de sarrasin) du passage de l'an *toshikoshisoba*. L'un des rites qui finit par s'imposer au cours de l'époque d'Edo fut celui du **Oni.yarai, l'expulsion des démons, à l'aide de grains de soja jetés dans la maison. Ce geste est accompagné de la formule : « *Fukuwa uchi, oniwa soto* / Le bonheur dedans, les démons dehors. »**

Hina matsuri, jôshi no sekku
La fête des poupées, le premier jour du serpent : le 3ᵉ jour du 3ᵉ mois est maintenant surtout connu sous le nom de *hina matsuri*, la fête des poupées. Ce rite d'origine aristocratique gagna la classe guerrière à l'époque médiévale avant de toucher les roturiers aisés durant l'époque d'Edo. Une série d'étagères en gradins présente la maison d'un couple princier qui est assis sur l'étagère la plus haute. Devant la décoration sont déposés des fleurs de pêcher, du *sake* non raffiné, des *mochi* de macle (*hishi*). À la campagne, les poupées du 3ᵉ mois servent à des rites de purification, elles sont déposées au fil de l'eau pour emporter la souillure avec elles.

Hana mi
La contemplation des fleurs. Depuis l'époque de Heian, quand il n'y a pas d'autre précision, la fleur, *hana*, est celle du cerisier. Cette contemplation des fleurs est l'occasion de banquets sous les cerisiers.

Hana matsuri
La fête des fleurs, appellation commune de la cérémonie bouddhique célébrant la naissance du bouddha, *Kanbutsu.e*, le 8ᵉ jour du 4ᵉ mois. Pour les laïcs, il s'agit de verser du thé sucré, *amacha*, sur

une statuette représentant le bouddha à sa naissance, placée dans un pavillon décoré de fleurs.

灌 仏 （絵 本 十 二 月）

Kanbutsu-e, *fête de la naissance du Bouddha*

Shôbu no sekku, tango no sekku / le premier cinq, le premier jour du cheval

Le 5ᵉ jour du 5ᵉ mois est actuellement jour férié au Japon (5 mai). C'est le jour des enfants, *kodomo no hi*. À l'époque d'Edo, c'étaient les jeunes garçons de la classe guerrière qui étaient à l'honneur. **Les familles qui avaient des garçons dressaient un mât dans la cour de la maison, sur lequel on accrochait une bannière portant le blason de la famille et autant de carpes en tissu que la famille comptait de garçons ; c'est le *koi nobori*, la montée des carpes.** La carpe, connue pour remonter le courant, était un symbole de courage dans la littérature chinoise. Les *mochi* préparés alors sont enveloppés dans des feuilles de chêne, *kashiwa mochi*, ou à l'armoise, *yomogi mochi*.

À la campagne, c'était l'aspect purificateur qui dominait, et les femmes étaient principalement concernées. On déposait sur les auvents des acores, *shôbu*, et de l'armoise. Un bain à l'armoise était censé purger les femmes de toute mauvaise influence.

Nagoshi

Le dernier jour du 6ᵉ mois est une sorte de redoublement des rites du nouvel an. Il est surtout marqué par des rites de purification, passage dans un cercle de roseau, *chi no wa*, ablutions, *misogi*, mise à l'eau ou incinération de figurines de papier chargées des impuretés.

141

LE TEMPS

Tanabata

Le 7ᵉ jour du 7ᵉ mois est supposé être le jour de la rencontre de la tisserande et du bouvier, deux étoiles qui, selon la légende d'origine chinoise, mais déjà populaire au Japon au VIIIᵉ siècle, **ne peuvent se rencontrer que ce jour-là, pour s'être trop aimés et avoir délaissé leur travail.** Sous le nom de *kikôden*, célébration pour obtenir l'habileté, ce rite était célébré par les jeunes filles à la cour depuis l'époque de Nara. Il s'est diffusé par la suite dans toute la population. Les filles demandent de devenir de bonnes couturières, les garçons de bons calligraphes. Les vœux, inscrits sur des papiers de couleur, sont accrochés à des bambous. Le même jour commençait le cycle du *bon*. Le couvercle de la marmite des enfers se soulevant, les ancêtres pouvaient sortir.

Bon

Abréviation d'*urabon*, transcription phonétique en chinois, lu à la japonaise, du terme sanscrit *ullambana* signifiant souffrance extrême. Il s'agit de la fête des morts qui se déroule pendant trois jours à partir du 15ᵉ jour du 7ᵉ mois. C'est l'occasion d'une visite aux tombes, d'offrandes aux défunts dans la maison, de rites de renvoi dont le plus célèbre est l'enflammement d'un immense caractère sur une des collines qui domine l'est de Kyôto, le *daimonji*. **Cette fête des morts, si elle comporte des moments de recueillement, n'est en rien morose.** Les personnes dont le deuil est récent ne peuvent la célébrer. Mais surtout elle s'accompagne de danses, *bon odori*, auxquelles participent hommes et femmes, jeunes et vieux.

Tsukimi

Le *tsukimi*, la contemplation de la lune du 15ᵉ jour du 8ᵉ mois ou du 13ᵉ jour du 9ᵉ mois, c'est-à-dire la lune d'automne. Ce rite d'origine chinoise fut d'abord un rite de cour avant d'être suivi par les lettrés et une large frange de la population. Cette contemplation est associée au panache du *susuki*, à la poésie, et au banquet arrosé de *sake*.

Chôyô

Le double neuf, marqué par un banquet aux fleurs de chrysanthème.

Kaminazuki

Le 10ᵉ mois est, selon l'étymologie populaire, le mois sans dieux, à l'exception de la province d'Izumo où tous les dieux du Japon sont censés se réunir au grand sanctuaire d'Izumo. C'est là que demeure la divinité maîtresse du grand pays, Ôkuni nushi, divinité qui régnait sur terre avant la descente du Petit-Fils céleste.

Fêtes des prémices

Selon les régions, cette fête peut se dérouler pendant tout l'automne. Au palais de Kyôto, elle était célébrée le deuxième jour du lièvre du 11ᵉ mois. Sans autre précision, il s'agit des prémices de riz. La gustation solennelle des prémices fait partie des rites d'avènement des empereurs. Après une interruption due aux troubles et à la pauvreté de la famille impériale, ce rite avait été restauré pendant l'époque d'Edo.

Fête d'Inari à Kyôto

Fêtes des sanctuaires

Chaque sanctuaire a son calendrier de fêtes, mais c'est souvent une fête qui, au cours de l'année, est considérée comme la fête par excellence du sanctuaire. Ces fêtes sont aussi nombreuses que les sanctuaires. Selon l'importance de ceux-ci, la fête ne concerne qu'un village ou qu'un quartier, ou bien la ville entière. Le développement des villes à l'époque d'Edo s'est accompagné d'une floraison de fêtes urbaines.

Edo même connaissait deux grandes fêtes, Kanda matsuri, le 15e jour du 9e mois dans le quartier de Kanda, et Sannô matsuri, du sanctuaire de Hie dans le quartier de Nagatachô, le 15e jour du 6e mois. Kyôto s'enorgueillissait de fêtes antiques : Aoi matsuri, la fête des mauves, le 2e jour du coq du 4e mois, organisée par la cour au sanctuaire inférieur de Kamo (elle fut restaurée au cours de l'ère Genroku, 1688-1704), et le célèbre Gion matsuri, le 7e jour du 6e mois au cours duquel les bourgeois de Kyôto faisaient montre de leur richesse en décorant les chars qui participaient à la tournée du dieu dans sa ville. **La fête de Gion,** qui se déroulait en grande partie sur la rive droite de la Kamo, **est devenue, depuis l'époque de Muromachi, la fête par excellence de la ville.** Son origine de procession contre les épidémies s'est peu à peu oubliée. Les aspects festifs sont devenus de plus en plus présents. Ôsaka célèbre le 25e jour du 7e mois, Tenjin, dans une procession se déroulant en partie sur le fleuve.

LE TEMPS D'UNE VIE

Les gens les plus prévoyants pouvaient, suivant les préceptes de la médecine sino-japonaise, choisir le meilleur moment pour que leur union donnât naissance à un bon fils. Quand la grossesse était clairement déclarée, on ceignait le ventre de la mère d'une ceinture décorée d'une figure prophylactique, un chien, la chienne étant connue pour mettre bas facilement. **L'accouchement, considéré comme une source de souillure à peine moins dangereuse que la mort, se déroulait souvent dans un lieu retiré.** À la campagne, il existait des cabanes d'accouchement, *ubuya*, où la mère devait rester jusqu'au cinquantième jour après la naissance. En ville, c'est une pièce de la maison qui servait de lieu de réclusion. Dans les deux cas, il y avait feu séparé. À la naissance d'un garçon, les familles aristocratiques et guerrières faisaient tirer des flèches dans la cour de la résidence. Le premier soin était aussi le premier rite, le bain du nouveau-né, l'*ubuyu*.

Les différentes étapes de la première enfance étaient marquées : premier repas, *kuizome*, un grain de riz est déposé sur les lèvres de l'enfant, présentation au dieu tutélaire de la famille ou du village. L'enfance se terminait chez les garçons des familles nobles et guerrières par la cérémonie dite de la prise du bonnet viril, *eboshigi*, vers 15 ans. **Comme, à partir de l'époque de Muromachi, les guerriers avaient pris l'habitude de sortir tête nue, la cérémonie se traduisit par le rasage de la partie antérieure de la tête et la confection d'un chignon, *chonmage*.** C'était aussi le moment où les jeunes gens prenaient leur nom d'adulte. À cette occasion, on demandait le parrainage d'un puissant. Cette coutume se répandit assez largement dans le peuple sous le nom de *nagae*, changement de nom. Pour les filles, c'était la coiffure des jeunes filles bonnes à marier qui marquait le passage. Cette nouvelle coiffure coïncidait avec le début du noircissement des dents, *ohaguro*. Dans les deux cas, et **pour toutes les classes de la population, le vêtement était un indicateur infaillible de la classe d'âge et du statut matrimonial.** Dans la plupart des villages, les jeunes étaient organisés par classes d'âge en groupes fortement structurés, les groupes de jeunes *wakamono gumi*.

Les coutumes matrimoniales étaient très diverses dans cette société si hiérarchisée. Dans les villages, en dehors des familles les plus riches, subsistait le mariage par fréquentation de la future épouse dans sa maison paternelle. Ce n'était souvent qu'à la première naissance que les jeunes époux pouvaient s'installer chez eux ou dans la famille du mari. Dans les classes aisées, c'est le modèle guerrier qui prévalait. **La future épousée, choisie après accord des deux familles, quittait sa maison natale en brisant son bol après avoir remercié ses parents et salué l'autel domestique.** Le cortège qui la menait à sa future maison était précédé de torches. Là elle était présentée à son nouvel autel domestique ; désormais elle appartenait à la famille de son mari et ne pouvait retourner chez les siens sans autorisation. La cérémonie du mariage se résumait en un banquet réunissant les deux familles, banquet au cours duquel les deux jeunes époux échangeaient trois fois trois coupes de *sake*, le *san san ku do*. La monogamie était à peu près la règle pour la grande majorité de la population. Seuls les chefs des très grandes familles guerrières, comme les daimyô et bien entendu le shôgun, pouvaient avoir des concubines en plus de l'épouse principale. La tradition de la polygamie s'est maintenue dans la famille impériale jusqu'à l'empereur Taishô (règne 1912-1926). La monogamie des autres catégories de la population s'accommodait plus ou moins de la présence de maîtresses quasi officielles, particulièrement chez les riches marchands.

La retraite, *inkyo*, concernait une vaste part de la population, si l'on excepte les catégories les moins favorisées. L'*inkyo* concerna d'abord les familles de guerriers. Le chef de famille abandonnait ses droits à son

LES JAPONAIS

héritier. Le plus souvent il quittait la maison principale pour une annexe. Ce système se retrouve chez les marchands et les riches paysans.

La mort était parfois préparée au sein de confréries pieuses où l'on priait Amida. Sitôt le décès survenu, le premier rite consistait à rappeler l'âme, *tama yobai*, au-dessus du toit ou dans le puits. Puis l'on tournait l'oreiller vers le nord, la tête étant inclinée vers l'ouest, vers le paradis d'Amida. Près de l'oreiller était déposé le dernier repas, les baguettes plantées dans le bol de riz. La toilette du mort était faite par les femmes de la famille. On l'habillait, comme un pèlerin bouddhiste, de vêtements blancs avec des sandales de paille. **La crémation étant très répandue, le cercueil n'était jamais très coûteux, à l'exception des très grandes familles. Les shôguns avaient droit au triple cercueil et à une thanatopraxie visant à la conservation du corps.** Toutefois il faut préciser qu'il faudra attendre Meiji pour que la crémation devienne quasi universelle. **Beaucoup de régions avaient conservé la coutume de l'inhumation.** D'autres pratiquaient la double tombe, une pour le corps loin du village, l'autre pour les rites à proximité des habitations.

Dans le cadre de la lutte contre le christianisme, le *bakufu* avait ordonné l'enregistrement de toutes les familles auprès d'un monastère bouddhiste. Cette obligation sanctionnait une pratique établie depuis longtemps. Sans doute depuis le VIIIe siècle, les funérailles étaient l'affaire du bouddhisme. **Les registres des monastères servirent dès lors d'état civil.** En dehors des *sûtra* lus au moment du décès et des sept services qui rythmaient les 49 jours suivant le décès, les moines avaient également la responsabilité et le monopole du choix du nom posthume qui est en fait un nom de religieux, *kaimyô*. Le monopole des funérailles fut la source de très larges profits pour les monastères, mais aussi à l'origine d'une certaine méfiance de la part de la population.

Après la mort, le souvenir du défunt était maintenu par sa ou ses tombes, une tablette dans le monastère dont il avait été paroissien, une tablette dans l'autel familial, *butsudan*, où elle était honorée à côté d'une image bouddhique. **Après une longue période où les tombes se réduisirent à de simples repères, la période d'Edo vit une sorte de renouveau de la tombe individuelle comportant le nom du défunt et assez souvent la date de sa mort et son âge.** La plupart des biographies mentionnent le lieu de la tombe des personnages mentionnés.

VII
LES CROYANCES. LA VIE RELIGIEUSE

三教

SANKYÔ

LES TROIS ENSEIGNEMENTS

La langue japonaise de l'époque d'Edo n'avait pas de terme pour désigner ce que nous nommons religion. Elle connaissait des organisations, des lieux de culte, des enseignements. Le mot le plus proche serait le dernier. On le trouve dans une expression très courante : « les trois enseignements, *sankyô* ». Sous ce vocable sont regroupés le confucianisme, l'enseignement des lettrés, *jukyô*, le bouddhisme, l'enseignement du Bouddha, *bukkyô*, et le *shintô*, la voie des dieux. Le terme de « Trois enseignements » est emprunté à la Chine qui regroupait ainsi confucianisme, bouddhisme et taoïsme. En Chine comme au Japon, l'idée prévalait que ces trois enseignements étaient fondamentalement identiques. Selon les sensibilités, on pouvait considérer que l'un était plus abouti que les deux autres qui n'en conservaient pas moins une valeur ne serait-ce que propédeutique. Relativement rares furent ceux qui dénièrent tout crédit à deux enseignements au nom d'un troisième. Un personnage comme Yamagata Bantô (1748-1821), qui se proclamait athée au nom de la tradition lettrée, fait figure d'exception. Les plus véhéments des savants des études nationales, partisans d'un retour à l'ancien shintô, faisaient preuve d'indulgence pour le bouddhisme, comme Motoori Norinaga, ou pour le confucianisme, comme les disciples de Hirata Atsutane.

Au Japon, bien que regroupés sous cette appellation commune, chacun de ces enseignements recouvrait des réalités fort

147

LES CROYANCES

diverses. Le confucianisme devint certes la référence principale du *bakufu*, mais il est loin d'avoir connu un développement comparable à celui de la Chine ou de la Corée. Il ne réussit pas par exemple à entamer le monopole du bouddhisme pour les funérailles. L'exemple du daimyô de Mito, qui se fit inhumer comme un lettré, ne fut guère suivi, et encore moins encouragé.

Dans les faits, ce que nous avons l'habitude de considérer comme religieux se rapportait au bouddhisme et au shintô. Encore faut-il être prudent. À l'époque d'Edo, le terme de shintô est employé pour désigner les doctrines élaborées pour rendre compte des *kami*. Il s'agit donc de productions savantes. Pour les cultes, on parlait de la célébration des dieux du ciel et de la terre, *jingi*. Quant aux croyances villageoises qui ne faisaient guère l'objet d'études, elles étaient considérées par les lettrés comme de simples superstitions.

LE SYNCRÉTISME

Officiellement deux types de croyances étaient reconnus par le pouvoir, celles concernant les divinités autochtones, les *kami*, et celles destinées aux bouddhas. **Du point de vue de l'administration, la religion était placée sous l'autorité d'un préfet des monastères et des sanctuaires, *jisha bugyô*.** Autrement dit, c'est la même administration qui gérait les deux domaines. L'administration se trouvait en accord avec la réalité sociale. Quand le besoin se faisait sentir, on invoquait les *kami* et les bouddhas dans la même prière.

Selon l'interprétation bouddhique des *kami*, le *honji suijaku*, la terre originelle (les bouddhas) et trace laissée ici-bas (les *kami*), relevaient de la même réalité. Aussi la différence entre les deux domaines du sacré n'était plus perçue comme foncière. Presque tous les mouvements religieux actifs durant la période étaient peu ou prou syncrétiques, ce qui ne signifie pas qu'ils aient été interchangeables et uniformes. **Dans le domaine religieux** comme dans beaucoup d'autres, le thé, le *haikai*, le sabre, **la segmentation en écoles, groupes et sous-groupes était extrême.** En dehors de la tutelle administrative qui coiffait les desservants des dieux et des bouddhas, il n'y avait pas d'instance supérieure du bouddhisme, et à peine dans le shintô.

LES JAPONAIS

148

Si, dans l'Antiquité, les codes prévoyaient des règlements valables pour toutes les écoles du bouddhisme, l'évolution postérieure vers une autonomie de chaque courant, *shû*, puis de chaque sous-groupe, *ha*, donnera, à l'époque d'Edo, une grande variété d'écoles très soucieuses de leur indépendance. Le pouvoir ne cherchera jamais une unification quelconque, mais obligera chaque école à se structurer, à se doter de règlements internes visés par le *jisha bugyô*. Chaque école aura dès lors son établissement principal, *honzan*, le plus souvent à Kyôto qui va devenir la ville des monastères. En dehors des moines, peu de laïcs étaient au fait des différences doctrinales entre les écoles, à l'exception sans doute des courants réformateurs de la période médiévale.

L'appartenance à telle ou telle école n'était le plus souvent à l'époque que le fruit de la tradition familiale. **On peut dire que les guerriers formaient une part importante des adeptes de l'école Rinzai du zen,** et que des moines comme Takuan (1573-1645) ou Suzuki Shôsan (1579-1655) surent s'en faire comprendre. **Une large partie de la population des campagnes comme des villes étaient rattachées à « la véritable école de la Terre pure »,** Jôdo shinshû. Cette école amidiste avait été si puissante qu'elle avait pu créer, à l'époque des Provinces en guerre, des principautés théocratiques. La paix revenue, elle fut scindée en deux entre le Higashi honganji (le monastère du vœu fondamental de l'est) et le Nishi honganji (le monastère du vœu fondamental de l'ouest). **Les disciples de Nichiren se recrutaient plutôt chez les marchands.** Les écoles totalement ou largement ésotériques, qui s'étaient épanouies durant la période de Heian, Shingon et Tendai, gardaient les faveurs des aristocrates de la cour de Kyôto. Ces anciennes écoles patronnaient aussi un mouvement largement syncrétique et proche de la population, le *shugendô*. **Ses adeptes, les Yamabushi, réunissaient des ascètes qui se livraient dans les montagnes à des exercices physiquement très éprouvants. Ils réussissaient ainsi à acquérir des pouvoirs supranaturels.** Lors de leurs pérégrinations dans tout le Japon, ils faisaient office de guérisseurs, mais aussi de conseillers dans de multiples domaines : religion, calligraphie, poésie, sabre. Ils jouèrent le rôle fondamental d'intermédiaires entre la culture savante et les classes populaires. Moines itinérants, on leur prêta des activités occultes et parfois malhonnêtes.

Le culte rendu à Ieyasu, fondateur de la dynastie des Tokugawa, l'était selon les rites d'une autre école syncrétique, le *Sannô shintô*, d'obédience Tendai. Dans ce cas comme pour presque toutes ses autres manifestations, **le culte des ancêtres au Japon a pris une forme largement inspirée du bouddhisme.** Ancêtre divinisé, Tokugawa Ieyasu est vénéré sous le nom de Tôshô dai gongen, le grand avatar qui illumine l'est (Edo, siège du *bakufu*, se situant à l'est du Japon), le terme de *gongen*, avatar, apparition circonstanciée, est bien évidemment emprunté au bouddhisme.

Offrandes devant un sanctuaire

Le shintô, culte rendu aux *kami*, se trouvait un peu moins soumis au système des écoles. Le Sannô shintô dépendait en fait du Tendai, comme le Ryôbu shintô du Shingon. **La principale organisation du shintô était, depuis la période précédente, le Yoshida shintô.** La famille Yoshida avait réussi à se faire reconnaître, par la cour de Kyôto, la suprématie sur le shintô. Celle-ci fut confirmée au début de l'époque d'Edo par le *bakufu*. En dehors des très grands sanctuaires qui conservèrent leur autonomie, tous les autres sanctuaires se trouvaient sous la tutelle de la famille Yoshida. Mais le lien était plus de l'ordre administratif et protocolaire que théologique. Le contenu doctrinal du Yoshida shintô ne dut intéresser qu'un assez faible nombre de personnes. L'important, pour la majorité de la population, restait les sanctuaires.

Nul n'a jamais su avec précision le nombre de sanctuaires existant au Japon, peut-être presque aussi nombreux que les divinités : huit cent myriades, *yaorozu no kami*. On en trouve de toutes les tailles, depuis les immenses complexes comme Ise daijingû ou Usa Hachiman gû jusqu'aux humbles chapelles dédiées à Inari. Dans cette diversité foisonnante, on retrouve quelques lignes de force. Les sanctuaires, bien qu'avant tout dédiés aux divinités du lieu, s'organisent en des familles assez lâches.

Parmi les divinités les plus célébrées et donc les sanctuaires les plus nombreux, on trouve Hachiman, divinité d'Usa à Kyûshû, installée par la cour de Kyôto à Iwashimizu au sud de la capitale, puis par le premier *bakufu* sur la colline de Tsurugaoka à Kamakura. De ces trois principaux sanctuaires dépendent les innombrables Hachiman gû ou jinja. Hachiman ayant été pris comme divinité tutélaire du clan des Minamoto, vainqueurs de la guerre civile qui fonda le Japon médiéval, il devint le patron des guerriers. Les Tenjin jinja ou Tenman gû, presque aussi nombreux, se rattachent au Kitano Tenmangû de Kyôto qui célèbre Sugawara no Michizane, lettré de l'époque de Heian. Dernière grande vedette, Inari. Son nom comporte le nom du riz sur pied, *ine*. Ce fut probablement d'abord une divinité liée à la riziculture, mais son domaine d'intervention se développa pour couvrir tout ce qui apporte bonheur et richesse. Son messager, le renard blanc, est présent dans les plus humbles des chapelles. Les innombrables Inari jinja du Japon se réclament du Fushimi Inari taisha de Kyôto, mais aussi d'une branche bouddhique dépendant d'un monastère du zen Sôtô, à Toyokawa.

La double appartenance d'une divinité au shintô et au bouddhisme correspondait à une vision du monde presque univer-

sellement reconnue. À tous les grands sanctuaires du shintô était accolé un monastère, le *jingûji* (monastère du sanctuaire de la divinité). Le meilleur exemple en est certainement le Kôfukuji de Nara près du Kasuga taisha. Inversement de nombreux monastères étaient sous la protection des *kami* du lieu, ainsi l'Enryakuji du Hieizan, protégé par le Hie jinja. Enfin des lieux comme Kumano, dans la presqu'île de Kii, haut lieu du shugendô, imbriquaient les croyances bouddhiques et shintô. Cette imbrication, comme les autres formes de syncrétisme, sera condamnée par le gouvernement de Meiji qui s'efforcera d'extirper le bouddhisme du Japon pendant les quelques années qui suivirent la Restauration en 1868.

Si, du point de vue de la pensée, on a pu considérer que le bouddhisme de l'époque d'Edo était sur le déclin après le bouillonnement de l'époque médiévale, ce qui serait du reste à démontrer, il imprègne encore totalement la société. La puissance financière des monastères, appuyée sur de vastes domaines, reste considérable même après les coups portés par les guerres civiles. Les grands monastères sont restaurés les uns après les autres à partir de la fin du XVIe siècle. Le pavillon du grand bouddha du Tôdaiji de Nara, qui avait été détruit en 1564, le fut en 1692. Enfin ce fut le bouddhisme qui fut placé en première ligne du combat contre le christianisme. Tout d'abord, lors de l'arrivée des missionnaires chrétiens au XVIe siècle, ce furent les moines bouddhiques, particulièrement ceux du zen, qui soutinrent les controverses. Chacun avait reconnu son adversaire. **Quand il s'est agi de combattre le christianisme au début du XVIIe siècle, c'est le bouddhisme qui servit de pierre de touche et non, par exemple, les croyances aux *kami*. On finit par obliger tous les habitants**

Yamabushi, adepte du shugendô

du Japon à s'inscrire dans un monastère, mesure qui équivalait à l'obligation d'un certificat de baptême dans d'autres lieux.

Cette obligation, mais aussi le développement du bouddhisme populaire et des croyances liées au shugendô, firent que **le boud-dhisme ne fut sans doute jamais aussi présent au Japon que pendant cette période.**

Le bouddhisme marque fortement le paysage urbain. D'une part, un certain nombre de villes se sont développées devant un monastère, comme Nagano devant le Zenkôji. D'autre part, la majorité des villes seigneuriales construites au pied du château possédaient un quartier des monastères où étaient regroupés les établissements des différentes écoles.

Cette période réputée peu religieuse vit l'apogée des grands pèlerinages. Le plus célèbre et le plus long était celui des 88 monastères de Shikoku, mais il y avait aussi celui des 33 monastères de Kannon (Avalokitesvara) dans l'ouest du Japon, etc. Le contrôle de la population et les multiples barrières ne freinaient guère les pèlerins, munis de papiers en règle ou sans. En effet, à plusieurs reprises au cours de la période, des vagues immenses de pèlerins se sont rendues à Ise. En 1705, on en aurait compté trois millions six cent mille en cinquante jours. Ces pèlerinages apparaissent comme le signe du malaise social croissant de la deuxième moitié de la période, malaise qui culminera avec un mouvement d'allure millénariste, « *Eejanaika*, pourquoi pas ? », qui reprenait la tradition du pèlerinage caché à Ise.

Ce mouvement fut une flambée sans lendemain, mais d'autres mouvements apparurent à la fin du *bakufu* en dehors des religions institutionnelles. On les a appelés, par la suite, les nouvelles religions, la plus connue étant probablement Tenri kyô, fondée en 1838 par une villageoise de la région de Nara, Nakayama Miki.

MOINES ET PRÊTRES

Les termes bonze, bonzesse, bonzerie sont dérivés du sino-japonais *bôzô*, appellation familière et légèrement péjorative des moines venue de *bô*, la cellule, l'appellation normale est *sôryo*. Il est donc préférable de parler de moine, de nonne et de monastère, même si, pour ce dernier terme, il faudrait nuancer.

Depuis son organisation définitive au cours du VIIIe siècle, dans le cadre de l'État régi par les codes, le clergé bouddhique se devait d'être instruit et de suivre les règles de vie énoncées dans le *ritsu*, *vinaya* (la discipline) particulièrement les cinq défenses principales : ne pas tuer d'êtres vivants, ne pas voler, ne pas se livrer à la luxure, ne pas proférer de mensonge, ne pas boire de boissons alcoolisées. **La discipline monastique est certainement la partie du bouddhisme qui eut le plus de mal à se maintenir au Japon.** Il ne s'agit pas d'un problème de morale individuelle. Dans toutes les religions, on peut observer un décalage entre les prescriptions et les pratiques individuelles. Dans le cas de la discipline bouddhique au Japon, il s'agit d'une faillite quasi générale. Certes il ne manqua pas de moines pieux et vertueux, mais **on peut dire que, du point de vue sociologique, le monde des monastères accommoda assez librement les défenses.** Quand, au XIIIe siècle, Shinran, moine du Tendai, décida de prendre femme, il ne fit qu'officialiser une pratique qui ne semblait pas soulever de grandes réprobations. En dehors de la véritable école de la Terre pure qui se réclamait de Shinran, les autres écoles maintinrent officiellement l'obligation d'abstinence sexuelle, même si, dans les faits, tout le monde savait qu'elle n'était pas observée, que ce soit avec des concubines ou des gitons, les fameux *chigo*. Les autres abstinences, viandes et boissons alcoolisées, n'étaient, semble-t-il, guère mieux respectées. Pour leur défense, au moment des guerres civiles, les grands monastères s'étaient dotés de moines soldats, *sôhei*, dont la puissance ne fut abattue qu'à la fin du XVIe siècle. Ce décalage flagrant entre les défenses et la réalité fut utilisé sans mesure par les lettrés confucéens dans leurs diatribes contre le bouddhisme. Lorsque le gouvernement de Meiji autorisa le mariage des moines, il ne provoqua pas un grand bouleversement. Dans le Japon contemporain, nul ne s'étonne plus depuis longtemps que l'on soit moine de père en fils et qu'on hérite d'un monastère.

L'obligation d'instruction fut beaucoup mieux suivie. Jusqu'à l'époque d'Edo, on peut avancer que les principaux penseurs japonais furent des moines. Le confucianisme des Song, qui allait devenir l'idéologie de référence à partir de la deuxième moitié du XVIIe siècle, fut d'abord introduit par les moines de l'école Rinzai. **Un certain nombre de grands noms des lettres de l'époque d'Edo commencèrent leur vie dans les monastères qui sont restés des lieux de savoir et d'apprentissage intellectuel et d'une certaine mobilité sociale.** Les moines de l'époque d'Edo ont participé au vaste mouvement d'étude critique du passé. La tradition d'érudition fut revivifiée et les études sanscrites connurent un premier développement. La dernière école zen à s'implanter au Japon en 1654, celle d'Ôbaku, apporta avec elle les dernières nouveautés culturelles de la Chine des Ming.

Pourtant tous les moines n'étaient pas savants. Beaucoup de ceux qui avaient la charge d'un petit établissement dans un village devaient être à peine plus lettrés que leurs ouailles.

Les moines se trouvaient en dehors du système des statuts sociaux, *mibun*. Étant sortis du monde, ils n'étaient ni guerriers, ni paysans, ni artisans, ni marchands. En revanche, ils pouvaient obtenir des titres de plus en plus prestigieux dans la hiérarchie bouddhique et donc dans la hiérarchie sociale et devenir, au début de la période, conseiller des princes. Toutefois les grands monastères étaient dirigés le plus souvent par des moines issus de l'aristocratie. La position des moines en marge du système social permit à d'autres catégories de la population de bénéficier d'une certaine promotion sociale. Longtemps les médecins, les maîtres confucéens ou les peintres furent assimilés à des moines. Ils en portaient l'habit et pouvaient recevoir des titres monastiques.

Les desservants des sanctuaires dédiés aux divinités nationales, dont l'appellation la plus courante est *kannushi*, formaient un milieu stable assez fortement hiérarchisé. Les familles des principaux desservants étaient attachées à un sanctuaire donné, comme par exemple les Watarai au sanctuaire extérieur d'Ise, les Kada au sanctuaire d'Inari à Fushimi. **Il n'était demandé aux desservants aucune formation ou aptitude particulières. Leur unique rôle était d'accomplir correctement les rites**, ce qui sous-entendait le respect de la pureté rituelle avant et pendant les cérémonies. Mais, durant la période d'Edo, les rites d'un nombre non négligeable de sanctuaires étaient exécutés par les moines des monastères jumeaux de ceux-ci. Enfin plusieurs écoles shintô ont développé, à l'instar du bouddhisme ésotérique, un système d'initiation progressive, le plus souvent réservée aux seuls desservants.

Les ascètes du shugendô, les moines de l'école Fuke (appelés le plus souvent Komusô), ou encore les moines pèlerins Rokujûrokubu, formaient un monde à part de spécialistes du religieux qui traversaient le pays en allant d'un lieu saint à un autre. Ils formaient un des éléments essentiels du cadre religieux des campagnes.

MONASTÈRES ET SANCTUAIRES

Il est probable que l'on a construit très tôt des bâtiments réservés au culte des divinités, même si le culte ne se faisait pas uniquement dans des bâtiments. Quelques sanctuaires n'ont pas de pavillon pour abriter le « corps du dieu », *shintai*. C'est par exemple, comme à Miwa au sud de Nara, la montagne elle-même qui est considérée comme le corps du dieu. Mais dans la très grande majorité des cas, le sanctuaire précédé d'un ou plusieurs portiques, *torii*, s'organise devant le pavillon du dieu. Les deux plus anciens types d'architecture de sanctuaire, Ise et Izumo, ont en commun d'être montés sur de hauts piliers plantés directement en terre et d'être surmontés de croisées de poutres sur les pignons et de pièces de bois posées perpendiculairement au faîte. Ce type de bâtiment était déjà représenté en poterie au VIᵉ siècle. Le sanctuaire actuel d'Izumo, comme la majorité des sanctuaires anciens, date de l'époque d'Edo. Il reproduit, à hauteur réduite, les bâtiments antérieurs.

Les bâtiments d'Ise ne remontent qu'en 1992, car ils sont reconstruits à l'identique tous les vingt ans. La reconstruction périodique des sanctuaires, qui ne concerne plus guère qu'Ise, était assez courante, avec des périodicités variables selon les lieux. La maison des dieux était ainsi toujours neuve. Pour Ise, nous savons que cette pratique commença à la fin du VIIᵉ siècle. Le rythme fut plusieurs fois perturbé par les guerres civiles. Il fut rétabli, à la fin du XVIᵉ siècle, à l'initiative d'une nonne bouddhique qui parcourut le Japon pour rassembler les fonds nécessaires. Au cours de l'époque d'Edo, les reconstructions furent de nouveau régulières grâce à l'aide qu'apportait le *bakufu*. Avec son toit de chaume et sa poutre faîtière reposant sur des poteaux extérieurs, l'architecture d'Ise est archaïque. Elle l'était déjà au VIIᵉ siècle, c'est-à-dire à l'époque où le Japon prit connaissance de l'architecture bouddhique avec ses toits de tuiles, les assises de pierre. Il subsiste un témoignage presque intact de cette ancienne architecture bouddhique, le Hôryûji de Nara. Sa reconstruction remonte à la fin du VIIᵉ siècle. Dans le sanctuaire des *kami*, ceux-ci ne sont jamais visibles. Leur « corps », l'objet qui leur sert de support, n'est pas toujours clairement identifié : c'est un miroir à Ise, ce peut être une boîte, une épée, une pierre. Le bâtiment principal du monastère s'organise autour d'une statue d'un bouddha, l'objet principal de vénération, *honzon*, du lieu, que l'on peut voir, à l'exception des bouddhas cachés de la tradition ésotérique. **Mais la différence essentielle, c'est que le monastère est un lieu de vie pour une communauté de moines, alors qu'en aucun cas les desservants ne vivent à proximité immédiate du dieu.** Les bâtiments d'habitation sont clairement distincts du sanctuaire. À l'inverse, dans sa plus simple expression, un monastère peut se présenter comme la maison du moine avec une pièce réservée au culte et aux réunions de prière.

L'entretien des monastères et des sanctuaires dépendait de la communauté, du groupe de familles qui leur étaient liées. Il va sans dire que, pour les plus prestigieux, les dépenses demandaient le soutien des puissants. Une pratique qui remonte au Moyen Âge permettait de réunir des fonds en faisant des tournées d'aumône et parfois en proposant des spectacles.

La majorité des bâtiments religieux anciens du Japon remonte à l'époque d'Edo où la longue paix permit de réparer les dommages des guerres civiles.

LES FIDÈLES

Affaire de spécialistes, moines ou desservants, bouddhisme et croyance aux *kami* recevaient aussi les marques de la dévotion des fidèles. L'obligation de s'inscrire sur les registres d'un monastère n'était probablement pas perçue comme une contrainte allant contre ses convictions profondes pour une large part de la population.

L'ampleur des pèlerinages et les autres marques de la dévotion prouvent abondamment la ferveur des fidèles de l'époque d'Edo. Selon l'école suivie, les pratiques peuvent différer : *nenbutsu*, invocation répétée du nom du bouddha Amitâbha, avec la formule *Namu Amida butsu*, hommage au bouddha Amitâbha pour les adeptes de l'école de la Terre pure ; répétition du titre du *sûtra* du Lotus, *Namu myôhôrengekyô*, Hommage au *sûtra* du Lotus de la loi merveilleuse, pour les disciples de Nichiren. La copie de *sûtra* est exercée de façon assez universelle. Même les *kami* pouvaient en recevoir en offrande. Si la copie des grands *sûtra* restait une œuvre très méritoire, la pratique se concentra sur le plus court de ces textes, le *sûtra* du Cœur de la perfection de sagesse, le **Hannya shingyô** (Prajnâpâramitâhrdayasûtra).

La foi des fidèles laïcs était entretenue par de nombreux prédicateurs dans les monastères mais aussi sur les routes. Les prêches bouddhiques pouvaient être illustrés par des images peintes.

Frappeur de tambourin pour psalmodier le nenbutsu

À côté des monastères ou des sanctuaires qui restaient le domaine des spécialistes, **la dévotion populaire s'organisa en confréries, kô.** En dehors de réunions régulières de prières, ces confréries pouvaient préparer des pèlerinages pour leurs membres ou payer une personne pour effectuer le pèlerinage au nom du groupe, selon le principe de la réversibilité des mérites.

La majorité des *kô* rassemblaient des bouddhistes dévots de tel ou tel personnage du panthéon bouddhique comme Kannon ou Amida, mais on trouvait aussi des confréries centrées sur des sanctuaires comme les Fuji-kô qui répandirent les croyances syncrétiques autour des divinités du mont Fuji, les *kôshin-kô,* qui se réunissaient, selon une croyance d'origine taoïste, les nuits de kôshin (jour de l'aîné du métal et du singe, cf. Calendrier, chap. VI) et surtout les Ise-kô.

Ces confréries d'Ise, animées par des maîtres, *oshi,* venant régulièrement d'Ise, canalisèrent et développèrent la dévotion populaire envers Ise et la grande déesse solaire Amaterasu. Les *oshi* conduisaient aussi les pèlerins qu'ils accueillaient dans leurs auberges à Ise.

La dévotion la plus simple et la plus répandue reste le dépôt d'offrandes de fleurs mais surtout de fruits ou de gâteaux aussi bien dans les monastères et les sanctuaires que devant les petites statues ou stèles au bord des chemins.

LE CHRISTIANISME

Des historiens ont parlé des cent ans qui vont du milieu du XVIe siècle au milieu du XVIIe siècle japonais comme du siècle chrétien. D'une part, parce que ce fut alors le plus grand développement de cette religion au Japon, mais aussi parce que le christianisme représentait un poids réel dans la société japonaise. Les estimations du nombre de chrétiens sont fort délicates. Les missionnaires occidentaux avaient tendance à les grossir dans les rapports à leur hiérarchie. De plus la conversion de régions entières à la suite de leur seigneur, particulièrement à Kyûshû, ne laisse pas supposer une adhésion profonde.

Autre inconnue, l'impact réel du christianisme sur la société japonaise. De prime abord, il paraît avoir été faible. Mais la féroce répression dont il fut victime a pu entraîner la négation d'apports restés cachés ou camouflés.

Arrivés dans un Japon où il n'y avait pour ainsi dire plus de pouvoir central, les premiers missionnaires ne connurent guère de graves difficultés. **La restauration d'un pouvoir fort à la fin du XVIe siècle, et une meilleure connaissance de la conduite des Occidentaux dans le reste du monde, amenèrent les dirigeants à durcir de plus en plus leur attitude envers les chrétiens jusqu'aux édits d'interdiction du début du XVIIe siècle qui furent suivis d'une politique d'éradication.**

Ceux qui n'apostasiaient pas étaient exécutés. La mesure fut efficace. Après une dernière révolte à Shimabara en 1638, qui fut écrasée avec le concours des Hollandais, il n'y eut plus de chrétiens déclarés au Japon. Le système d'inscription obligatoire dans un monastère, la pratique du *efumi*, fouler une image pieuse pour prouver que l'on n'était pas chrétien, le système de contrôle du voisinage firent disparaître les différentes communautés.

Mais il subsista des poches de clandestinité, les *kakure kirishitan*, les chrétiens cachés, notamment dans l'archipel des Gotô, au large de Kyûshû. Ils réussirent à conserver leur foi jusqu'à l'ouverture du pays et à la levée définitive de l'interdiction du christianisme en 1873.

LES JAPONAIS

LES CROYANCES

Pendant toute la période d'Edo, le christianisme ne fut connu que par ses réfutations. Si la circulation des livres occidentaux fut progressivement autorisée, tous ceux qui traitaient de religion ou de philosophie restèrent interdits. Les seuls ouvrages qui réussirent à contourner la censure furent, à la fin de la période, des traités de jésuites traduits en chinois, arrivés à Nagasaki avec d'autres ouvrages chinois. C'est ainsi que l'on trouve des emprunts indéniables au christianisme dans l'œuvre d'un savant des études nationales comme Hirata Atsutane.

VIII
LES LETTRES ET LES SCIENCES

文
BUN
LES LETTRES

Le Japon a appris à écrire de la Chine. Or chinois et japonais sont aussi différents que le français peut l'être du chinois. Dans un premier temps, les textes écrits le furent dans la langue de l'écrit, c'est-à-dire le chinois classique qui était aussi une langue de l'écrit en Chine. Le chinois restera la langue du bouddhisme, les *sûtra* sont récités en chinois (en réalité du chinois prononcé par des Japonais qui ne connaissent pas les tons). Ce sera aussi la langue de l'administration, et bien évidemment celle des lettrés versés dans l'étude des classiques.

Un domaine échappa à l'emprise du chinois écrit, la poésie. Pour la noter dans sa forme originelle, les scribes utilisèrent le procédé mis au point en Chine pour transcrire les termes étrangers, l'utilisation phonétique des caractères. Le procédé est peu économe par rapport à l'utilisation des caractères pour leur sens. Il faut deux ou trois caractères là où un seul suffirait, puisque, à la différence du chinois, le japonais n'est pas monosyllabique.

Très rapidement on en arriva à combiner les caractères en jouant sur leur prononciation et sur leur sens. Le texte demeurait de lecture malaisée jusqu'au moment où, au début de l'époque de Heian, la simplification des caractères pris pour leur son donnera naissance à deux séries de syllabaires purement phonétiques. Ce sera l'écriture utilisée pour transcrire la poésie mais aussi les romans ou les notes journalières des femmes de cour.

Comme dans la plupart des civilisations avant l'époque contemporaine, il n'existait pas au Japon à l'époque d'Edo d'équivalent à ce que nous nommons actuellement littérature. Le terme japonais qui le traduit de nos jours est justement une traduction du terme occidental. Les Japonais connaissaient, écrivaient, appréciaient des textes de genres très divers dont ils n'éprouvaient pas le besoin de faire un ensemble. Ils étaient beaucoup plus sensibles aux différences, à l'hétérogénéité. La première grande coupure était celle de la langue. **Pour une grande partie de la population sachant lire et écrire, les lettres étaient probablement avant tout chinoises.** L'apprentissage de la lecture se faisait à partir des classiques chinois ou du texte du *Senjimon / Qianziwen* (texte en mille caractères de Shû Kyôshi, chinois Zhou Xingsi) de la dynastie des Liang (japonais Ryô). L'anthologie des poètes des Tang était très largement diffusée, appréciée et imitée.

À l'époque d'Edo, les classiques chinois faisaient partie intégrante de la culture japonaise. Étudiés depuis longtemps dans les monastères et par l'élite cultivée, ils sont désormais à la base de l'éducation. Leur accès sera rendu plus facile par la diffusion des éditions ponctuées. Grâce à un système ingénieux de renvois, les Japonais pouvaient lire à la japonaise les textes chinois, alors que les deux langues possèdent une structure entièrement différente. La ponctuation qui s'imposa à l'époque d'Edo fut celle de Hayashi Razan (1583-1657), connue sous son nom de moine, *Dôshunten*, la ponctuation de Dôshun.

L'ENSEIGNEMENT DES LETTRÉS, *JUKYÔ*, ET LES LETTRES CHINOISES

Les Occidentaux ont pris l'habitude de désigner par le terme de confucianisme, du nom de Confucius (551-479 av. J.-C.), l'ensemble des études concernant les classiques : *Les Odes, Les Documents, Les Printemps et les automnes, Les Mutations, Les Rites* pour ne citer que les plus importants. **Tout en reconnaissant à Confucius une place centrale, la tradition extrême-orientale préfère parler de *jukyô* (chinois *rujiao*), d'enseignement des lettrés. La tradition de cet enseignement est arrivée au Japon dès la fin du VIe siècle.** Dans l'idéal, les classiques faisaient partie du bagage nécessaire pour deve-

LES JAPONAIS

nir un haut fonctionnaire dans le système de l'État régi par les codes. L'évolution de la réflexion sur les classiques en Chine fut suivie avec un certain décalage au Japon. **L'écroulement du régime des codes, l'avènement du gouvernement des guerriers réduisirent la place des lettrés fonctionnaires. Ce furent les moines qui prirent le relais, particulièrement les moines de l'école Rinzai du zen. C'est par eux que le confucianisme des Song, celui que les chercheurs** occidentaux nomment le néo-confucianisme, fut transmis au Japon.

Les premiers Japonais à se consacrer entièrement à l'enseignement des lettrés commencèrent leur carrière comme moines, que ce soient Fujiwara Seika (1561-1619) ou Hayashi Razan (1583-1657) ou encore Yamazaki Ansai (1618-1682).

Tous avaient été formés à la lecture des classiques dans les monastères zen à partir des commentaires de Zhu Xi (1130-1200) appelé ordinairement au Japon Shushi. **L'école de Shushi,** *shushigaku,* **devint peu à peu l'orthodoxie au Japon comme elle l'était en Chine, à cette nuance près que le Japon d'Edo ignora le système des examens pour le recrutement des fonctionnaires.** Le *bakufu* ne contrôlait directe-

Édition des Cinq classiques *avec la ponctuation de Hayashi Razan, alias Dôshun.*

ment qu'un seul centre de formation, celui de la famille Hayashi à Edo, le Shôheikô. **Mis à part la tentative de Matsudaira Sadanobu (***Kansei igaku no kin,*** interdiction des enseignements hétérodoxes de l'ère Kansei, en 1790) pour exclure les enseignements hété-rodoxes, et bien évidemment l'interdiction du christianisme, le contrôle idéologique resta assez lâche durant presque toute la période d'Edo.** En dehors de l'école de Shushi qui domine largement, l'école de Wang Yangming (1472-1529) (en japonais Yômei-gaku), connut un certain développement avec des penseurs comme

S LETTRES ET LA SCIENCE

Nakae Tôju (1606-1648) et son disciple Kumazawa Banzan qui finit sa vie en résidence surveillée pour avoir émis des projets de réforme qui déplaisaient au *bakufu*.

La diffusion de l'enseignement des lettrés se fit tout d'abord dans la classe des guerriers qui, faute de guerre, étaient devenus des administrateurs. Qu'ils fussent guerriers ou non, une des vocations de ces lettrés était d'être conseillers des princes : Hayashi Razan fut conférencier auprès des trois premiers shôguns ; Ogyû Sorai (voir *infra*) répondit aux demandes de Yoshimune ; Arai Hakuseki fut précepteur et conseiller de deux shôguns ; Kumazawa Banzan servit le seigneur du fief d'Okayama. **Mais cet enseignement toucha aussi les autres catégories de la population, particulièrement les marchands dont pourtant l'activité n'était guère appréciée dans la vision du monde véhiculée par les classiques et leurs commentaires.** Ainsi ce fut Itô Jinsai, issu du milieu des marchands, qui lança le mouvement de retour au sens ancien (voir *infra, kogaku*). Des marchands s'associèrent pour fonder une école destinée à leurs enfants, le Kaitokudô, où s'illustrèrent les frères Nakai, Chikuzan (1730-1804), Riken (1732-1817). C'est là que se forma un autre marchand résolument agnostique et ouvert aux sciences occidentales, Yamagata Bantô (1748-1821), mais aussi Ueda Akinari (voir plus bas).

Un autre marchand, Ishida Baigan (1685-1744), alla plus loin en justifiant son propre métier dans le cadre du confucianisme. Il est le fondateur de l'école de l'esprit, *shingaku*, qui s'efforça de propager l'enseignement dans toutes les couches de la population, même auprès des femmes…

L'instruction se faisait d'abord par les Cinq classiques et les Quatre livres (Les entretiens, La grande étude, L'invariable milieu, le Mencius). La bonne prose et la poésie s'apprenaient dans les anthologies chinoises comme le *Monzen / Wenxuan*. **Il n'est donc pas étonnant qu'une grande partie de la production intellectuelle se soit faite en chinois classique, en *kanbun*, depuis les ouvrages de réflexion que nous rangerions dans la catégorie de la philosophie jusqu'au divertissement poétique, en passant par des textes en prose. Cette littérature, très prisée à l'époque d'Edo, subit une certaine désaffection à partir de Meiji.** Les responsables d'alors, sous l'influence de l'école de pensée dite des études nationales, eurent tendance à ne considérer comme japonais que ce qui avait été écrit directement en japonais. De plus l'étude du chinois classique et de son mode de lecture à la japonaise n'attire plus guère,

Portrait d'Oyû Sorai

si bien que des pans entiers de la culture japonaise d'avant Meiji ne sont plus accessibles aux Japonais contemporains. Dans ce vaste domaine, le même auteur pouvait briller par des ouvrages de réflexion, de la poésie, des récits de voyages ou des lettres en chinois.

Sur le modèle des lettrés fonctionnaires chinois et de leurs émules dans le Japon classique (Sugawara no Michizane en est la figure exemplaire), des personnages de premier plan comme Arai Hakuseki ont considéré que la composition de poésies chinoises était une activité essentielle pour celui qui veut réfléchir et agir. Son contemporain Ogyû Sorai, surtout connu maintenant comme penseur, était très fier de sa maîtrise du chinois et laissa un journal de voyage de grande qualité. Il réussit à donner une nouvelle impulsion aux études chinoises et singulièrement à la composition poétique. Ses disciples furent aussi bien des penseurs que des littérateurs. **Plus fondamentalement, beaucoup de lettrés de l'époque d'Edo que nous considérons comme des penseurs s'intéressaient peut-être plus au style de leurs phrases dans leurs échanges épistolaires qu'au contenu des commentaires des classiques qui ont été retenus dans les manuels d'histoire de la pensée.**

La marque de l'éducation était la capacité à rédiger des poèmes en chinois, même si la très grande majorité était incapable de les lire à la chinoise. En fait, la poésie chinoise composée alors au Japon était conçue pour être lue à la japonaise (cf. Marguerite-Marie Parvulesco, *Écriture, lecture et poésie. Lettrés japonais du XVIIe au XIXe siècle*, Paris, POF, 1991). Un des plus grands romanciers du Japon moderne, Natsume Sôseki (1867-1916), continuera cette tradition.

La calligraphie et la peinture au lavis ne peuvent se concevoir sans le support des textes chinois, particulièrement de la poésie. Par contraste avec le style purement décoratif, l'un des courants de peinture les plus profonds reflétant des perceptions personnelles des peintres du début du XIXe siècle, *bunjinga* / peinture des lettrés, illustré par un Watanabe Kazan (1793-1841), est inséparable de cette culture chinoise.

De plus une partie non négligeable des publications en japonais de cette période étaient des traductions ou des adaptations d'œuvres chinoises. Ainsi le célèbre *Au bord de l'eau* fut une des grandes ventes de l'époque. Il connut de nombreuses adaptations japonaises. *Le voyage en Occident*, le *Jin Ping Mei* sont entrés alors dans le fonds culturel japonais. Un auteur en apparence aussi sérieux que Hayashi Razan, conférencier auprès de plusieurs shôguns, publia des traductions d'histoires fantastiques chinoises.

LES LETTRES JAPONAISES

Face à ce symbole de la culture qu'était le chinois classique, le japonais s'est d'abord maintenu dans un domaine précis, celui de la poésie. L'époque d'Edo maintint et développa l'héritage du *waka*, la poésie en 31 syllabes apparue au tout début du VIIIe siècle. Les grands sommets de cette forme poétique avaient été compilés dans les huit premières anthologies impériales qui firent l'objet d'innombrables commentaires et imitations. Certains de ces commentaires ont connu une transmission secrète jusqu'au milieu de l'époque d'Edo. Une variante satirique du *waka*, le *kyôka*, chant fou, connut un grand succès dans des cercles qui réunissaient des amateurs d'horizons très divers, commerçants, artisans, imprimeurs, peintres, guerriers, moines. **On continua aussi à cultiver cette autre forme de création collective que sont les poèmes enchaînés, *renga*, dont l'apogée se situe à l'époque précédente. C'est du *renga* que naquit le *haikai*.**

Ce terme désigne d'abord un style libéré des multiples contraintes de la poésie classique. Mais ce sont surtout les poèmes isolés nés de l'exercice de l'enchaînement des *waka* qui ont retenu l'attention des générations postérieures, les *haikai* (ou *haiku*). **Ils se composent de 17 syllabes, c'est-à-dire les trois premiers vers (5. 7. 5) du *waka* qui devaient être suivis par les deux autres (7. 7) composés par un autre auteur dans les *renga*.** Quand on pense à des poètes de l'époque d'Edo, ce sont des noms comme Bashô (1644-1694), Buson (1716-1784), peintre de style chinois, Issa (1763-1827), poète de *haikai*, qui viennent à l'esprit. Le *haikai* est très rarement apprécié seul. Comme pour le *waka* aux époques antérieures, il est souvent associé à des textes en prose qui le préparent et qu'il condense. Les journaux de voyage de Bashô en sont l'illustration, ainsi *Oku no hosomichi / La sente étroite du bout du monde*. Mais ils peuvent être aussi enfilés les uns aux autres, le record absolu étant détenu par le romancier Saikaku (1642-1693) qui aurait composé d'affilée 23 500 *haikai*. **La culture du *haikai* était aussi une forme de sociabilité. Les amateurs se réunissaient autour d'un maître, poète professionnel, et l'on composait sur un thème donné au cours de séances collectives.** Comme dans beaucoup de domaines, le *haikai* a donné lieu à la constitution de nombreuses écoles jalouses de leur spécificité.

Face à cette vitalité de la poésie se développa une littérature de roman, héritière lointaine de la haute littérature de Heian. Cette littérature ancienne, désormais considérée comme classique, connut un succès constant durant toute la période. Les chefs-d'œuvre, le *Roman du Genji / Genji monogatari*, les *Contes d'Ise / Ise monogatari*, les *Heures oisives / Tsurezuregusa*, furent imprimés, lus, commentés, imités, parodiés.

Le terme *monogatari*, récit, avait été progressivement remplacé par *sôshi*. Les *otogi zôshi* du XVIᵉ et du début du XVIIᵉ siècle, œuvres encore recopiées le plus souvent à la main, n'ont pas de traits communs sinon la présentation en fascicules et le style de la langue. Ils reprennent des thèmes de la littérature féminine de Heian, mais aussi des anecdotes, *setsuwa*, d'inspiration plus ou moins religieuse. D'autres enfin donnent des versions littéraires de contes populaires, continuant l'échange fructueux entre les littératures écrites et orales qui avait été inauguré par le « père de tous les *monogatari* », le *Take tori monogatari / Le conte du coupeur de bambou*, le plus ancien récit romanesque du Japon (vers le IXe siècle).

De la masse de publications de la littérature populaire ressortent des ouvrages aux ambitions plus hautes, même si le départ entre genres populaires et genre sérieux est en grande partie artificiel et postérieur. Les grands noms de la prose ont produit des œuvres relevant parfois de genres considérés comme populaires. **Le premier nom qui s'impose est Ihara Saikaku (1642-1693).** Bourgeois d'Ôsaka, commerçant, auteur de *haikai*, il publie en 1682 un premier roman : *Kôshoku ichidai otoko / Amours, la vie d'un homme*. Ce roman est divisé en cinquante-quatre chapitres, comme le *Genji monogatari*. Ce n'est plus un prince dans le milieu raffiné de l'aristocratie de Heian, mais un bourgeois dans les quartiers de plaisirs « qui explore systématiquement toutes les voies de l'amour » (R. Sieffert). **Saikaku ne se borna pas au monde des courtisanes ou des mignons, il fut aussi le peintre de la marchandise. De ce point de vue, ses œuvres sur le monde du commerce, comme celle de Chikamatsu dans le théâtre, marquent une sorte d'affirmation culturelle des bourgeois dans un monde dominé idéologiquement par les guerriers.**

L'autre grand sommet fut incontestablement Ueda Akinari (1734-1809). Ses *Ugetsu monogatari / Contes de pluie et de lune*, haussent le fantastique au niveau de la grande littérature grâce notamment à une langue nourrie de la littérature classique. **Doté d'une solide culture classique chinoise, amateur de *haikai*,** fils d'une courtisane adopté par un marchand d'huile, il commença par écrire des *ukiyô zôshi*, romans sur le monde flottant (les quartiers de plaisir) avant de s'essayer à une œuvre de plus grande ambition. **Il fut aussi partie prenante du vaste mouvement des études nationales, s'opposant parfois violemment à son plus grand représentant, Motoori Norinaga.**

L'époque d'Edo vit l'épanouissement d'un genre, le *zuihitsu*, écrit au fil du pinceau. Ce genre s'est donné comme ancêtres des œuvres de l'Antiquité japonaise comme les *Notes de chevet / Makura no sôshi* de Sei shônagon ou les *Heures oisives / Tsurezu-*

regusa de **Yoshida Kenkô (vers 1283, vers 1350), mais aussi bien évidemment des précédents chinois.** La floraison d'Edo est d'une extrême diversité. Certaines œuvres se situent dans la lignée des modèles invoqués et abordent les sujets les plus divers, sans ordre apparent, sous forme de recueil de réflexions. Le *Tandai shôshinroku / Notes téméraires et circonspectes* d'Ueda Akinari en est une illustration. D'autres se limitent à un thème, comme par exemple des renseignements de tous ordres sur une région dans le *Hokuetsu seppu. Sur les neiges de la province d'Echigo* de Suzuki Bokushi (1770-1842), ou encore les études nationales dans le *Tama katsuma / La corbeille précieuse* de Motoori Norinaga ; ou, pour les études confucéennes, le *Ken.en zuihitsu / Essai du jardin des chaumes* d'Ogyû Sorai. **Presque tous les lettrés ont laissé des *zuihitsu* qui parfois s'apparentent à des biographies ou des journaux.** On peut citer l'*Oritaku shiba no ki / Récits autour d'un feu de broussailles* d'Arai Hakuseki.

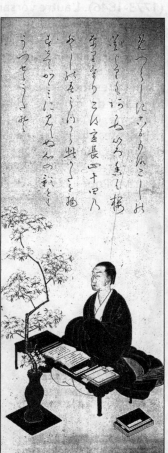

Portrait de Motoori Norinaga, qui était non seulement une des grandes figures des études nationales, mais aussi un médecin clinicien ayant une conscience professionnelle aiguë

KOGAKU

Le retour à la stabilité, après une longue période de bouleversements, donna aux hommes d'Edo une conscience aiguë des changements intervenus. Le regard vers le passé se fit plus précis. D'autre part, le renouveau des études chinoises fut également celui de l'historiographie. L'époque d'Edo est marquée par de grandes entreprises éditoriales dont la plus importante fut sans doute le *Dai nihon shi /*

LES JAPONAIS

L'histoire du grand Japon, commencé en 1657 dans le fief de Mito sous l'impulsion de Tokugawa Mitsukuni (1628-1700) et achevé en 1906. **Ce nouvel intérêt pour le passé se traduisit par la mise au point de méthodes de plus en plus fines dans la critique des sources, dans l'établissement des textes, méthodes qui jetaient les bases d'une approche positiviste de l'histoire que l'on voit poindre au XIXe siècle avec des lettrés comme Ban Nobutomo (1773-1846). L'autre versant de ce retour au passé est plus idéologique.** La philologie qui se construit alors est mise au service d'une meilleure compréhension des textes considérés comme fondateurs. **Il ne s'agit pas de la recherche gratuite du sens que peut recéler tel ou tel texte, mais de la quête de la compréhension juste d'ouvrages menant au sens réel, autrement dit d'ouvrages permettant de comprendre le monde et la place qu'y occupe l'homme.** On peut faire commencer avec **Itô Jinsai** cette quête qui dépasse les clivages entre lettrés confucéens et partisans des études nationales. Ce fils de marchand concentra ses efforts sur deux des *Quatre livres* du confucianisme : les *Entretiens* de Confucius et le *Mencius*. Pour lui, seuls ces ouvrages contenaient le véritable ensei-

L'emplacement de l'école Kogi dô d'Itô Jinsai située à Kamigyô-ku, Higashi horikawadôri shimotachiuri agaru, Kyôto, classé comme monument historique par la ville de Kyôto en 1922

gnement de Confucius. Il convenait donc d'en saisir la véritable signification par-delà les commentaires postérieurs. Ce qu'il visait avant tout était le confucianisme des Song, celui qui était devenu l'orthodoxie en Chine et allait le devenir au Japon. **Contre les développements métaphysiques de ce néo-confucianisme, il chercha à percer le sens ancien,** *kogi,* **autrement dit premier et donc véritable, d'où le nom de son école, Kogigaku, l'école du sens ancien,** et d'une de ses œuvres majeures, le *Rongo kogi / Le sens ancien des « Entretiens ».*

Dans la droite ligne des *Entretiens,* il mit en avant le *jin* (chinois *ren*), la vertu d'humanité, au point de s'en servir pour son nom de lettré : Jinsai. Sa méthode sera reprise aussi bien par les adeptes des études nationales comme Kada no Azumamaro (1669-1736), qui suivit ses cours, que par **Ogyû Sorai.**

Ce dernier, tout en entretenant des rapports complexes avec Jinsai, se lança dans une voie parallèle. Si le point de départ était le même, la recherche du sens véritable des textes par l'intermédiaire de la philologie, les textes choisis et les implications furent très différents. **La voie du saint qu'il recherchait n'était pas celle de l'accomplissement individuel, mais celle du bon souverain. Au lieu de mettre l'emphase sur la perfection morale du souverain dont la vertu rayonne sur le peuple, il insistait sur ses actions qui visaient à réformer le système social et politique.** Sur la demande du shôgun Yoshimune, il écrivit en japonais le *Taihei saku / Projet pour la grande paix.* Ses ouvrages comme le *Seidan / Propos politiques, Bendô / Distinction de la voie, Benmei / Distinction des noms,* mais aussi des livres sur la poésie, la stratégie et bien évidemment les classiques : *Rongochô,* commentaire des *Entretiens,* eurent un retentissement considérable. Son influence dépassa le cadre des lettrés confucéens pour s'étendre à ceux qui se tournaient vers le passé japonais.

KOKUGAKU, LES ÉTUDES NATIONALES

Même si la postérité a pris l'habitude de les opposer, il est clair que les adeptes des études nationales se rattachent à ce grand mouvement d'étude de l'Antiquité qui s'efforce, par les moyens de la raison, de retrouver dans le passé la véritable voie. On a beaucoup insisté sur l'aspect idéologique des études nationales, qui auraient été la base du nationalisme moderne, en sous-estimant l'apport scientifique de ces hommes.

Au moment où les études chinoises se renouvelaient, la tradition japonaise de haute culture se maintenait par la poésie et la transmission des grandes anthologies et de leurs commentaires. **Comme aux VIIe et VIIIe siècles, quand seule la poésie résista à la vague de sinisation dans la culture des élites, c'est de la poésie que tout partit.**

Ironiquement, quand on connaît les positions anti-bouddhiques des futurs adeptes, ce fut par un moine, **Keichû (1640-1701)**, que les choses commencèrent. Grâce à ses connaissances en sanscrit, particulièrement en phonétique, il put faire progresser de façon décisive les études sur la première anthologie poétique du Japon, le *Man.yô-shû* (*circa* 760) et poser les premiers jalons de la philologie japonaise. Son but n'était pas l'étude de la langue ancienne pour elle-même, mais, par cette étude, de faire revivre la première poésie japonaise.

À sa suite, tous ceux qui vont s'illustrer dans les études nationales vont tenter de retrouver dans le passé l'essence de l'âme japonaise. Le champ ainsi ouvert est immense : étude de la poésie bien évidemment, mais aussi des grands romans comme le *Genji monogatari*, études des us et coutumes du temps jadis, surtout ceux de la cour, études des plus anciens textes.

C'est là que se situe **Motoori Norinaga (1730-1801). Tout en consacrant trente ans de sa vie au *Kojiki* / *Récits des temps anciens*, écrit dans une langue archaïque, il ne se départit jamais de son admiration pour la littérature et pour la langue de Heian, celle du *Genji monogatari*, et pour la poésie du *Shin kokin shû* / *Nouveau recueil de poèmes de jadis et d'aujourd'hui*.** Son œuvre de philologue sur le *Kojiki* suscite toujours l'admiration. **Sa lecture du *Genji* en tant que création littéraire, par-delà les commentaires moralisants des bouddhistes et des confucéens, ouvrit le champ de la critique littéraire moderne.** Ce savant était aussi un redoutable polémiste qui pourfendit « l'esprit chinois », *karagokoro*, de beaucoup de ses confrères. Par esprit chinois, Motoori entendait un rationalisme positiviste obtus incapable de saisir la finesse de l'âme japonaise, *yamatodamashii*. Sa cible n'était pas la Chine, mais l'élite sinisée de son pays. Se tenant prudemment en dehors de la sphère du politique, il n'en chanta pas moins la supériorité du Japon sur tous les autres pays, puisque c'était là qu'était née Amaterasu ômikami, la grande déesse qui illumine le ciel, et que les souverains du Japon, *tennô*, en étaient les descendants directs. À l'époque de Motoori où le Japon vivait en bonne intelligence avec tous ses voisins, cette affirmation de la primauté du Japon ne pouvait guère avoir de conséquence.

Il en alla tout autrement quand le Japon fut confronté, à la génération suivante, aux pressions des nations occidentales. **L'héritage de Motoori servit de prétexte à la construction d'une idéologie moderne, le nationalisme.** Bien que son œuvre ne puisse se résumer à ce seul aspect, c'est ce que l'on a le plus souvent retenu de Hirata Atsutane. Ses disciples seront les idéologues de la restauration de Meiji.

L'IMPRIMERIE AU JAPON

Comme pour l'écriture, l'origine de l'imprimerie au Japon ne fait guère de doute, elle vient du continent. Ce qui n'empêche pas des querelles d'ancienneté. Ainsi Corée et Japon se disputent la gloire de posséder les plus anciens textes imprimés (selon une technique chinoise). **Les candidats japonais sont des formules bouddhiques, *dhâranî*, insérés dans de petits *stupas* de bois du VIIIᵉ siècle, *Hyakumantô darani*, *dhâranî du million de stupas*.** La connaissance de cette méthode de reproduction ne signifie pas la diffusion immédiate du livre imprimé. **Longtemps le procédé resta confiné aux textes bouddhiques, parfois moins pour être diffusés en tant que textes à lire que comme offrande.** On trouve ainsi de nombreuses impressions du *sûtra* du Lotus, *Hokekyô*. Les impressions du canon bouddhique faites par les grands monastères ressortent en partie du même esprit.

Les échanges culturels entre la Chine et le Japon se faisant, depuis la fin des ambassades officielles, par le canal des moines, ceux-ci, particulièrement ceux de l'école Rinzai du zen, rapportèrent au Japon non seulement les dernières productions mais aussi les nouvelles techniques chinoises en matière d'impression. Les presses japonaises (édition des Cinq montagnes, *Gozan ban*) reproduisirent à la perfection les livres chinois des Song et des Yuan au point de servir de référence dans l'histoire du livre chinois, les originaux ayant le plus souvent disparu sur le continent. À côté des ouvrages bouddhiques furent alors imprimés les classiques chinois.

Au XVIᵉ siècle, le monopole de fait des monastères fut battu en brèche. Le morcellement en principautés rivales se traduisit par une multiplication des ateliers d'impression. On en trouva dans presque tout le Japon. On passa à des textes non religieux, œuvres prestigieuses de l'Antiquité, mais aussi à des ouvrages contemporains qu'on peut considérer comme utilitaires : lexiques, recueils de lois.

L'impression se faisait jusqu'alors sur planches gravées. À la fin du XVIᵉ siècle, on voit apparaître deux types d'impression à l'aide de caractères mobiles. Le premier fut l'œuvre des missionnaires chrétiens qui, après avoir travaillé sur du matériel européen et publié des textes japonais en transcription latine, fabriquèrent des caractères mobiles chinois et japonais. Mais l'interdiction du christianisme ne permit pas à cette expérience de se développer.

L'autre tentative fut faite à partir du matériel d'impression à caractères mobiles coréens razzié au moment des campagnes de Toyotomi Hideyoshi. Celui-ci l'offrit à la cour qui patronna alors l'impression de grandes œuvres d'abord chinoises puis japonaises. Les premiers caractères coréens étaient en cuivre, on en grava par la suite en bois. Le procédé se répandit et l'on vit de nouveau des monastères, à la pointe du progrès, éditer le canon bouddhique, mais aussi de riches amateurs comme Hon.ami Kôetsu patronner des éditions de luxe. Pourtant, **malgré la souplesse apparente de ce type d'impression, elle fut de nouveau supplantée, à partir de la deuxième moitié du XVIIᵉ siècle, par la planche gravée.** Celle-ci avait l'avantage de restituer le style calligraphique du texte original, d'insérer sans difficulté les illustrations de plus en plus nombreuses. L'habileté et la rapidité des graveurs répondirent mieux à la demande sans cesse accrue de publication d'ouvrages de plus en plus nombreux et divers. On utilisa même pour les publications les moins soignées des planches en terre cuite, *kawara ban*. **Il faudra attendre Meiji pour que l'impression par caractères mobiles selon la technique occidentale supplante l'impression par planche gravée.**

Ce qui pourrait paraître comme un retard technique ne gêna en rien l'expansion du livre et de l'écrit dans le Japon d'Edo. On trouvait des livres pour toutes les bourses. Pour les moins fortunés, il existait des librairies de location de livres, mais aussi des fascicules très bon marché. Les autres pouvaient trouver dans les catalogues des libraires-éditeurs tout ce dont ils pouvaient rêver : livres pratiques, calendriers, classiques chinois, *sûtra* bouddhiques, livres d'histoire, recueils de *waka*, romans.

Le contrôle des autorités se fit sur certains domaines considérés comme sensibles. En premier lieu le christianisme : toute publication le concernant était strictement interdite. Les bonnes

LES JAPONAIS

LES LETTRES ET LA SCIENCE

mœurs viennent ensuite. À plusieurs reprises, les autorités condamnèrent auteurs et éditeurs de livres considérés comme immoraux au regard des vertus confucéennes. **Enfin la politique : tout ce qui pouvait paraître comme une critique du régime était interdit.** Les contrevenants s'exposaient à des peines qui pouvaient aller jusqu'à la mort. Ce contrôle de l'imprimé, relativement aisé à mettre en place, explique qu'une part non négligeable de la production intellectuelle se soit faite sous forme de copies manuscrites qui circulaient beaucoup plus facilement. Plusieurs œuvres célèbres de l'époque n'ont été imprimées que tardivement, certaines seulement à l'époque de Meiji. On peut citer le *Daigaku wakumon / Questions sur la Grande étude,* de Kumazawa Banzan. Le texte, achevé en 1687, avait été condamné à l'état de manuscrit, et son auteur envoyé en résidence surveillée. Une première tentative d'impression fut interdite en 1788. La première édition date donc de 1848, à l'extrême fin du régime. Le *Yume no shiro / En guise de rêve*, de Yamagata Bantô, rédigé en 1802, ne fut publié qu'après Meiji.

LA LITTÉRATURE POPULAIRE

La littérature s'adressait jusque-là en priorité aux membres de la haute société, aux moines. Puis la classe guerrière commença à être touchée et, à partir de l'extrême fin du XVIIᵉ siècle, la classe marchande ainsi que l'ensemble des roturiers. Malgré quelques difficultés techniques liées à la planche gravée, les tirages d'ouvrages visant le « grand public » atteignaient en règle générale mille à deux mille exemplaires, et même dix mille ou plus pour certains titres à grand succès. C'est à la fin des années 1780 et au début des années 1790 que les plus nombreux best-sellers furent produits.

Dans le vaste domaine de la littérature dite populaire s'impose d'abord **le genre classique et confirmé des *yomi-hon*, livres à lire à haute voix, qui fut longtemps considéré par les lettrés comme le seul genre romanesque noble.** Nous y retrouvons **Ueda Akinari,** maître incontesté de ce genre, avec son chef-d'œuvre, les *Contes de pluie et de lune / Ugetsu monogatari* (1768).

Une autre figure domine la fin de l'époque, **Takizawa Bakin (1767-1848),** spécialiste des *yomi-hon* et des *kusa zoshi*. Il commence à publier en 1791 des **livres à couverture jaune,** *ki-byôshi.* Parmi ses œuvres les plus connues, on peut citer *Chinsetsu yumi hari*

LES JAPONAIS

175

Littérature populaire. Mantei Ôga, Yamato bunko nihen jô,
illustré par Toyokuni

zuki (28 livres, 1807-1811) / *L'histoire extraordinaire de l'arc tendu* –
c'est-à-dire du célèbre archer Minamoto no Tametomo, ouvrage qui
fut illustré par Hokusai ; *Kinsei setsu bishônenroku* / *Chronique des
beaux jeunes gens des temps récents* (45 livres, 1829-1845) ; *Shunkan
sôzu shimamonogatari* / *Récit du bannissement sur une île du moine
Shunkan* (8 livres, 1808) et son chef-d'œuvre *Nansô Satomi Hakken-
den* / *Histoire des huit chiens de Satomi de la province de Kazusa*
(Nansô) (1814-1841). **Ses ouvrages sont caractérisés par des
développements romanesques et fantastiques autour de personnages historiques**, comme Minamoto no Tametomo (1096-
1156) ou le moine Shunkan (1142-1178).

   Les *yomi-hon* rédigés en langue classique se présentaient en
grands livrets dits *ô-hon* mesurant 148 sur 210 mm, ce qui correspond approximativement à l'actuel format A5.

   **Si le genre *yomi-hon* gardait l'aspect noble tout en étant
populaire, d'autres genres de récits présentés en format *chû-
hon*, livret moyen, étaient caractérisés par la prépondérance de
la langue vernaculaire. La littérature populaire de l'époque d'Edo**

était dominée par ces récits groupés sous le nom de *kusa-zôshi*, « récits à quatre sous » écrits essentiellement en style parlé et en syllabaire permettant leur lecture par un public populaire. Une des caractéristiques de ces récits imprimés sur du papier recyclé et sous forme de minces fascicules était une image monochrome qui occupait le milieu des deux pages ouvertes en laissant au texte seulement les zones non couvertes par l'image. Pour cette raison, on peut rendre en français *kusa-zôshi* par « récits illustrés ».

Les *kusa-zoshi* sont souvent classés par le type de leur couverture. Les « livres rouges », *aka-hon*, sont apparus à partir de 1673, les « livres noirs », *kuro-hon*, à partir de 1744, les « livres verts », *ao-hon*, à partir de 1745, enfin les « livres jaunes », *ki-byôshi*. Ces derniers, apparus vers 1775, connurent plus de deux mille titres entre 1775 et 1806. **Les *kusa-zôshi* comprenaient des contes pour enfants, des récits héroïques, des histoires authentiques, des parodies d'événements sociaux ou politiques.** Vers 1805 fut lancée la formule des *gôkan*, fascicules assemblés, permettant aux récits illustrés de se développer en vrais romans tout en conservant leurs traits populaires.

Cette littérature populaire se distingue aussi sur le plan stylistique. **Il s'agit de récits rédigés en langue parlée. On peut y distinguer les *share-bon*, « livres des connaisseurs (des quartiers de plaisir) », les *kokkei-bon*, « livres comiques », les *ninjô-bon*, « livres sentimentaux ».** Ces récits correspondaient parfaitement au goût des citadins de l'époque d'Edo qui étaient à la recherche en permanence de tout ce qui était léger, spirituel, élégant et raffiné, assorti d'un mépris farouche pour tout ce qu'ils jugeaient comme rustre.

La littérature romanesque connut une évolution considérable à partir de la seconde moitié du XVIIIe siècle. **Elle fut marquée non seulement par l'usage de la langue parlée, mais aussi par la conception nouvelle de l'intrigue, par l'utilisation de nouveaux motifs.** C'est sur ce terreau que purent naître les romans japonais du XXe siècle.

La veine comique n'était pas réservée aux romans. Nous avons déjà rencontré les *waka* fous, *kyôka*. **Le *haikai* donna le *senryû*. Cette forme de poésie populaire de contenu comique et satirique apparut dans les premières décennies du XVIIIe siècle.** Elle naquit en 1757 grâce à un maître de *haikai* d'Edo, Karai Masamichi (1718-1790), dont le nom de plume était Senryû. Il se voua à la promotion de cette nouvelle poésie populaire et reçut un accueil enthousiaste. Le nouveau genre prit le nom de son propagateur, *senryû*. Karai Senryû organisait à Edo des séances de composition poétique. Il faisait afficher des sujets que chaque poète amateur commentait librement. Karai touchait une cotisation de ses clients poètes amateurs. Il procédait à une sélection des meilleurs poèmes qui étaient publiés et couronnés de prix. On estime à environ deux cent cinquante mille personnes le nombre d'hommes qui furent un jour ou l'autre ses clients. Dans d'autres villes du Japon, d'autres maîtres l'imitèrent, mais restèrent beaucoup moins populaires. Tous n'avaient pas son goût percutant.

ÉDUCATION ET ÉCOLES

Si le terme actuel de *gakkô*, école, est d'origine chinoise (ch. *xuejiao*), son emploi pour désigner spécifiquement des institutions éducatives est plus tardif en Chine qu'au Japon. Au Japon, la première utilisation du terme dans ce sens se trouve dans l'appellation de l'école d'Ashikaga, fondée au début du XVᵉ siècle. Cette école recevait surtout des élèves revêtus de la robe des moines zen, bien qu'elle exclût catégoriquement l'enseignement du bouddhisme. Elle encouragea uniquement l'enseignement du confucianisme. Son évolution au fil des siècles est indissociablement liée à la transformation de la société japonaise dominée par les guerriers depuis la fin du XIIᵉ siècle, ce qui explique l'accent mis dans son enseignement sur la stratégie et les questions militaires. Au tout début du XVIIᵉ siècle, en 1601, le futur premier shôgun Tokugawa Ieyasu fonda au sud de Kyôto une annexe de cette école pour encourager la formation intellectuelle des laïcs. Ce fut, pourrait-on dire, le dernier feu de l'école d'Ashikaga qui avait atteint son apogée à la fin du XVIᵉ siècle. Elle était alors pour ainsi dire l'unique institution spécifiquement éducative du Japon.

Mais la situation changea progressivement à partir du milieu du XVIIᵉ siècle. Diverses créations réduisirent considérablement le quasi-monopole de l'école d'Ashikaga. Les institutions de cette époque se situent à plusieurs niveaux : établissements directement liés à l'administration centrale, écoles à l'intérieur des fiefs, cours privés de niveau supérieur, écoles privées primaires. Le *bakufu* géra dans la ville d'Edo une institution qui était à l'origine une école familiale, celle des Hayashi. Elle fonctionna jusqu'au début des années 70 du XIXᵉ siècle, donc au-delà de la restauration de Meiji. En

1630, le troisième shôgun, Tokugawa Iemitsu (1623-1651), chargea Hayashi Razan de bâtir à Edo une école portant le nom de lieu de naissance de Confucius, Shôhei (ch. Changping). Cette école était privée mais bénéficiait d'un statut officiel. Ce fut le cinquième shôgun, Tsunayoshi (1680-1709), en 1691, qui fit transférer l'école à son emplacement définitif, Yushima, d'où le nom de l'institution, **Yushima seidô, à partir de 1692**. L'enseignement y prit une orientation qui ne variera plus pendant la série de réformes politiques menées à partir de 1790 par Matsudaira Sadanobu, réformes dites de l'ère Kansei (1789-1800). Il reposa désormais sur la doctrine de Zhu Xi (1130-1200). **Réservé à partir de 1797 exclusivement aux guerriers, particulièrement aux vassaux du shôgun, le Yushima seidô visait avant tout à former de futurs administrateurs dont la vertu principale devait être, en tant que vassaux, la fidélité à leur seigneur.** Toutefois, une dizaine d'années avant la chute du régime, le *bakufu* créa de nouvelles sections portant sur les sciences occidentales, notamment la médecine et la stratégie militaire. On peut encore visiter de nos jours un temple à Confucius bâti à l'emplacement de cette institution, dans un quartier de Tôkyô qui a conservé son nom.

La formation des guerriers s'opéra également au niveau de chaque fief. On parla alors de *hankô*, écoles de fief. Ces écoles, gérées directement par les fiefs eux-mêmes, étaient réservées, jusqu'au début du XVIIIe siècle, à l'élite des guerriers de chaque fief. **Il y eut au total environ 300 écoles de fiefs dans tout le Japon.** Autrement dit, certains fiefs durent se doter de plusieurs écoles. Leur nombre augmenta de façon considérable au moment des trois grandes réformes politiques : 1716-1744, 1787-1793, 1841-1843. Elles finirent par être accessibles à l'ensemble des enfants de plus de 13 ou 14 ans de tous les guerriers appartenant aux différents fiefs. **Le but était de former les futurs cerveaux de l'administration des fiefs.** Dans ces écoles, il y avait entre 3 et 5 classes différentes selon les âges et les niveaux. Les matières enseignées se diversifièrent au fur à mesure qu'on s'approchait de la fin du régime shôgunal : études classiques chinoises, études classiques japonaises, calligraphie, calculs à l'abaque (au boulier), médecine (majoritairement sino-japonaise), astronomie chinoise, études occidentales, etc.

D'autre part, on peut distinguer deux grandes catégories de **cours privés**. Tout d'abord **les cours privés supérieurs payants, *shijuku*, fréquentés par les jeunes gens à partir de 13 ou 14 ans.** L'enseignement spécialisé y était assuré par des guerriers ou des lettrés de haut niveau. Mais on trouvait également des maîtres pour les études hollandaises, souvent des médecins (à partir du XIXe siècle, on les appela plus facilement « les études occidentales », cf. paragraphe sur les sciences de ce chapitre). Enfin les études nationales connurent un grand développement à partir de la deuxième moitié du XVIIIe siècle. Pour toute l'époque d'Edo, on compte 1493 *shijuku*. **Leur nombre augmenta de façon considérable dans la deuxième partie de la période.**

Scènes de terakoya

Ce phénomène est à mettre en corrélation avec une deuxième catégorie de cours privés, les **cours chez un particulier,** *kajuku*. La proximité géographique des cours et des écoles de fiefs est à souligner. **On note une progression considérable de ces cours durant la dernière décennie du** XVIIIe **siècle.** Les matières enseignaient reprenaient le programme des écoles de fief : études classiques chinoises, études classiques japonaises, études hollandaises, médecine sino-japonaise, médecine occidentale, calculs à l'abaque et mathématiques japonaises, calligraphie, poésie, arts martiaux.

Dernière catégorie, **les écoles privées primaires,** *terakoya*, **petites écoles des temples. Elles accueillaient des enfants de 7 à**

12 ou 13 ans. Elles étaient souvent tenues par des guerriers sans maître, des moines, ou encore des médecins, des notables ruraux, des veuves. Pour ces *terakoya*, les enseignants recevaient régulièrement des honoraires. Mais en milieu rural il n'était pas rare qu'ils dussent se contenter, en guise de salaire, de cadeaux en nature de la part de leurs élèves. **À partir des années 20 du XIXᵉ siècle, on remarqua une augmentation considérable de ces écoles primaires.** Leur nombre ne cessa d'augmenter à partir de 1854. Le nombre d'élèves de chaque école en grande ville était en moyenne de 200 à 300, et en milieu rural de 20 à 30. Les matières enseignées varièrent selon les périodes, mais les cours portaient principalement sur la lecture, la calligraphie, le calcul à l'abaque. De plus certaines écoles assuraient des enseignements sur la peinture, l'art de thé, l'art floral, le *haiku*, la composition de poésie classique, etc. **À la suite de la restauration de Meiji, ces *terakoya* se transformèrent en écoles conformément au nouveau système éducatif.**

Il est très difficile de se faire une idée précise du niveau d'alphabétisation du Japon pendant l'époque d'Edo. Il est certain qu'il progressa considérablement au cours de la période dans toutes les couches de la population, pour les hommes comme pour les femmes. **À la veille de la restauration de Meiji, le Japon devait avoir un taux d'alphabétisation très comparable à celui des pays occidentaux les plus avancés.** Certains chercheurs pensent même qu'il était supérieur. Cette remarquable diffusion de l'instruction, particulièrement dans la classe des bushi, fut un des facteurs capitaux de la réussite des réformes entreprises à la fin du XIXᵉ siècle.

SCIENCES

Le concept de science, comme celui de littérature ou d'art, n'existait pas dans le Japon de l'époque d'Edo. Pour désigner ce que nous nommons science, les Japonais utilisaient des termes particuliers à chaque domaine. À regarder les seuls critères de scientificité, on pourrait être tenté de présenter le Japon comme un désert scientifique avant l'arrivée des conceptions occidentales. Pourtant la réception de celles-ci n'aurait pu se faire sans un terreau d'une extraordinaire richesse. **Les Japonais possédaient dès l'époque d'Edo les outils intellectuels qui leur permirent d'assimiler et d'enrichir presque immédiatement les nouveaux savoirs. L'aventure partit** de la rencontre de la médecine japonaise avec la médecine occidentale du XVIIIe siècle, apportée par les Hollandais.

RANGAKU, ÉTUDES HOLLANDAISES

Le terme *rangaku* (littéralement études hollandaises) renvoie aux mouvements de réception des sciences occidentales modernes à partir de la deuxième moitié du XVIIIe siècle. Les historiens du Japon admettent unanimement que la publication du *Kaitai shinsho / Nouveau traité d'anatomie* en 1774 est le véritable point de départ de l'assimilation de ces sciences.

Ceci pour plusieurs raisons. Ce fut loin d'être le fruit d'un simple travail de transposition. En s'appuyant sur un renversement des rapports entre la théorie et la réalité établi par un de leurs collègues, Yamawaki Tôyô, les traducteurs déterminèrent les principes de traduction, ce qui leur permit de créer des termes de traduction précis et souvent respectés par la postérité. **Mais surtout ils réussirent également à cerner la logique qui sous-tendait la science anatomique du XVIIIe siècle qu'ils décidèrent d'étudier.** Rappelons à ce sujet que les savants adeptes des études hollandaises étaient tous conscients dès le départ que **l'étude des sciences occidentales devait contribuer à faire progresser la médecine, science de première nécessité.** Ce n'est donc nullement par hasard si l'assimilation de ces sciences modernes fut mise en branle par la traduction d'un traité d'anatomie. Cette caractéristique se confirme si nous regardons le nombre de traductions dans les différentes disciplines réalisées (mais qui ne furent pas nécessairement publiées) à partir de la seconde moitié du XVIIIe siècle. L'écrasante majorité est représentée par des traductions et des synthèses médicales.

Les autres sciences suivirent. Il n'est donc pas étonnant si, parmi les pionniers et les traducteurs des nouveaux domaines scientifiques, on rencontre de nombreux médecins.

MÉDECINE

Présenter la médecine « japonaise » de l'époque d'Edo exclusivement sur le plan scientifique n'a pas beaucoup de sens, puisque son corpus théorique est celui de la médecine chinoise savante.

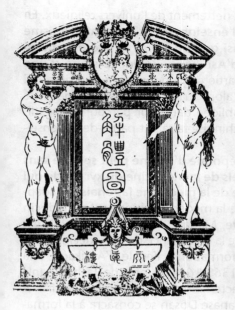

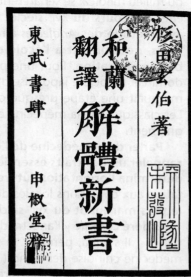

LES JAPONAIS

Couverture du Kaitai shinsho / Nouveau traité d'anatomie *(1774)*

Celui-ci repose sur la théorie du *yin* et du *yang* complémentaires et en perpétuels mouvements et transformations. Rappelons que le *yin* (côté ombragé) et le *yang* (côté ensoleillé) sont des formes du *qi* (souffle ou énergie), élément primordial qui constitue tout ce qui existe dans l'univers. De cette médecine, il faut aussi retenir qu'il s'agit d'une médecine sans connaissances anatomiques au sens moderne du terme, ce qui ne signifie pas qu'elle était sans rapport avec la réalité. Dans la médecine chinoise savante, arrivée à maturité après une longue période d'évolution, se trouvaient intimement liées théories et techniques thérapeutiques. Curieusement cet aspect fondamental fut délaissé progressivement en Chine. La cause en est le succès de la théorie des cinq agents (arbre, feu, terre, métal, eau) combinée avec celle du *yin* et du *yang*. Ce système était censé expliquer tous les phénomènes naturels et humains, y compris les maladies.

La médecine d'avant l'époque d'Edo s'appuyait totalement sur la médecine chinoise. Jusqu'au XVe siècle, elle montrait une certaine coloration bouddhique. Mais, à partir du siècle suivant, les membres du milieu médical se séparèrent nettement de l'univers religieux. En effet, **au cours du XVIe siècle, l'enseignement du confucianisme avec l'étude des** *Analectes* **ainsi que du** *Yijing* **/ Livre des mutations, notamment à l'école d'Ashikaga, devint le signe d'une bonne éducation.** Pour une partie de la population guerrière qui dominait la société japonaise d'alors, suivre une formation de lettré marquait une étape presque obligée dans leur parcours éducatif. Les classiques de la médecine chinoise faisaient partie de cet enseignement.

Parler de la médecine de l'époque d'Edo ne peut se faire sans rappeler un des traits essentiels de la médecine du XVIe siècle qui détermina l'orientation future de la médecine japonaise : l'adaptation aux conditions locales de la médecine chinoise. **Le médecin le plus marquant du XVIe siècle,** Manase Dôsan (1507-1594), **est considéré comme** « l'ancêtre de la renaissance de la médecine japonaise ». Il s'initia, pendant sa formation à l'école d'Ashikaga, à la médecine chinoise des Ming (1368-1644) auprès de Tashiro Sanki (1465?-1544) qui était allé directement en Chine pour y étudier. À son retour à Kyôto en 1545, Manase Dôsan se consacra à la formation de ses disciples. Il fonda pour ce faire une école de médecine privée, le Keiteki.in (établissement pour donner des instructions), la première du genre au Japon. Il continua tout au long de sa vie à se tenir au courant des dernières nouveautés du continent dans le domaine médical. Sa culture générale chinoise, surtout confucéenne, les connaissances en stratégie qu'il avait acquises durant sa formation à l'école d'Ashikaga, lui permirent de fréquenter les salons culturels de la haute société du XVIe siècle constituée de guerriers puissants ainsi que de grands maîtres de thé et d'artistes peintres. Mais sa renommée repose surtout l'aspect novateur de sa médecine qui se caractérise par la synthèse de l'ensemble du corpus médical chinois, synthèse jamais réalisée jusqu'alors au Japon. Son trait le plus marquant fut de rejeter absolument le sectarisme. Ainsi son école devint, à partir du XVIIe siècle, un des courants les plus appréciés durant toute l'époque d'Edo. Sur le plan théorique, il faut noter que Manase accorda une attention toute particulière au problème de circulation sans stase du souffle.

Mais un autre courant s'amorça au début du XVIIe siècle. Dans le but de rejeter le caractère trop théorique, dissocié de la réalité clinique et spéculatif des théories contenues surtout dans les traités chinois postérieurs au XIe siècle, les partisans de ce courant proclamèrent la nécessité de se référer exclusivement aux traités antérieurs aux Song, en particulier le *Neijing* / Canon interne, le *Nanjing* / Classique des difficultés, le *Shanghan lun* / Traité des atteintes du froid, le *Jingui yaolue* / Principes sommaires du coffret d'or. Un des fondateurs de ce courant, Gotô Konzan (1659-1733), affina quant à lui une théorie concernant l'origine de la maladie, théorie de la stase de l'énergie originelle unique, en s'inspirant de la médecine clinique de Manase et de la philosophie d'Itô Jinsai.

En même temps, les tenants de ce courant montrèrent un intérêt particulier envers l'anatomie occidentale en voulant vérifier la véracité de l'« anatomie » chinoise. À la suite de la première dissection officielle organisée en 1754 par Yamawaki Tôyô, ces mouvements aboutirent en 1774 à la publication du *Kaitai shinsho* / Nouveau traité d'anatomie, version japonaise d'un traité d'anatomie allemand du début du XVIIIe siècle, établie par un groupe de traducteurs d'Edo dont le responsable fut Sugita Genpaku (1733-1817), un des pionniers des études hollandaises. Ce fut non seulement la première traduction japonaise quasi intégrale d'un ouvrage de médecine occidentale, mais elle marqua aussi le véritable point de départ dans le processus d'assimilation des sciences occidentales.

Si **la formation des médecins se fit surtout dans des écoles privées tenues par les médecins indépendants du régime shôgunal,** il y eut une école de formation d'un caractère quasi public fondée en 1765 à Edo. Elle devint par la suite une véritable école publique d'enseignement de la médecine chinoise cautionnée par les autorités. **Elle fut dirigée par la famille Taki, une des plus puissantes familles de médecins depuis le XIe siècle.**

Les médecins formaient depuis le XVIe siècle le groupe d'intellectuels le plus nombreux de la société japonaise. **Ils profitèrent d'une certaine ascension sociale grâce à une profession indispensable au maintien de la vie.** Ils ne faisaient pas partie des quatre catégories sociales imposées par le pouvoir shôgunal, mais la grande majorité d'entre eux avaient le statut de guerriers rattaché à un fief, tout en bénéficiant d'une certaine mobilité sociale grâce à leur métier de médecin confucianiste. **Cette relative liberté créa des réseaux d'intellectuels par-delà les barrières d'activités professionnelles.** Les médecins se trouvent impliqués en littérature, peinture, thé, composition florale, poterie, traduction, sciences occidentales, etc. (voir aussi Rangaku).

Comme le système de contrôle officiel du niveau de connaissances médicales des médecins cliniciens était quasi inexistant,

seuls les médecins dont la plupart tenaient des écoles privées pouvaient juger de la compétence de leurs disciples ou collègues. Cela signifie en même temps l'absence quasi totale d'institutions médicales contrôlées par les autorités, mis à part un petit hôpital de charité destiné aux personnes les plus démunies, le Koishikawa yôjôsho, fondé en 1722 dans la capitale. Malheureusement il ne fonctionna de façon normale qu'à peine quinze ans. **Il fallut attendre encore un siècle et demi, donc quelques années avant la chute du régime shôgunal, pour qu'un hôpital moderne de type occidental soit créé à Nagasaki en 1861.**

La médecine légale, qui a une longue histoire en Chine depuis le XIᵉ siècle, n'arrive au Japon qu'au cours du XVIIIᵉ siècle, et uniquement sous forme de procédure pénale. **Le véritable commencement de cette discipline ne s'amorcera au Japon qu'après la restauration de Meiji en 1868** (cf. Vie privée, santé, chap. XI).

PHARMACOLOGIE ET BOTANIQUE

La discipline connue sous le nom de *honzôgaku* (pharmacologie chinoise ou bencaologie) remonte au moins jusqu'à l'époque de Nara grâce à la contribution de Ganjin (ch. Jianzhen) (687-763), moine érudit chinois arrivé au Japon en 753. Mais le domaine dit « *honzô* (ch. bencao) » s'élabora au cours du Xᵉ siècle avec la rédaction du *Honzô wamyô* / Noms japonais de la pharmacopée (entre 901 et 923) et de l'*Ishin hô* / Les méthodes thérapeutiques constituant le cœur de la médecine (984). L'approfondissement de la pharmacologie chinoise continua au cours des siècles suivants.

Mais c'est l'impact du *Bencao gangmu* publié en Chine en 1596 et importé au Japon en 1607 qui fut déterminant pour la naissance et l'évolution d'une pharmacologie purement japonaise au cours de cette époque. En effet **les spécialistes japonais de la pharmacopée y apprirent l'étude critique des textes cités et la méthode d'observation de la nature.** Plusieurs travaux remarquables sont nés dans ce contexte dont le *Yamato honzô* / Pharmacopée du Japon achevé en 1708 et publié en 1709. Son auteur, Kaibara Ekiken (1630-1714), était un confucianiste de l'école de Zhu Xi. Il le rédigea, dit-il, dans le but d'apporter une modeste contribution à l'étude du principe des choses, *butsuri no gaku*. Il réussit, en fait, à libérer l'étude des objets du monde naturel du cadre traditionnel des *bencao*, en opérant une séparation entre la partie décrivant les produits en tant qu'objet du monde naturel de celle traitant de leur possible utilisation médicale. Ceci marqua le premier pas décisif vers la naissance des savoirs naturalistes, *hakubutsu gaku*, au Japon.

Par la suite la botanique put se développer en tant que domaine à part entière. Ainsi Udagawa Yôan (1798-1846), médecin de formation, se spécialisa dans la botanique et la chimie modernes grâce à ses compétences en langue hollandaise. Il devint en 1826 traducteur à l'office shôgunal de traduction des ouvrages étrangers, Bansho wage goyô. En 1822, il rédigea en imitant le style de la traduction en *kanbun* des *sûtra* bouddhiques, le *Botanika kyô / Canon de la botanique*, premier ouvrage d'introduction à la botanique occidentale. En participant au travail de traduction du *Dictionnaire économique* de Noël Chömel (1632-1712) à partir de la version hollandaise, il acheva en 1833 le *Shokugaku keigen / Prémisses de la botanique* en trois volumes, inspiré de la méthode de C. von Linné (1707-1778).

PHYSIQUE

Le mot contemporain *butsuri gaku* (physique) est un exemple intéressant pour connaître l'évolution d'un certain nombre de sciences modernes au Japon. En effet, le mot *butsuri*, d'origine chinoise (ch. *wuli*), signifie le(s) principe(s) des choses. Cette notion repose principalement sur la conception du monde développée par la philosophie des Song. Mais il connut une évolution propre au Japon dès le tout début du XVIIIᵉ siècle grâce à Kaibara Ekiken que nous avons rencontré au paragraphe précédent. Par la suite, dans la seconde moitié du XVIIIᵉ siècle, le terme devint indissociable d'un autre également d'origine chinoise, *kyûri* (ch. *qingli*), qui figure dans le *Livre des mutations*, dont le sens est de scruter jusqu'au bout la raison (des choses). **L'emploi du terme *butsuri* par les lettrés japonais versés dans les études hollandaises est particulièrement significatif, car, combiné avec le mot *gaku* (science) dans l'expression *butsuri no gaku*, il prit le sens de *physica*, c'est-à-dire de sciences naturelles.**

Dans le domaine de la physique à proprement parler, un certain nombre d'événements marquants sont à noter. En 1811, Hashimoto Sôkichi (1763-1836), médecin de formation et savant versé dans les études hollandaises, acheva un ouvrage de synthèse sur l'**électri-**

Télescope à réflecteur fabriqué par Kunitomo Tôbée vers 1832.

反射望遠鏡　国友藤兵衛作

cité statique. Il semble que l'auteur se référait à un ouvrage de Johannes Buijs intitulé *Natuurkundig Schoolboek* (1802). Ce qui est remarquable dans son entreprise, c'est qu'elle dépassait la simple traduction. Y sont décrites de façon détaillée des expérimentations organisées par l'auteur. Dans cette même voie, un autre savant occidentaliste, Sakuma Shôzan (1811-1864), mena une série d'expérimentations sur l'**électricité** à partir de 1852.

À cause des grandes tentions créées par les puissances occidentales qui menaçaient le Japon à partir de l'extrême fin du XVIIIe siècle, un certain nombre de fiefs du Kyûshû se lancèrent dans des recherches expérimentales sur le **télégraphe**, les **générateurs d'électricité**, les torpilles et les mines.

Par ailleurs, **des travaux plus fondamentaux furent amorcés dans la première moitié du** XIXe **siècle.** En 1827 fut publié le *Kikai kanran / Observations et descriptions de ce qui constitue l'univers.* L'impact de cet ouvrage est considérable dans l'enseignement de la physique à partir de Meiji, aussi bien au niveau de la création de la terminologie moderne que de l'assimilation des connaissances élémentaires dans cette discipline. En effet, la version japonaise de cet ouvrage rédigé en sino-japonais, *kanbun,* publiée en 1851, fut désignée en 1872 par le gouvernement de Meiji comme manuel destiné à l'enseignement primaire.

Il faut signaler également les tentatives d'assimilation de la science newtonienne réalisées par de grandes figures comme Shizuki Tadao (1760-1806) ou Hoashi Banri (1778-1852). L'un comme l'autre s'appuyaient sur les notions fondamentales de la philosophie des Song. Cette base étonnante n'empêcha pas Hoashi de bâtir une somme monumentale des connaissances en matière de physique moderne. Il suivit dans sa présentation l'évolution historique de cette dernière : théories de Copernic, de Kepler, de Newton, de Lavoisier, de Linné, etc. Le fruit de ce travail immense est livré dans son *Kyûri tsû / Connaissances approfondies sur les sciences naturelles* achevé vers 1836, mais qu'il continua à réviser jusqu'à la fin de sa vie.

CHIMIE

L'alchimie chinoise est connue au Japon depuis l'Antiquité, mais elle n'a pas donné lieu à une recherche organisée des composants chimiques des matières existant dans l'univers. Potiers et teinturiers avaient développé une extraordinaire connaissance pratique de la matière qui ne déboucha pas non plus sur la chimie.

L'histoire de la chimie en tant que science ne s'amorce au Japon qu'au XIXe siècle. Toutefois on ne peut ignorer l'impact du *Bencao gangmu* (voir Pharmacopée et Botanique) qui décrit et classifie des métaux et des matières chimiques, ni celui du *Tiangong kaiwu* (jap. *Tenkô kaibutsu*), ouvrage de techniques industrielles chinoises, achevé en Chine en 1637 et dont la première impression japonaise date de 1771.

En 1837 fut publié un premier ouvrage d'introduction à la chimie occidentale. Il s'agit du *Seimei Kaisô / Fondements de la chimie* en 21 volumes d'Udagawa Yôan. Il présentait pour la première fois au Japon la chimie occidentale d'une manière globale et complète. Il y établit notamment la terminologie japonaise moderne de cette discipline qui est presque entièrement valable encore de nos jours. Pour le rédiger, l'auteur s'appuya sur la version hollandaise de l'*An epitome of Chemistry* (1801), œuvre du chimiste anglais William Henry (1774-1836).

En 1860, le *bakufu* créa, à l'intérieur de l'office de traduction des ouvrages étrangers, un service chargé des expérimentations chimiques et de l'enseignement de la chimie moderne.

LES JAPONAIS

CARTOGRAPHIE

La cartographie japonaise évolue de façon considérable à partir de l'époque de Muromachi, à la suite à des contacts de plus en plus étroits, par le biais du commerce, avec le monde extérieur au-delà de la Corée et de la Chine. **L'influence des cartes occidentales du monde destinées à la navigation est loin d'être négligeable sur la conception de cartes du Japon suffisamment précises.** C'est au début du XVIIᵉ siècle que les Japonais réalisent des cartes de même type.

Parmi les cartes du monde de cette époque, on doit mentionner un planisphère, gravure sur cuivre (ce qui est aussi une nouveauté) réalisée en 1796 par Shiba Kôkan (1748-1818), peintre et savant adepte des études hollandaises. Kôkan semble confectionner une sorte de copie d'une carte du monde imprimée à Amsterdam quelques années auparavant. L'exactitude et la précision de cette carte sont confirmées par les historiens. **La cartographie d'un pays est un moyen d'en prendre possession.** Dès l'Antiquité, des cadastres avaient été réalisés. Mais comme ce fut encore le cas de l'entreprise d'arpentage lancée par Toyotomi Hideyoshi, seules les terres cultivées se trouvaient mesurées. C'est donc une entreprise nouvelle que lança le *bakufu* des Tokugawa quand il ordonna à plusieurs reprises, en 1605, 1644, 1697, 1719 et en 1830, aux seigneurs des fiefs de réaliser la carte de leur fief.

Au fur et à mesure que les années avançaient, les techniques de mesurage, d'arpentage et de cartographie se perfectionnèrent. Durant cette période, le plus célèbre et le plus scientifique des concepteurs de cartes du Japon est Inô Tadataka (1745-1818). Il réalisa à partir de 1800 des travaux de mesurage et d'arpentage d'Ezo (Hokkaidô) et du nord du Japon. Plusieurs années plus tard, il entreprit, avec l'autorisation et le soutien du *bakufu* ainsi que des seigneurs des fiefs, la réalisation des cartes des côtes et des mers littorales. **Trois ans après la mort d'Inô Tadataka, deux cartes couvrant la totalité des zones littorales du Japon furent achevées et offertes au *bakufu* en 1821 par les disciples et le fils de ce dernier. Grâce à leur grande précision et à leur exactitude, ces cartes servaient encore de modèle en 1880 lorsque le gouvernement de Meiji entreprit la confection d'une carte de tout le Japon.**

ASTRONOMIE

Depuis le milieu de l'époque de Heian, deux familles se répartissaient la responsabilité de deux voies très proches : celle du calendrier pour les Kamo, spécialistes depuis l'Antiquité de la voie du *yin* et du *yang*, et celle de l'astronomie pour les Abe. Ces deux voies faisaient appel à des connaissances techniques en calcul mais aussi en astrologie. **À l'époque d'Edo, avec le déclin des Kamo, une des branches des Abe descendant du fameux Abe no Seimei (921-1005), la famille Tsuchimikado, se chargea à la cour impériale des tâches concernant la voie du calendrier et de l'astronomie. Elle avait aussi la responsabilité de tous les maîtres du *yin* et du *yang* du Japon.** Mais si la cour avait toujours la haute main sur la publication des calendriers, les calculs astronomiques lui échappèrent au bénéfice d'un organe du *bakufu* (cf. calendrier, chap. VI).

Dans la ville d'Edo, le bureau d'astronomie fut créé en 1684. Il était chargé de l'observation des mouvements des astres. Les fonctionnaires qui y travaillaient étaient issus de familles spécialisées comme celle des Shibukawa qui fut à l'origine des réformes du calendrier. **Les appareils utilisés pour ces observations étaient soit d'origine chinoise soit d'origine occidentale. Ces derniers comprenaient des télescopes introduits au début de l'époque d'Edo.** Ils permirent aux Japonais d'observer par exemple les taches solaires qu'ils ignoraient jusqu'alors. Un certain nombre de télescopes furent même conçus par des Japonais à partir de la première moitié du XVIIIe siècle.

Ils ne servirent pas uniquement aux observations scientifiques. Saikaku les met en scène dans son roman *La vie d'une amie de la volupté*. On signale aussi leur utilisation dans des lieux touristiques, comme le Kiyomizu dera d'où l'on peut avoir une vue panoramique sur Kyôto.

L'observation des étoiles fut favorisée par la création de planisphères célestes. Le premier conçu au Japon comprenait 61 constellations et 308 étoiles. Daté de l'extrême fin du XVIIe siècle, il est l'œuvre du célèbre astronome Shibukawa Harumi. L'astronomie attira de nombreux guerriers, des daimyô et même le huitième shôgun Yoshimune. Le plus détaillé et le plus précis des planisphères célestes fut créé en 1828 par Ishizaka Jôken, guerrier du fief de Fukuyama. Il comprenait même des étoiles de sixième grandeur dont la connaissance reposait sur la science occidentale puisée dans des ouvrages traduits en chinois.

Mais les Japonais s'étaient aussi mis à traduire directement des traités d'astronomie occidentaux. **Plusieurs travaux d'introduction de qualité remarquable virent le jour. Ils exposaient les traits essentiels de l'astronomie européenne du XVIIIe siècle.** En 1774, année de la publication du *Nouveau traité d'anatomie*, **la théorie héliocentrique fut présentée pour la première fois au Japon par Motoki Ryôei (Yoshinaka) (1735-1794)**, grand interprète de Nagasaki, dans son ouvrage de traduction, *Tenchi nikyû yôhô* / *Explications concernant les sphères céleste et terrestre*. Ce fut son disciple, Shizuki Tadao, qui rédigea le *Nouveau livre des phénomènes calendaires* / *Rekishô shinsho* en trois volumes (1798-1802), inspiré par les cours d'astronomie de John Keill (1671-1721), professeur à l'université d'Oxford.

MATHÉMATIQUES

Les mathématiques japonaises, qui se sont développées durant l'époque d'Edo, ont été nommées a posteriori *wasan* (mathématiques japonaises) par les historiens des sciences au Japon. **Elles avaient connu le début de leur épanouissement à l'époque de Muromachi. À la différence de la médecine, de l'astronomie ou de la botanique, les mathématiques japonaises poursuivirent leur évolution autonome sans interférences directes avec les mathématiques occidentales jusqu'à la restauration de Meiji.**

Au début du XVIIe siècle, en 1627, vit le jour l'ouvrage qui marqua le point de départ des mathématiques de cette époque : le *Jinkôki* / *Le traité inaltérable*. L'auteur, Yoshida Mitsuyoshi, le rédigea sur le modèle du traité chinois *Suanfa tongzong* / *Source générale des méthodes de calcul* (1593). Mais Yoshida y abordait presque exclusivement des situations du quotidien, en omettant les problèmes difficiles. Il insista ainsi sur l'accessibilité de son ouvrage aux enfants des classes sociales aisées. On y remarque notamment des illustrations de grande qualité, des explications détaillées de l'utilisation du boulier. Yoshida y introduisit d'autre part une nouveauté. Il y inséra des problèmes laissés sans solution, *idai*, pratique qui connut une grande vogue jusqu'au XIXe siècle.

Par ailleurs il faut noter une deuxième caractéristique des mathématiques de cette époque, qui est la technique du *tengen* (ch. *tianyuan*), calcul algébrique à une inconnue, pratiquée en Chine jusqu'au XIIIe siècle. Deux grandes figures du milieu des mathématiciens,

Seki Takakazu (?-1708) et son disciple Takebe Katahiro (1664-1739) apportèrent, dans le prolongement de cette tradition chinoise, des nouveautés dans les techniques de résolution de problèmes, les mesures du cercle et de son arc, les calculs de sommes de séries ou les calculs de volumes, etc. Ils s'intéressèrent également à l'astronomie et donc au calendrier.

Cette percée théorique, proche du calcul infinitésimal découvert en Europe presque à la même époque, ne déboucha pas sur de nouveaux horizons. Elle se confina dans une sorte de jeu intellectuel qui parut désuet quand les mathématiques occidentales furent connues.

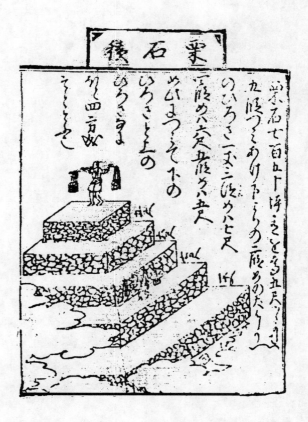

*Un exemple d'idai (problème laissé sans solution)
tiré du* Jinkô ki / Le traité inaltérable.

IX
LES VOIES, *DÔ*, ET LES ARTS

道
LA VOIE, LES VOIES

Le *jûdô* est devenu un sport olympique, et les arts martiaux ont touché un public beaucoup plus vaste que les seuls amateurs de sabre. Toutes ces activités se réfèrent peu ou prou à la notion de *dô*, lecture sino-japonaise d'un caractère lu *michi* en japonais. Comme le français voie, on retrouve ce terme pour désigner des voies de communication, des chemins, mais aussi, dans un emploi métaphorique, les voies qui permettent de s'accomplir, *budô*, voie du guerrier, mais aussi *kadô*, voie de la poésie, *shintô*, voie des dieux. Ce double emploi vient de Chine. *Dao* se retrouve aussi bien dans la tradition taoïste, qui en tire son nom, que bouddhique (entrer dans la voie), mais aussi dans le confucianisme.

Au Japon, le terme va connaître une fortune considérable. Tout en continuant à être utilisé par les bouddhistes et les lettrés, il va bientôt désigner toutes les pratiques qui permettent de s'accomplir. La voie de la poésie supposait un investissement complet de l'individu et s'accompagnait, à partir du Moyen Âge, d'un système de transmission secrète. Pourtant il ne faut pas voir de la profondeur et de la mystique dans tous les *dô*, ni chez tous ceux qui les pratiquaient. La poésie pouvait être aussi un passe-temps pour désœuvrés. La cérémonie du thé a pu être rapprochée, sans doute un peu rapidement, de l'eucharistie, mais elle devint aussi une école de bonnes manières pour jeunes filles de bonne famille.

Que ce soit dans son acception la plus profonde, engagement de toute la personne, ou dans son utilisation la plus légère

de divertissement, *dô* suppose un apprentissage auprès d'un maître, un respect scrupuleux de conduites, le sérieux dans la pratique, la quête d'une perfection.

Derrière ces appellations de même construction, on trouve des activités qui peuvent engager toute une vie et justifier une mort, mais aussi des conduites plus légères proches du passe-temps.

DES TECHNIQUES DE COMBAT À LA VOIE DES GUERRIERS

Le terme de voie des guerriers, *budô*, ne commence à être utilisé qu'à partir de l'époque d'Edo dans le sens de la voie d'excellence des guerriers en tant que classe sociale. Il s'opposait d'abord, selon la vision chinoise des choses, à *bundô*, la voie des lettres, qui devait lui être supérieure. Il en vint à englober les deux termes. Le guerrier fonctionnaire de l'époque d'Edo se devait de cultiver et les armes et les lettres.

L'aspect guerrier de *budô* renvoie aux différents arts de combat qui fleurirent durant la période des Provinces en guerre, du XIVᵉ au XVIᵉ siècle. Durant cette époque de batailles incessantes, les techniques de combat, celle du sabre, *kenjutsu*, de la lance, *sôjutsu*, de la souplesse, c'est-à-dire sans armes, *jûjutsu*, se perfectionnèrent. La stratégie était alors présente dans tous les esprits. Il ne s'agissait pas de discussions de salon, mais de questions de vie ou de mort.

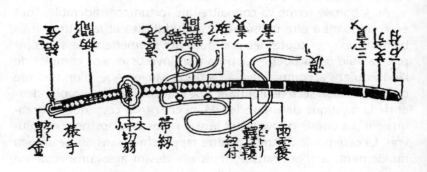

Katana, le sabre qui a un seul tranchant, est à distinguer de l'épée, tsurugi

Les combattants commencèrent à chercher des fondements théoriques à leurs pratiques. Ils puisèrent dans le *Livre de mutations*, l'*Ekikyô* (ch. *Yi jing*) (l'un des *Cinq classiques* du confucianisme). Cette application des *Mutations* à la stratégie et à la pratique de la guerre apparaît dans l'évolution de l'enseignement prodigué par l'école d'Ashikaga, Ashikaga gakkô (cf. Les lettres, notice sur l'éducation, chap. VIII).

Sur le plan technique, pressés par la nécessité, de nombreux grands maîtres d'armes réussirent à pousser leurs différentes techniques à un haut degré de perfection, autrement dit d'efficacité sur le champ de bataille. On les nomma alors globalement « les arts des guerriers », *bugei*.

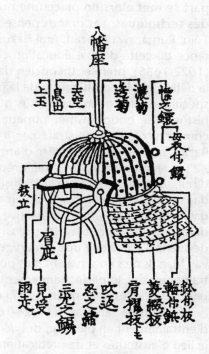

Kabuto, *casque*

Mais la classe guerrière parvenue au sommet de la société fut très sensible aux différents aspects de la haute culture et particulièrement à la culture chinoise que propageaient les moines des cinq montagnes de l'école Rinzai. Arrivés au pouvoir par les armes, les guerriers se rendaient compte qu'il leur fallait d'autres compétences pour le conserver et en jouir. Le prestige culturel de l'ancienne aristocratie était intact. Les guerriers se mirent à leur école. **Ils se donnèrent comme objectif de cultiver conjointement les armes et les lettres.** Ils apprirent la poésie, le chant, la calligraphie, l'art du thé. Cette double éducation devint l'idéal des guerriers durant l'époque de Muromachi, même si la guerre restait leur activité principale. Ce fut l'amorce de la transition qui s'effectua, au cours de l'époque d'Edo, entre les arts de la guerre et la voie des guerriers.

Celle-ci se caractérise par deux aspects complémentaires. D'une part on trouve une éthique largement inspirée par le confucianisme, que l'on qualifiera plus tard de *bushidô*. D'autre

LES JAPONAIS

part se met alors en place une nouvelle approche des armes et des techniques. Les grands penseurs du XVIIᵉ siècle comme Nakae Tôju, Kumazawa Banzan, Arai Hakuseki, ont tous insisté sur l'importance de cette double éducation chez les guerriers. Yamaga Sôkô (1622-1685), premier théoricien de la voie des guerriers au Japon, la définit par la combinaison de la pratique des armes et des vertus spécifiques des guerriers, vertus qui s'appuyaient sur le confucianisme et le bouddhisme. Yamaga Sôkô se fit d'abord connaître comme professeur de stratégie ; il avait étudié auprès de Hayashi Razan, mais il fut aussi maître d'armes.

Les arts martiaux, largement répandus dans le monde d'aujourd'hui, tels que le *kendô*, le *jûdô* ainsi que le *karate*, tirent leur origine dans ces nouvelles formes. Régime militaire, la société des Tokugawa vécut dans une paix relative durant presque deux siècles et demi. Les guerriers n'avaient plus l'expérience des batailles. Ils se devaient d'entretenir une armure, et pour les plus fortunés un cheval. Mais ils ne s'en servaient plus pour le combat. Aussi très vite l'entraînement et le perfectionnement des arts de la guerre n'eurent plus pour fin les performances à la guerre.

Au cours de l'ère Kan.ei (1624-1644), on voit apparaître des lieux d'entraînement en plein air, des *dôjô*, terme bouddhique désignant le lieu d'austérités et de prédication, autrement dit de pratiques de la voie. Ils se transformèrent durant l'ère Kyôhô (1716-1736) en *dôjô* couverts. Les apprentis et les entraîneurs, les maîtres et les disciples s'y exerçaient, munis d'armures de protection et armés des bâtons de bois, substituts des véritables armes trop dangereuses pour l'entraînement. Le bâton de bois fut remplacé progressivement, à partir du XVIIIᵉ siècle, par le sabre de bambou qui donna naissance au *shinai* utilisé de nos jours. L'utilisation du bâton de bambou remonte en fait au milieu du XVIᵉ siècle. D'après des estampes et des livres illustrés de l'époque, au milieu du XVIIIᵉ siècle les *dôjô* couverts avaient un sol en plancher. Sur les parois étaient accrochés des sabres de bois, de bambou, des bâtons, des lances. **La nécessité d'enseigner des techniques hors du contexte de la guerre amena la création des *kata*, les enchaînements de mouvements que l'on retrouve dans tous les arts martiaux.** La réduction de la longueur des sabres, le port quotidien du *kimono* firent évoluer la prise de la lame, mais aussi l'assise.

L'enseignement des armes répondait à plusieurs besoins. Le plus visible était la nécessité de tenir son rang. **Un guerrier, fût-il de la dernière catégorie, portait deux sabres et devait savoir s'en ser-**

vir, même si les occasions réelles de les utiliser semblent avoir été rares. L'autre raison pourrait être qualifiée d'entraînement moral. Les séances au *dôjô* devaient apprendre aux enfants de guerriers à se maîtriser et à s'endurcir. C'est pourquoi furent créés, dans de nombreuses écoles de fief, des lieux d'entraînement pour les armes, *keiko-jô*. On y enseignait les techniques des différentes écoles établies, mais aussi des disciplines distinctes. L'éducation des armes dans ces écoles de fief commençait dans la grande majorité des cas à l'âge de sept ans, mais cela pouvait être à six, à neuf ou même à quatorze ans. La fin de l'apprentissage était assez souvent fixée à quatorze ans ou à dix-neuf ans.

Dans 70 % des écoles de fief, on enseignait le maniement du sabre, des armes à feu, de la lance, l'équitation, le tir à l'arc, le *jûjutsu*. La stratégie était également enseignée dans la moitié de ces écoles. Comme on pouvait s'y attendre, le nombre d'heures consacrées au sabre représentait le quart du temps réservé à l'apprentissage de l'ensemble de ces techniques. En dehors des écoles officielles, les *dôjô* se multiplièrent. C'était un des gagne-pain des guerriers sans maître. L'enseignement de l'art du sabre et des autres armes se transmettait de maîtres à disciples dans le cadre d'écoles, *ryû*. **Chaque école détenait un style, des techniques, qui étaient jalousement gardés.** Seuls quelques disciples avaient en théorie accès aux derniers arcanes et recevaient la transmission complète. Celle-ci s'accompagnait de la remise d'un document synthétisant les secrets de l'école, comme le *Heihô kadensho*, transmission familiale des méthodes de combat de la famille Yagyû, maître d'armes du shôgun. Un autre de ces traités de transmission connut un succès considérable depuis le roman de Yoshikawa Eiji, publié en feuilleton de 1937 à 1939. Il s'agit du *Gorin no sho, Le livre des cinq anneaux*, de Miyamoto Musashi (1584 ?-1645). D'un autre côté, on voyait des guerriers passer d'école en école pour se perfectionner dans ces techniques sans finalité pratique immédiate.

Mais, à partir de l'extrême fin du XVIIIᵉ siècle, le Japon se trouva confronté à une situation extérieure tendue. Les puissances occidentales se faisaient pressantes à proximité immédiate du pays. L'appréciation des armes traditionnelles évolua. Au XIXᵉ siècle, le tir à l'arc, le *jûjutsu*, la lance perdirent progressivement leur valeur aux yeux des guerriers. **En 1856, le *bakufu* fonda à Edo une « école de guerre », *kôbusho*, où l'on enseignait encore le sabre, la lance, mais aussi l'artillerie occidentale, les armes à feu, la natation.** On compta au total plus de cinq cents personnes, corps enseignant et élèves compris. Des écoles ayant le même objectif furent créées successivement dans de nombreux fiefs.

À l'extrême fin de la société des Tokugawa, l'apprentissage des armes fut autorisé également aux roturiers. Le nombre d'adeptes de ces arts augmenta considérablement. La chose s'explique en partie par un phénomène assez fréquent. Les classes sociales situées juste en dessous de l'élite s'efforcent de partager les mêmes valeurs. L'autre cause fut plus pragmatique. Dans la période de tensions internes et externes que subit le Japon à la fin du *bakufu*, le gouvernement central comme les fiefs eurent besoin de moderniser leurs armées et d'augmenter les effectifs. C'est ainsi que l'on vit des fiefs former même des bataillons de parias.

L'art du sabre n'était pas seulement une affaire de technique. La formation de l'esprit prenait une grande part. Ce fut la base d'une éthique qui a depuis fait couler beaucoup d'encre. Les valeurs mises en avant sont issues pour la plupart du confucianisme : loyauté envers le souverain, piété filiale. Ce qui fait leur particularité, c'est un idéal de dévouement poussé à l'extrême. Le vassal se devait de mourir pour son seigneur. Cet idéal connut une illustration extraordinaire dans l'affaire des quarante-sept *rônin*, guerriers sans maître, du fief d'**Akô. Pour venger leur seigneur condamné à s'ouvrir le ventre, quarante-sept de ces vassaux attendirent un an et attaquèrent la résidence du responsable, le tuèrent et allèrent déposer sa tête sur la tombe de leur maître.** Ils attendirent la décision du *bakufu* qui finit par les condamner. Ils s'ouvrirent donc le ventre.

L'affaire fit grand bruit. Si la fidélité fut louée, les *rônin* furent malgré tout bel et bien condamnés au nom du respect de l'ordre. Aussi faut-il considérer les traités qui prônent les vertus guerrières avec précaution. La majorité des guerriers de l'époque d'Edo sont morts paisiblement dans leur lit. L'auteur du trop fameux *Hagakure / Sous la feuillée* (célèbre surtout à partir du xxᵉ siècle), se désolait de ne pas avoir pu suivre son seigneur bien-aimé dans la mort. Il affirmait que : « La voie des guerriers, c'est la mort », et mourut, paraît-il, à l'âge de soixante et un an.

Une des autres composantes de la voie des guerriers fut étrangement le bouddhisme, enseignement qui prône, comme chacun sait, le respect de la vie. Mais le christianisme a aussi connu des moines soldats. La classe des guerriers se trouva assez proche de l'école Rinzai du zen. Ce fut un de ses moines, Takuan (1573-1645), qui théorisa, à l'époque d'Edo, la disposition d'esprit idéale des guerriers pendant un combat. Pratique et éveil se confondent. Ses *Fudô* *chishinmyôroku / Notes sur le mystère de la sagesse immuable* étaient adressées au maître d'armes Yagyû Munenori, l'auteur du *Heihô kadensho.*

LA VOIE DE LA POÉSIE, *KADÔ*

Dans tous les pays, on trouve des poètes pour considérer que leur art ne peut être classé dans les divertissements, mais doit être considéré comme un accomplissement de la condition humaine. Cette position a été particulièrement formalisée au Japon. **La poésie a occupé une place de premier plan parmi les activités de la cour.** Elle se trouve au contact de la religion : on offrait des poèmes aux divinités, aux défunts ; les concours de poésie suivaient le rythme des saisons. La cour encourageait la poésie et compilait régulièrement des anthologies impériales. La poésie faisait partie de la vie courante des aristocrates de Heian. Après le sommet de l'anthologie du *Shin kokin waka shû* (XIIIe s.), les règles de composition du *waka* se firent de plus en plus contraignantes, amenant une certaine sclérose du genre. Parallèlement **la transmission de l'enseignement concernant les *waka* prit la forme de transmission secrète, *hiden*. Cette évolution donna à la poésie une aura de mysticisme ésotérique.** La plus célèbre de ces transmissions fut le *Kokin denju / La transmission du Kokinshû,* anthologie impériale du Xe siècle. Elle comprenait des explications et des annotations de cette célèbre anthologie.

À la fin du XVIe siècle, le *Kokin denju* eut pour seul dépositaire, dit-on, un daimyô, Hosokawa Fujitaka (Yûsai) (1534-1610). Le siège aurait été levé, alors qu'il était cerné dans son château, de peur de perdre le dernier détenteur de la transmission secrète. Cette pratique de la poésie à relents de mystère se perpétua pendant le début de l'époque d'Edo. Puis les traités dits secrets se mirent à circuler. De plus, au nom de l'authenticité, le contenu comme la forme de cette approche de la poésie classique furent combattus par les tenants des études nationales.

Cela ne signifie pas que l'on cessa de composer des *waka*. **Motoori Norinaga considérait que l'on ne pouvait pas atteindre la vérité de l'esprit japonais sans pratiquer le *waka*.** Si ce ne fut plus le moyen poétique privilégié, il ne continua pas moins de susciter des cercles d'amateurs et de disciples autour de maîtres. Le *waka* comptait ses dieux : Kakinomoto no Hitomaro (début du VIIIe

201

siècle), Yamabe no Akahito (VIIe siècle), Sotôrihime (princesse légendaire du Ve siècle), et ses immortels, *kasen*, au nombre de 36.

Le *renga*, le *haikai* et même l'irrévérencieux *senryû* furent à l'origine de phénomènes similaires.

Il était rare que l'on pratiquât uniquement la poésie. Hosokawa Yûsai, par exemple, s'adonnait aussi à la calligraphie, au thé, à la musique.

LA CALLIGRAPHIE, *SHODÔ*

Le Japon a reçu son écriture de la Chine. Il en a reçu aussi l'amour de la beauté du signe écrit. Après avoir adopté les modèles chinois, comme dans les autres domaines, les Japonais suivirent leur propre inspiration, particulièrement à partir de la seconde moitié de Heian.

Chaque époque a connu ses grands pinceaux regroupés par trois selon un procédé que l'on retrouve dans beaucoup de domaines. Le début de l'époque de Heian a laissé le souvenir de l'empereur Saga (786-842), du moine Kûkai (774-835), du noble Tachibana no Hayanari (mort en exil en 843). Les trois pinceaux de l'école Sesonji prirent la suite : Fujiwara no Yukinari (970-1027), Yukiyoshi, Yukitada. **L'ère Kan.ei (1624-1644) est célèbre pour Konoe Nobutada (Sanmyakuin) (1565-1614), Hon.ami Kôetsu (1558-1637), par ailleurs forgeron de sabres, potier, laqueur, homme de thé, Shôkadô Shôjô (1584-1639) qui était aussi poète de *waka*, homme de thé.** La branche Ôbaku du zen arrivée de Chine au XVIIe siècle a laissé trois pinceaux fameux : Ingen (1592-1673), moine chinois des Ming, fondateur d'Ôbaku au Japon, Mokuan, Sokuhi (1616-1671), moine chinois. À la fin d'Edo, on célébra Ichikawa Beian (1779-1858), Nukina Kaioku (1778-1863), Maki Ryôko (1777-1843). Le premier avait été invité par le fief de Kaga. Il forma 5 000 disciples. Le second avait appris le confucianisme avec Nakai Chikuzan. Il

Les pinceaux en poils d'hiver, en poils d'été, en pierre

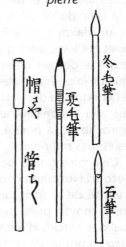

« *Six paysages* »
Il s'agit du titre du
Rouleau illustré de
six paysages *d'Ike
Taiga (1723-1777)*

ouvrit une école à Kyôto. Considéré comme le meilleur calligraphe de style chinois, il excella également en peinture. Ryôko, le troisième, s'installa à Edo où il forma sa propre école.

La postérité distingua ces calligraphes, d'inspiration chinoise, des trois pinceaux de style japonais, *sanseki* (les trois traces), *sanken* (les trois vénérables) : Ono no Tôfû (ou Michikaze) (894-966), Fujiwara Sukemasa (944-998), Fujiwara Yukinari. Pour rester dans cette classification ternaire, on parle aussi des *sansei* (les trois saints) de la calligraphie : Kûkai, Sugawara no Michizane (845-903), poète, prosateur et homme d'État, Ono no Tôfû qui jeta les bases du style japonais de calligraphie.

Indissociable de la bonne éducation, la calligraphie, en tant que voie d'accomplissement, se trouve liée à la poésie chinoise et au *waka*, à l'art du thé. Le rouleau suspendu au *tokonoma* est souvent une calligraphie ; celles des moines d'Ôbaku étaient particulièrement appréciées.

LA VOIE DU THÉ, *CHADÔ*

On la désigne aussi sous le nom de *sadô*, simple variante de lecture, mais aussi de *sukidô* (voie des amateurs), ou encore de *cha no yu* (l'eau chaude du thé).

Le thé commença à être connu au Japon à l'époque de Kamakura. Il avait déjà une longue histoire en Chine. Le caractère pour le désigner fut créé sous la dynastie des Tang (618-907). Il fut d'abord consommé dans les monastères pour maintenir l'esprit éveillé pendant la méditation. Et, comme toutes les activités des moines, cette consommation fut ritualisée. Dans le même temps se diffusa un divertissement basé sur la dégustation des différents crus de thé, *tôcha*, combat de thé, comme on parle de *tôken*, combat de chiens. L'enjeu était de différencier le *honcha*, le thé authentique, récolté à Toga no o près de Kyôto, là où il est censé avoir été planté pour la première fois au Japon, des faux thés, *hicha*, récoltés dans d'autres régions. **Ces combats se raffinèrent à l'époque de Muromachi et se transformèrent en rencontres de thé, *cha awase*, comme il y avait des *uta awase*, confrontations poétiques.** Le principe de base était toujours le même, reconnaître les crus de thé, mais le cadre, les ustensiles, les gestes gagnèrent en élégance. Les réunions de thé étaient l'occasion de montrer ses richesses en poteries chinoises, mais aussi en peinture et autres objets. Les gagnants pouvaient recevoir de somptueux cadeaux. **Le thé faisait alors partie de cette culture du luxe ostentatoire des daimyô de l'époque des Provinces en guerre.** Cette première étape marque déjà une certaine acclimatation du thé à la culture japonaise. Ces rencontres se déroulaient sur des *tatami* qui couvrent entièrement les pièces d'apparat à partir de cette époque.

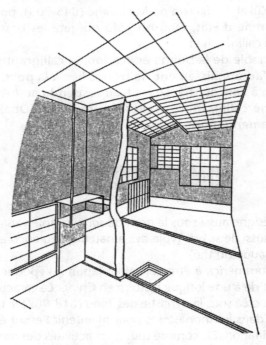

Pièce à thé, daime giri, *avec une étagère suspendue*

En contraste avec ce thé ostentatoire, organisé par l'aristocratie guerrière, apparurent, au début du XVIᵉ siècle, des rencontres qui se déroulaient non plus dans les palais mais dans des constructions d'une pièce proches de simples cabanes. Les rapports sociaux hiérarchiques y étaient abolis. C'est ainsi que naquit le *wabicha*, le thé simple, pratique de la consommation qui insistait plus sur les dispositions intérieures des participants que sur la beauté luxueuse des ustensiles. On passa de l'art du thé à la voie du thé. Cette démarche précéda en quelque sorte celle qui vit la transformation des techniques de combat en une voie, celle des guerriers.

Celui qui porta à ses ultimes conséquences la recherche de la simplicité fut Sen no Rikyû. Maître du thé des puissants, il sut pratiquer un thé d'un extrême raffinement dans la simplicité, ramenant parfois la salle de thé de quatre *tatami* et demi à deux voire un et demi. Il fixa l'esthétique du jardin qui précède la maison de thé, mais aussi celle des divers ustensiles. Les poteries raffinées des Song furent abandonnées pour des objets japonais d'apparence inachevée. Ce fut le début de la faveur des *raku* (voir Poterie, ci-dessous), des Bizen. L'en-cas donné avant la dégustation du thé, pour se réchauffer le ventre, comme le ferait une pierre chaude, *kaiseki*, est à l'origine d'une des formes les plus élaborées, dans sa simplicité, de la cuisine japonaise.

La salle de thé doit être d'un extrême dépouillement. Les murs sont d'un enduit monochrome, le bois reste nu, la fenêtre étroite ne diffuse qu'une lumière tamisée par le papier translucide, la porte est minuscule et oblige les participants à se courber. Mais le renfoncement, *toko no ma*, est décoré d'un rouleau accroché portant une peinture, un poème, une calligraphie, en accord bien évidemment avec la saison. En dessous du rouleau, une composition florale.

Dans le thé de Rikyû, il n'est plus question de concours, mais de communier un instant, dans le calme et la sérénité, autour d'un bol de thé. Chaque geste étant codifié, on peut acquérir une extraordinaire liberté d'esprit. C'est l'art d'un instant. Le plaisir esthétique s'épanouit dans une forme de philosophie réalisée dans le geste. Chaque participant y puise l'harmonie selon ses dispositions personnelles. Les comptes rendus de réunions de thé notent scrupuleusement les objets présentés et utilisés, mais aussi le nom des invités et bien évidemment le cru du thé consommé.

Les descendants et les disciples de Rikyû devinrent maîtres de thé des shôguns et des daimyô. Mais le thé perdit peu à peu de son prestige et de sa force.

LES JAPONAIS

Le système du *iemoto* laissa aux différentes lignées de Rikyû le monopole de la légitimité au détriment souvent de l'authenticité. Les écoles, jalouses de leurs spécificités, ont multiplié à l'envi les infimes détails qui les distinguent les unes des autres, en sacrifiant l'essentiel. **Devenu un des arts d'agréments indispensables à la bonne éducation des jeunes filles de bonne famille, avec le *koto* et l'*ikebana*, il permet toujours pour quelques-uns de trouver des moments de communion.**

Le thé fait partie de ces éléments de la culture japonaise que certains Japonais jugent inaccessible aux étrangers.

LA VOIE DES BOIS PARFUMÉS, *KÔDÔ*

On traduit souvent un peu rapidement *kôdô* par la voie de l'encens, alors qu'il s'agit surtout de bois. Dans ce domaine, sentir le parfum d'un encens ou d'un bois se dit *kiku*, verbe qui renvoie aux perceptions sensorielles.

L'usage des bois odoriférants est apparu au Japon à la même époque que le bouddhisme et en liaison avec lui. L'offrande d'encens fait partie des rites offerts aux bouddhas (et aux défunts). L'usage des bois odoriférants ne resta pas confiné aux monastères. Il se répandit dans la haute aristocratie. **On assista à l'organisation de concours d'encens, *kôawase*, ou *takimono awase* (concours de choses à brûler), le but étant de reconnaître les différents bois.** Après une certaine éclipse au début de l'époque médiévale, l'encens et les senteurs connurent un renouveau avec le développement du commerce extérieur dans la seconde partie de cette période. Sanjônishi Sanetaka (1455-1537), noble de cour du clan des Fujiwara, lettré connu comme calligraphe, poète de *waka*, qui avait reçu la transmission du *Kokinshû*, est considéré comme l'ancêtre du *kôdô* au sens propre du terme. Ses descendants représentaient une des trois écoles de *kôdô* Oieryû de l'époque d'Edo, d'où est issue la seconde école Shinoryû. Le développement de cette voie se fit en parallèle avec celle du thé. **Comme pour le thé, la disposition d'esprit, les gestes accomplis pour préparer l'encens, ceux pour le goûter, les ustensiles utilisés, sont aussi importants que le parfum lui-même.** Alors que le thé s'est éloigné des compétitions de ses origines, le *kôdô* est resté fidèle à cette approche. Divertissement aristocratique, il ne peut être pratiqué que par des amateurs fortunés. En effet, les fragments de bois utilisés proviennent d'essences rares, le plus souvent importées de Chine, mais venant en réalité d'Asie du Sud-Est, ou de plus loin encore.

Le *kôdô* n'a pas connu la même expansion que le thé, mais il dénote une approche des odeurs et des parfums assez singulière.

À la différence de l'Occident ou du Bassin méditerranéen, où la fabrication des parfums appliqués sur le corps a connu un développement continu, le Japon a choisi de parfumer les vêtements. On suspendait ceux-ci au-dessus d'une coupelle où se consumaient des bois parfumés. Plus simplement, il existe des sacs à parfum, *nioibukuro*, que l'on peut acheter très facilement encore de nos jours à de petits prix.

LA VOIE DES FLEURS, *IKEBANA*

L'art floral est devenu, au cours de l'époque d'Edo, un art féminin, *jogei*, au même titre que le thé et la poésie, aussi bien pour les femmes de la classe guerrière que pour celle des *chônin*, artisans et commerçants des villes. **Il fait partie de la bonne éducation et se trouve lié aux préceptes moraux des *sanjû sichikyo*, les trois soumissions (au père, au mari, au fils),** les sept raisons de répudier sa femme : qu'elle ne soit pas soumise à ses beaux-parents, qu'elle n'ait pas d'enfant, qu'elle soit bavarde, voleuse, débauchée, jalouse. **La soumission aux règles de l'*ikebana*, à l'étiquette du thé, pouvait être perçue comme un dressage.** C'est donc un peu plus qu'un art d'agrément, même si on pouvait en tirer du plaisir.

Pourtant son origine pouvait laisser espérer des ambitions plus grandes. On s'accorde à la faire remonter aux trois objets des autels bouddhiques, *sangusoku*, le vase à fleurs, le brûle-encens, le bougeoir. Les fleurs y sont autant objet décoratif qu'offrande aux bouddhas. D'autre part, dans les réunions poétiques de l'époque de Heian, on se servait de fleurs coupées comme thème de composition. À l'époque de Muromachi, **Ikenobô Senkei montra son savoir-faire lors de services bouddhiques où il exposa des fleurs dans plusieurs dizaines de vases en or.** La même famille, qui est à l'origine de la plus ancienne école d'art floral, brillait aussi dans les enchaînements poétiques, *renga*. On trouvait d'excellents maîtres du *rikka*, *tatehana*, fleurs dressées, parmi les *dôbôshû*, artistes qui entouraient les shôguns, mais aussi parmi les *kuge*, nobles de cour, guerriers puissants de la haute société.

Composition florale de l'école Ike no bô, offerte en 1629

Les dispositions se partageaient en *rikka*, fleurs dressées, et *nageiri*, insertion dans un vase. **Dans le *rikka*, autour d'une branche axe, *shin*, de pin, prunier, ou *hinoki* (cyprès du Japon), sont disposées jusqu'à six autres branches auxiliaires, *maeoki*, *nagare.eda*, etc.**

LES VOIES *DÔ* ET LES ARTS

pour exprimer en un vase toute la nature. C'est à la même époque que se développèrent les jardins, la peinture au lavis, les paysages sur plateau. Au XVIᵉ siècle la tendance fut à l'élaboration de grands bouquets décoratifs en harmonie avec les peintures murales ou les parois coulissantes luxueuses sur fond d'or. Dans le même temps prenait naissance le **chabana, la fleur de thé,** qui prenait le parti inverse de simplicité sous l'impulsion des maîtres de thé comme Murata Shukô (1422-1502) ou Sen no Rikyû.

Au début de l'époque d'Edo, le style *rikka* connut son apogée avec des concours de bouquets dont certains se tenaient au palais impérial. L'art se formalisa et se complexifia avec l'utilisation de 7 ou de 9 instruments, *dôgu*.

L'*ikebana*, la fleur vivifiée, se situe entre le *rikka* et le *nageiri* : moins complexe que le *rikka*, il a utilisé la liberté du *nagaeiri*. L'adoption de la forme triangulaire sous le nom de *ten chi jin*, ciel-terre-homme, ou cœur-corps-annexe, ou comme la musique *jo ha kyû*, mit la composition à la portée de tous, et l'*ikebana* se répandit dans toutes les couches de la société. On vit fleurir les écoles qui, à partir des mêmes bases, la structure triangulaire, multiplièrent les styles à l'infini. **À la différence d'autres arts comme le *nô* dont les écoles étaient reconnues par le *bakufu* et donc sévèrement contrôlées, les écoles d'*ikebana* purent se développer en toute liberté.** À la fin de l'époque d'Edo, l'*ikebana* était en pleine décadence.

LA PEINTURE

Les peintres occidentaux reçurent un choc esthétique en découvrant les estampes japonaises du XIXᵉ siècle. Longtemps, particulièrement en France, les arts graphiques japonais se réduisirent presque exclusivement à ce procédé. La grande peinture resta relativement méconnue.

L'époque d'Edo connut elle aussi un choc esthétique symétrique. La grande nouveauté fut en effet l'influence de la peinture occidentale que l'on commence à percevoir dans la seconde moitié du XVIIIᵉ siècle. Mais la peinture d'Edo est loin de se résumer à ce seul aspect.

Bien que les frontières ne soient jamais étanches, il convient pourtant de distinguer la peinture des ateliers des grandes écoles qui pouvaient répondre à des commandes princières pour la décora-

LES JAPONAIS

209

tion des palais, la peinture des lettrés, et les formes populaires que sont par exemple les *ukiyo-e*.

La grande peinture, celle qui répondait aux goûts et aux commandes des puissants, **est dominée par l'école Kanô**. Celle-ci fut active du milieu du xvᵉ à la fin du xixᵉ siècle. Elle est caractérisée depuis le xviᵉ siècle par une synthèse entre la peinture au lavis d'encre de Chine et les riches couleurs du style *yamato-e*, style dit japonais. Elle utilisa aussi largement le vide dans les grandes compositions. **Elle excella dans la représentation de fleurs et d'oiseaux, *kachôga*.** Elle poursuivit la tradition des rouleaux peints à la mode de *yamato-e*, où dominent éléments de la nature et sites célèbres. L'école Kanô, après avoir été reconnue par la cour de Kyôto, décora les châteaux d'Oda Nobunaga et de Toyotomi Hideyoshi avant de suivre la fortune des Tokugawa à Edo.

Kanô Tan.yû (1602-1674) devint un des protégés du second shôgun Hidetada. Il fut nommé, avec ses frères, peintres du palais du shôgun, *oku-eshi*. Les frères Kanô élargirent le répertoire de leur école à des sujets empruntés au confucianisme. Peintres officiels, les membres de la branche principale perdirent ainsi leur créativité.

Mais l'école Kanô peut aussi tirer gloire d'avoir formé des peintres novateurs comme Tawaraya Sôtatsu (?-?) ou Ogata Kôrin (1658-1716). Tawaraya Sôtatsu, actif entre1600 et les années 1630, créa, à partir du style *yamato-e* des Kanô, son propre style. Celui-ci est marqué par **l'originalité de la composition, la stylisation des formes** et une recherche personnelle dans les coloris. Vers 1602, **Tawaraya Sôtatsu** ajouta des illustrations à la série de *sûtra* enluminés offerts au sanctuaire Itsukushima jinja par Taira no Kiyomori en 1164. **Parmi les paravents fort célèbres qui lui sont dus, on peut mentionner le *site Matsushima*, les *Dieux du vent et du tonnerre*.**

Cette dernière œuvre fut pieusement copiée par **Ogata Kôrin** (1658-1716), fondateur de l'école Rinpa et l'un des membres les plus éminents de l'école de Sôtatsu. Son père, Sôken, riche commerçant d'étoffes installé à Kyôto, était un homme de grande culture, initié au *nô*, au thé et à la calligraphie, à la peinture. Kôrin étudia, avant de suivre le courant de Tawaraya Sôtatsu, la peinture *yamato-e* de l'école Kanô. **Il créa par la suite son propre style d'une grande puissance décorative. Son domaine de prédilection fut le paravent aux motifs floraux, mêlant précision et stylisation.** Ceux au prunier rouge et au prunier blanc, celui aux iris font partie des chefs-d'œuvre de l'art japonais. Kôrin travailla aussi sur des objets en laque rehaussée d'or et de nacre, *maki-e*, des vêtements. Il fournit à son frère Kenzan (1663-1743) des motifs pour les poteries de ce dernier.

Dans la tradition chinoise très vivante au Japon, peinture au lavis, poésie et calligraphie étaient indissociables. Mais, selon les personnalités, c'est tel ou tel élément qui se trouvait privilégié. Il est bien difficile de choisir un peintre lettré plutôt qu'un autre, mais **il faut retenir, parmi les promoteurs de ce nouveau style, le *bunjinga*, la peinture de lettrés, Ike Taiga (1723-1776), qui partage cet honneur avec Yosa Buson (1716-1784).** Le premier commença comme peintre d'éventails et se familiarisa avec la peinture lettrée des Ming grâce à ses protecteurs. Le second est aussi célèbre comme poète de *haikai*. Il créa le *haiga*, peinture qui accompagne la calligraphie d'un *haikai*.

Plusieurs nouvelles écoles de l'époque des Tokugawa sont directement liées à l'introduction de la peinture occidentale. Parmi les peintres talentueux et pionniers qui s'y initièrent, nous pouvons mentionner Hiraga Gennai (1729 ?-1779), Shiba Kôkan (1747-1818), Maruyama Ôkyo (1733-1795), Watanabe Kazan (1793-1841).

Hiraga Gennai, savant aux talents multiples, était versé dans les études hollandaises. Il montra des capacités hors du commun en assimilant diverses matières scientifiques : médecine, physique, chimie, botanique, géographie, exploitation minière. Comme un de ses contemporains, Shiba Kôkan, Hiraga Gennai s'initia à la peinture occidentale. Il laissa une peinture à l'huile, le portrait d'une Européenne, une des toutes premières peintures de cette technique au Japon.

Shiba Kôkan était lui aussi un adepte des études hollandaises, versé dans diverses matières scientifiques comme l'astronomie, la géographie. Le parcours de Shiba Kôkan en tant que peintre est plus facile à suivre. D'après son journal, il étudia d'abord la peinture de l'école Kanô et l'*ukiyo-e* (images du monde fluctuant) auprès du grand maître Suzuki Harunobu (1725-1770). Peu satisfait de sa réputation de peintre dans le genre *ukiyo-e*, il fut amené à s'intéresser à la peinture occidentale par l'intermédiaire des études hollandaises (cf. Les sciences, chap. VIII). Ce qui l'attira plus particulièrement dans cette peinture, ce fut, d'après Kôkan lui-même, sa capacité à réaliser la fidélité au modèle. Il assimila des techniques nouvelles : le clair-obscur qui permet de rendre la troisième dimension, la profondeur, la gravure sur cuivre, la peinture à l'huile, etc.

Ces précurseurs furent suivis par un certain nombre de peintres remarquables parmi lesquels on peut retenir Maruyama Ôkyo et

Watanabe Kazan qui créèrent de nouveaux styles, voire des écoles marquées par certaines techniques picturales occidentales. **Maruyama Ôkyo fut fasciné par le réalisme.** Soutenu par de riches marchands de Kyôto, il fonda une école novatrice portant son nom : Maruyama-ha. D'origine paysanne, Ôkyo apprit au départ les techniques picturales d'un peintre de l'école Kanô. Il s'inspira aussi des minutieuses peintures chinoises de fleurs et d'oiseaux des dynasties Yuan (XIIIᵉ siècle) et de la fin des Ming (XVIIᵉ siècle). Il connut les œuvres réalistes des Ming puis du début des Qing grâce à Shen Nanping qui séjourna au Japon de 1731 à 1733. **Seul, il étudia également la technique de la perspective de la peinture occidentale, celle de l'ombre et de la lumière. Il put ainsi introduire une approche nouvelle dans le milieu des peintres de son époque.** Il effectua des observations minutieuses de l'environnement naturel, de la flore et de la faune. Il contribua ainsi à une sorte de modernisation de la peinture japonaise. Les séances de dissection, pratiques qui débutèrent au Japon vers le milieu du XVIIIᵉ siècle, ainsi que les dessins d'après nature des cadavres disséqués, ne pouvaient pas laisser indifférent un peintre doué d'une telle ouverture d'esprit. Non seulement Ôkyo lui-même, mais aussi plusieurs de ses disciples directs ainsi que son fils cadet laissèrent de remarquables planches anatomiques composées à partir de dessins dressés d'après nature. Certains d'entre eux se servirent de cette pratique pour constituer des tableaux peu communs utilisant des images stylisées de corps disséqués. Maruyama Ôkyo apparaît également comme un précurseur pour avoir réalisé des nus, genre jusqu'alors presque inexistant au Japon.

    Watanabe Kazan (1793-1841), guerrier de rang relativement modeste, lettré confucianiste versé dans les études hollandaises, fut également un grand peintre. Un demi-siècle après Maruyama Ôkyo, Watanabe Kazan se démarqua des peintres qui lui étaient contemporains en **assimilant les techniques de clair-obscur et de la perspective dans son travail de portraitiste.** Sa formation de peintre commença à l'âge de dix-sept ans dans l'école de Tani Bunchô (1763-1840), peintre renommé d'Edo qui maîtrisait la peinture *yamato-e*, des techniques chinoises et même certaines occidentales. Il subit également, comme Maruyama Ôkyo, l'influence du peintre chinois Shen Nanping mentionné plus haut. Grâce à son talent, dès l'âge de 23 ans Watanabe Kazan était reconnu comme un peintre confirmé. Il créa un style original en insérant dans sa peinture diverses techniques picturales occidentales comme la perspective, le

LES JAPONAIS

dégradé, etc. Il fut considéré par ses contemporains comme un des meilleurs artistes de son temps, ceci non seulement pour son talent de peintre, mais aussi pour sa grande culture tant chinoise que japonaise.

L'UKIYO-E

Le terme *ukiyo-e* fait partie du vocabulaire français contemporain. Il est associé aux estampes de Kitagawa Utamaro (1753-1806), de Katsushika Hokusai (1760-1849) ou encore d'Andô Hiroshige (1797-1858), connus dans le monde occidental depuis que Manet, Monet, Degas, Van Gogh s'en sont nourris. Mais sa signification originelle ainsi que son histoire restent ignorées de la majorité des amateurs d'art. **Le terme, apparu en 1681, signifie images du monde fluctuant ou flottant.** C'est une adaptation du terme bouddhique *ukiyo* qui s'appliquait au départ au monde terrestre où rien n'est stable. Il en vint à qualifier le monde des plaisirs certes éphémères, mais présentés comme bien attrayants.

Ces images au départ traitaient majoritairement des courtisanes et des acteurs du *kabuki*. Pour répondre à la forte demande qu'elles suscitaient, on eut recours à l'impression xylographique qui permettait de les tirer à un grand nombre d'exemplaires. Mais il existe également des peintures sur soie ou sur papier qui se rangent dans cette catégorie.

Les sujets des *ukiyo-e* ne sont pas à proprement parler une nouveauté dans le milieu des peintres. En effet, des peintures décrivant la vie et les mœurs des gens du peuple résidant à Kyôto et dans ses environs, les fêtes saisonnières et les cérémonies, les sites célèbres furent en vogue à la fin du XVIe siècle parmi les peintres de l'école Kanô, ou de Tosa. La justesse de l'observation et le réalisme de l'expression permirent à ces œuvres de constituer un courant pictural qui fut la source de l'*ukiyo-e*.

Hishikawa Moronobu (?-1694), peintre d'Edo, contribua à établir ce nouveau genre d'*ukiyo-e.* Il transforma les illustrations confectionnées jusqu'alors pour accompagner des textes en estampes à part entière. Il réalisa des gravures monochromes, *sumizuri-e*, avec parfois des ajouts de couleur au pinceau. Ce nouveau style évolua grâce à Torii Kiyonobu (1664-1729) et à son disciple Torii Kiyomasu (?-?). Ils se consacrèrent à la représentation d'acteurs de théâtre. De plus ils firent progresser la xylographie en créant des planches rehaussées de rouge orangé, *tan*, et de jaune, de vert ou de bleu.

D'autre part, du côté de Kyôto et d'Ôsaka, un grand maître de l'*ukiyo-e*, Yoshida Hanbê (1684-1710) illustra le *Kôshoku ichidai onna / La vie d'une amie de la volupté* (1686), le *Nippon eitai-gura / Le magasin perpétuel du Japon* (1688) du célèbre romancier Ihara Saikaku (1642-1693), œuvres que l'on classe dans un genre nouveau, *ukiyo-zôshi* (récits sur le monde flottant).

Okumura Masanobu (1686-1764) fit franchir à l'*ukiyo-e* une étape importante au XVIIIe siècle. **Peintre et éditeur, il inventa une gravure où dominent le rouge foncé et le vert, mais qui peut comporter jusqu'à six couleurs.** Il s'agit d'un procédé xylographique qui permettait de réaliser des estampes polychromes sans avoir recours à la pose des couleurs à la main. Cette invention annonce **les *nishiki-e*, véritables gravures polychromes.** Le terme signifie littéralement « les images brocart ». Ce fut finalement Suzuki Harunobu (1725-1770) qui, perfectionnant la technique, réussit à imprimer des planches de sept ou huit couleurs. Il travaillait en collaboration avec des graveurs et des imprimeurs. Suzuki Harunobu mit au point cette technique en réalisant des almanachs illustrés, *e-goyomi*, qui connurent un vif succès dans la ville d'Edo au milieu du XVIIe siècle.

La nouvelle technique fut appliquée au départ à des tirages limités. Elle fut rapidement utilisée pour des tirages commerciaux. Le *nishiki-e* connut de grands succès avec les peintres Torii Kiyonaga (1752-1815), Kitagawa Utamaro, l'énigmatique Tôshûsai Sharaku (?-?), Utagawa Toyokuni (1769-1825). **Ils traitaient par prédilection les portraits de belles femmes (des courtisanes) ou d'acteurs.** À l'extrême fin du XVIIIe siècle, l'*ukiyo-e* réussit encore à se renouveler en surmontant les stéréotypes. Katsushika Hokusai, le vieil homme fou de dessin, introduisit la nature dans sa peinture. Ses « Trente-six vues du mont Fuji » révèlent son génie de peintre paysagiste. Andô Hiroshige à son tour montra un talent aussi exceptionnel en réalisant les « Cinquante-trois étapes du Tôkaidô ».

Les maîtres de l'estampe s'intéressèrent aussi bien au monde naturel, celui des insectes et des plantes, qu'au monde fantastique des fantômes et des monstres. Les plus grands ne dédaignèrent pas non plus les scènes érotiques. Elles formaient un sous-genre, le *shunga*, peinture de printemps, qui, malgré quelques tracas passagers de fonctionnaires moralisateurs, connut un succès constant jusqu'à la fin du régime.

LA SCULPTURE

Enkû.Fudômyôô
Le roi de science,
l'inébranlable

Comparée à la vitalité et à la force de la sculpture de Kamakura, celle de l'époque d'Edo pourrait faire piètre figure. Pourtant les ateliers de Kyôto ont perpétué la tradition des maîtres sculpteurs, *busshi*. Ils travaillaient pour les monastères qui n'avaient sans doute jamais été aussi riches. Si leur créativité avait de la difficulté à s'exprimer du fait des contraintes de l'iconographie bouddhique, leur maîtrise technique n'est plus à démontrer.

La création fleurissait ailleurs. Des moines itinérants ont sculpté à la demande d'humbles statues dans les villages perdus où leurs pas les avaient menés. Plusieurs d'entre eux sont devenus illustres au XXᵉ siècle, notamment **Enkû (1632-1695)**. Ce moine de l'école Tendai aurait fait le vœu de façonner 120 000 bouddhas. Il n'est pas impossible qu'il l'ait réalisé. Beaucoup de ses statues sont réalisées à la serpe et paraissent à peine ébauchées, mais, même pour les plus frustes, Enkû **a su insuffler une force extraordinaire à des figures sortant du bois brut.**

La statuaire profane n'a pas connu de développement au Japon avant l'ère Meiji. Les statues de laïcs furent avant tout confectionnées dans un contexte funéraire bouddhique. Assez réalistes, elles n'ont pas laissé de chefs-d'œuvre.

S'il est un domaine où les artistes d'Edo firent preuve d'innovation, ce fut celui de l'artisanat du bronze, du fer, de l'ivoire. L'art animalier connut un grand succès pour des pièces de taille modeste. Ces objets à poser furent très appréciés des Occidentaux au XIXᵉ siècle. Il en est de même pour les *tsuba*, gardes de sabre en fer forgé, pour les *netsuke* en ivoire.

LES JAPONAIS

LA POTERIE

Forgerons, fondeurs, ivoiriers signaient leurs œuvres. Il en est de même bien évidemment des potiers. Le Japon s'enorgueillit de posséder dans son sol les plus vieux vestiges de poterie connus dans le monde. Ils dateraient de 10 000 ans avant notre ère. Cela ne signifie pas que la poterie japonaise soit issue d'un développement entièrement indigène. L'archéologie a prouvé que des techniques aussi capitales que le tour, le four montant, l'émaillage, la porcelaine sont venues du continent, en tout premier lieu de Corée, puis de Chine.

Ustensile quotidien, objet d'une production de masse, **la poterie va gagner son statut d'œuvre d'art grâce au thé.** Lors de la première phase des réunions de thé à l'époque des Provinces en guerre, les bols les plus appréciés étaient importés de Chine. L'émergence du thé dépouillé ne put se faire que grâce à la présence de potiers en phase avec ce goût de la simplicité. **Ils surent abandonner les formes parfaites et la matière lisse et sans défaut pour des bols pas tout à fait circulaires et comportant des aspérités.** Chôjirô (1516-1592), en créant le style *raku*, *rakuyaki*, sut répondre aux aspirations de Sen no Rikyû (cf. La voie du thé, chap. IX).

Le *raku* va devenir un des principaux styles de bol à thé. Il inspirera par exemple Ogata Kenzan. Frère cadet du grand peintre Ogata Kôrin, il étudia sous la conduite de son aîné la peinture de l'école Kanô. Mais il fut aussi féru de poésie et pratiqua le zen. Après avoir travaillé dans la région de Kyôto, il suivit son protecteur dans celle d'Edo. Un certain nombre de ses motifs sont empruntés à son frère Kôrin. **À la différence des lettrés chinois qui, appréciant la peinture et la belle poterie, n'hésitaient à prendre le pinceau mais ne mettaient pas la main à la pâte, la maîtrise de la terre ne rebuta pas certains lettrés japonais.**

Il faut dire que le prestige des grands potiers était égal à celui des peintres. Ils fondèrent des dynasties, le plus doué des fils ou des disciples prenant la succession du maître.

LA MUSIQUE

L'image du Japon véhiculé par les *ukiyo-e* pourrait faire croire que la musique à l'époque d'Edo se résume au *shamisen*, instrument de prédilection des quartiers de plaisir. La réalité était beaucoup plus riche. La grande majorité des genres et des instruments apparus à partir des vr^e-viie siècles étaient encore joués sous les Tokugawa.

Le *gagaku,* **musique de cour** qui comprend de la musique instrumentale, des danses, des chants, fut introduit de Corée à partir, dit-on, du ve siècle. Mais l'implantation de cette musique continentale se fit surtout au viiie siècle. D'origine chinoise, la musique de cour japonaise a conservé certaines caractéristiques de la musique de l'époque des Tang. Par la suite, des chants composés au Japon à l'époque de Heian, mais conformes aux normes musicales continentales, furent incorporés au répertoire. Liés étroitement à la cour qui en avait besoin pour tous les rites et cérémonies, l'orchestre de *gagaku* et sa musique suivirent son déclin. Quand la cour n'eut plus les moyens de célébrer les grandes cérémonies, l'orchestre n'avait plus de fonction, et sa musique aurait dû disparaître. Mais de grandes institutions religieuses comme le sanctuaire de Kasuga à Nara, ou le monastère du Shitennôji dans l'actuel Ôsaka, conservèrent des orchestres et la maintinrent vivante. D'autre part les nobles de cour continuèrent à jouer des instruments de l'époque de Heian. **Cette musique de cour, remise à l'honneur par Toyotomi Hideyoshi, intéressa le** *bakufu* **soucieux de se rapprocher de l'étiquette de la cour de Kyôto.**

Un autre style de musique et de spectacle bénéficia de l'appui du *bakufu* et de l'élite des guerriers, il s'agit du **nô.** Ce théâtre chanté et dansé est né pendant l'époque de Muromachi. Un acteur de génie, Zeami, bénéficiant de la protection du shôgun, créa non seulement de nombreuses pièces, mais aussi théorisa son art. Le *nô* se diffusa dans toute la société. Des villageois ont monté des pièces, comme à Kurokawa, dans le nord-est du Japon. Il n'empêche, **ce spectacle est resté avant tout aristocratique.** Seuls les shôguns ou les daimyô pouvaient inviter ou entretenir des troupes de *nô.* Les riches amateurs pouvaient apprendre la danse, le chant, mais aussi un des instruments de l'orchestre de *nô,* tambours, flûte. Ainsi Hosokawa Yûsai, le détenteur de la tradition secrète du *Kokinshû,* était aussi un joueur habile du grand tambour, *taiko.*

Le *shômyô,* **chant bouddhique,** arriva au Japon avec tous les autres aspects du bouddhisme. Lui aussi s'est maintenu jusqu'à nos jours dans les monastères. **Ce récitatif devait être une des musiques les plus souvent entendues par toutes les classes de la société.**

Le *heikyoku,* **récitation du** *Heike monogatari,* **avec accompagnement au** *biwa,* sorte de mandoline à 4 ou à 5 cordes. Ce luth

217

fut d'abord joué par des moines aveugles qui s'en accompagnaient pour réciter des prières ou des incantations bouddhiques. À l'époque d'Edo encore, **un des seuls métiers ouverts aux aveugles était celui de musicien.** Ils formaient une sorte de corporation très hiérarchisée avec des rangs conférés par les autorités. Mais la récitation du *Heike* cessa d'être leur monopole. Elle se diffusa parmi les citadins.

On peut encore citer le *sôkyoku*, musique du *koto*, sorte de cithare à 13 cordes, le *ji-uta*, le chant du terroir, la musique du *kokyû*, sorte de luth à trois ou à quatre cordes plus petit que le *shamisen*, introduit au Japon au début du XVIIIe siècle, et, parmi les instruments à vent, le **shakuhachi, flûte en bambou** à huit trous d'un *shaku* et de huit *sun* de long (environ 50 cm). Ce dernier instrument était connu depuis l'époque de Nara. Mais **son renouveau est lié à l'activité de moines itinérants d'une des branches du zen.**

La musique du *koto* connut un essor sans pareil durant l'époque d'Edo. Sa version moderne remonte à un moine du nord du Kyûshû au début du XVIIe siècle, à partir de la musique de cour interprétée dans des monastères. Cette nouvelle musique fut transmise par un de ses disciples à un célèbre musicien aveugle, Yatsuhashi (1614-1685). Il avait le rang de *kengyô*, le titre hiérarchique le plus haut accordé aux aveugles. C'est en fait **Yatsuhashi kengyô** qui **créa les pièces classiques pour la musique du *koto*** que nous connaissons de nos jours. L'un de ses plus extraordinaires exploits fut sans aucun doute la création d'une nouvelle méthode pour accorder l'instrument en introduisant des deminotes qui n'existaient pas dans la musique de cour. **L'une des pièces de *koto* les plus célèbres et la plus jouée, *Rokudan*, fut composée par Yatsuhashi kengyô.** C'est un morceau sans accompagnement de chants.

À côté de cette musique que l'on pourrait qualifier de musique de chambre, un autre genre connut un développement remarquable à l'époque d'Edo, le *jôruri*, récit épique, né à l'époque de Muromachi. Ce récitatif était ponctué à l'origine de coups d'éventail ou accompagné de *biwa*. Or l'introduction du **shamisen** durant l'ère Eiroku (1558-1569) permit à différents genres de spectacles de connaître une évolution considérable à partir du début du XVIIe siècle. C'est une sorte de luth à trois cordes qui est arrivé de Chine en passant par les îles de Ryûkyû. En un mot, on peut dire que le *shamisen* joua un rôle capital dans l'évolution des genres les plus novateurs de musiques et de spectacles de cette époque.

L'accord du shamisen,
par Hokusai

En effet, le *jôruri* devint un genre théâtral au début du XVIIᵉ siècle grâce à l'accompagnement du *shamisen* et à l'adjonction des *marionnettes*. On appelle *ningyô jôruri* les récits épiques accompagnés de marionnettes. À peu près à la même époque, le *shamisen*, qui était utilisé seul par les acteurs du *kabuki* en tant que simple instrument de musique, devint l'instrument d'accompagnement par excellence de ce style de théâtre, *kabuki hayashikata*. On assista alors à des interférences entre la musique du *jôruri* et celle du *kabuki hayashikata*. **Enfin, à partir de l'ère Kanbun (1661-1672), on commença à voir apparaître de nombreuses pièces courtes de chant populaire, *ko-uta*, conçues pour être accompagnées au *shamisen*.**

L'utilisation du *shamisen* dans le théâtre de marionnettes est attestée au début de l'ère Kan.ei (1624-1643). Le travail est alors réparti entre les récitants, les musiciens et les manipulateurs des marionnettes. La séparation des rôles entre récitants et musiciens permit aux joueurs de *shamisen* d'interpréter leur partie avec intensité et d'attirer ainsi l'attention des spectateurs vers la musique. Ce style put ainsi atteindre une certaine perfection instrumentale et artistique.

Pour le *kabuki*, l'apparition de ce type de musique remonterait à la fin des années 1640. Il commença, comme beaucoup d'autres innovations, d'abord à Kyôto, avant d'arriver à Edo. Le *shamisen* se trouva ainsi lié à différents genres musicaux : pièces vocales, *utai-mono*, récitation modulée, *katari-mono*. Le premier comprenait les « chants du terroir », *ji-uta*, accompagnés souvent conjointement au *shamisen* et au *koto*. Les pièces vocales longues, *naga-uta*, les pièces courtes au rythme libre, *ha-uta*, nées dans le Kansai au tournant du XIXᵉ siècle, se répandirent assez rapidement à Edo par l'intermédiaire du *kabuki*. Les pièces longues, lyriques et descriptives, furent utilisées dans le *kabuki* pour ponctuer les danses.

Le chant recouvrait des genres très divers : le *jôruri*, récit épique, le *sekkyô-bushi*, mélodie accompagnant un récit à un thème bouddhique, le *naniwa-bushi*, mélodie accompagnant un récit du genre populaire.

Si les deux genres, les *utai-mono* et les *katari-mono*, ont connu une grande popularité dans les différentes couches sociales à partir de la fin du XVIIᵉ siècle, il faut noter l'importance de la publication en 1674 de quelques partitions simplifiées de pièces de *jôruri* et de *kabuki* à grand succès. Cet événement révélait un intérêt particulier des spectateurs à l'aspect vocal des pièces narratives. **Pour ceux-ci,**

l'apprentissage du chant, des pièces vocales, devint un divertissement très couru.

Si la conjonction du *shamisen* avec le chant populaire dans les milieux plébéens est attestée à partir de l'ère Kaei (1848-1853), la diffusion du chant populaire accompagné de *shamisen* reste un problème obscur. Toutefois il semblerait que cette conjonction ne remonterait pas au-delà de l'ère Genroku (1688-1703). Très probablement la pénétration et la popularisation du *shamisen* dans les milieux du spectacle ainsi que dans les quartiers de plaisir ont commencé vers le milieu du XVIIIᵉ siècle.

C'est surtout dans ces quartiers de plaisir de Yoshiwara (Edo), de Shinmachi (Ôsaka), de Shimabara (Kyôto) que se faisait la création musicale et qu'on jouait de la musique. C'est grâce aux concerts privés organisés par les riches marchands dans ces quartiers de divertissement que naquit le genre de musique, *sankyoku*, **musique à trois instruments :** *koto, shamisen* et *kokyû* ou du *shakuhachi.* Depuis, le *shamisen* resta l'instrument de musique le plus répandu et le plus populaire chez les Japonais jusqu'au début de l'ère Shôwa.

X
LES LOISIRS

遊芸

YÛGEI
DIVERTISSEMENTS

Une des images que l'époque d'Edo s'est donnée d'elle-même, c'est celle d'une société appréciant les loisirs, les plaisirs, les divertissements. La morale officielle avait beau être le confucianisme, certaines périodes plus puritaines que d'autres, les malheurs et les révoltes bien réels, l'image reste celle d'une civilisation qui a su raffiner ses plaisirs.

Ces plaisirs sont divers, ceux bon enfant des fêtes et des foires, ceux plus raffinés des esthètes. Le partage est difficile entre les voies de l'honnête homme et le divertissement. Les jeux pouvaient être une affaire fort sérieuse.

Les *matsuri* sont aussi bien des fêtes religieuses que des occasions de s'amuser, et certains rites associent les deux ; les tirés de corde avaient une fonction divinatoire mais étaient aussi un jeu collectif. Comment classer les cerfs-volants, les jeux de volant, les cartes des poèmes du *Hyakunin isshu* (recueil d'un poème de cent poètes), comme des activités rituelles ou comme des divertissements du nouvel an ? (cf. Les fêtes, chap. VI)

Quand on sait que les maîtres de *go* et de *shôgi*, échecs japonais, avaient une organisation comparable aux maîtres de thé ou de *nô*, qu'ils étaient patronnés par le shôgun, le divertissement paraît être pris très au sérieux.

Les jours chômés, relativement nombreux, étaient désignés par le terme de *monbi*, jour où l'on porte le *kimono* du « dimanche », celui où figure le *mon* (armoiries) de la famille. Cette appellation est une déformation et un jeu de mots à partir de *monbi*, jour où il y a quelque chose, c'est-à-dire jour de loisir. Il s'agissait des jours de fête, *saijitsu*, des jours de célébration, *shukujitsu*. Les dates de ces fêtes variaient d'un sanctuaire à l'autre. Seules les célébrations du nouvel an, du *bon* et des *go sekku*, étaient universelles. Assez souvent les 1er et 15 de chaque mois étaient aussi chômés. Pour les guerriers, la plupart des fonctions étant collégiales, ils devaient assurer leur service à tour de rôle, ce qui leur laissait d'assez longs loisirs qui n'étaient pas entièrement consacrés à l'étude ou à l'entraînement au sabre.

LES JEUX

Le *go* est un jeu de stratégie qui se joue sur un plateau gravé de lignes perpendiculaires comportant 361 intersections, *me*. C'est sur celles-ci que l'on place les pierres noires et blanches. Le but est d'encercler l'adversaire. Le *go* était déjà très populaire parmi les fonctionnaires de l'époque de Nara. Le premier traité japonais date de 913. Le moine Nichiren est connu pour avoir été un grand joueur. **Ce jeu passionna les guerriers. Il fut enseigné à l'école d'Ashikaga. Il n'est donc pas étonnant que Nikkai, le premier maître moderne, ait eu pour élèves Oda Nobunaga, Toyotomi Hideyoshi et Tokugawa Ieyasu.** Organisé comme les voies, *dô*, le *go* se structura autour de quatre familles, qui eurent le monopole des grades et de la maîtrise selon le système des *iemoto*.

Alors que le *go* n'a guère subi de transformation en passant de Chine au Japon, les échecs japonais, *shôgi*, ont beaucoup évolué à partir du modèle chinois, lui-même adapté d'un jeu indien, celui qui fut à l'origine des échecs arabes puis occidentaux. Le *shôgi* se joue sur un damier de 81 cases avec 40 pièces. La grande particularité du *shôgi* est la possibilité de réutiliser les pièces prises à l'adversaire. Le système du *iemoto* fut institué en 1604 autour de trois familles liées aux Ôhashi.

La cour continuait d'organiser ses loisirs d'un autre âge, divertissements devenus patrimoine : ainsi en est-il du *kemari*, sorte de football où la balle ne doit pas toucher terre, le *tsubonage*, ou comment mettre une flèche dans un vase, jeu qui devint divertissement populaire à l'époque d'Edo.

Les jeux de hasard furent surveillés, souvent interdits et toujours pratiqués. Le plus courant et le plus simple est le jeu de dés. Les jeux de dés, *bakuchi*, furent un des loisirs les plus développés de l'époque d'Edo. Ils étaient organisés par des joueurs professionnels, *bakuto.* Les joueurs devaient parier sur le chiffre pair, *chô*, ou impair, *han*, des dés (en corne de cerf) lancés à partir d'un cornet en bambou. Les maîtres du jeu, *oyabun*, appartenaient au milieu, celui des *Yakuza.* Ce nom de *yakuza* est tiré de *ya*, huit, *ku*, neuf, *za* (*san*), trois, chiffres qui désignaient une combinaison perdante aux dés. Il fut utilisé par dérision pour tous ceux qui s'estimaient exclus de la société ordinaire. Le jeu se déroulait dans des lieux appelés *bongoza.*

L'autre affaire était d'obtenir le double-six, *sugoroku*, nom d'une sorte de jeu de trictrac.

Les jeux de cartes semblent avoir été apportés par les Portugais, d'où leur nom de *karuta* (*carta*), mais ils furent profondément japonisés soit en transposant sur ce nouveau support les anciens jeux de coquillages, *kaiawase, utaawase*, ce qui a donné les cartes du jeu du *Hyakunin isshu* du nouvel an, soit en créant des versions japonaises des jeux occidentaux, notamment *hanafuda* ou *hanagaruta*, jeu de 48 cartes composé de 4 cartes de 12 catégories, pin, prunier, cerisier, etc. Ce jeu est issu des *Tenshô karuta* apportés par les Portugais pendant l'ère Tenshô (1573-1585), composé de douze cartes de quatre familles *Hau* (bâton bleu), *isu* (épée rouge), *ôru* (pièce d'or) et *koppu*. On y jouait comme avec les cartes à jouer occidentales de l'époque. Il donna naissance aux *un sun karuta* de l'époque Genroku. *Un* pour un, *sun* pour *summo*. Composé de 75 cartes réparties en 5 familles : dragon, guerrier, Chinois, etc. de la même façon qu'aux *hanafuda*. Comme tous les jeux de cartes, les cartes japonaises pouvaient aussi servir de jeux d'argent.

LES ANIMAUX

Le bouddhisme a fortement marqué la civilisation japonaise et, en pleine période d'Edo, un shôgun, Tsunayoshi, s'est illustré en édictant en 1687 des règlements très sévères pour protéger les animaux, en particulier les chiens qui eurent droit à des sortes d'hospices, ce qui lui valut le surnom de Monseigneur le Chien, *Inu kubô*. Pendant son règne, un certain nombre de pratiques furent suspendues, comme la chasse au faucon. Mais la société d'Edo était une société

Fauconnier, *par Kawanabe Toiku*

de guerriers, et cette activité ne fut jamais interrompue, qu'elle fût chasse alimentaire des *matagi* du nord-est du Japon, ou chasse aristocratique, jeu guerrier. **Complément quasi indispensable de l'entraînement militaire particulièrement, la chasse au gros gibier, sanglier et cerf, se perpétua dans la continuité des pratiques anciennes.** Les empereurs de l'époque de Heian avaient leur terrain de chasse au nord et à l'est de la capitale. La chasse aristocratique par excellence demeura celle au faucon, *takagari*. Connue dès l'époque protohistorique, elle fut appréciée des empereurs de Heian qui chassaient depuis leur palanquin. Les shôguns de Kamakura et Muromachi maintinrent cette pratique qui s'étendit en province. Un faucon d'Ieyasu ayant capturé une grue en 1612, la coutume s'établit d'offrir ce genre de prise à la cour de l'empereur. Ce sont les Aïnu d'Ezo (actuel Hokkaidô) qui fournissaient la grande majorité des faucons nécessaires à cette chasse. Symbole de l'aristocratie guerrière, la fauconnerie ne survécut guère à la restauration de Meiji. Seule la maison impériale élève toujours un faucon dans le département de Saitama.

La pêche est une très vieille industrie au Japon, mais, en tant que passe-temps, elle n'apparaît qu'à l'époque d'Edo. Elle devient alors une activité chic, *iki*. La grande vogue date du début du XIXe siècle où l'on voit apparaître des manuels comparant les mérites des cannes à pêche, mais aussi des hameçons, des mouches, des appâts. Les poissons les plus prisés étaient le gobie, *haze*, *hora*, *kisu*, le carassin, *funa*. On pêchait dans les rivières d'Edo.

Le bouddhisme ne put non plus éradiquer les combats d'animaux, combats de chiens, *tôken*, à Shikoku. **Les chiens de combat de Tosa et d'Akita sont restés célèbres.** Le développement de ce divertissement remonte à l'époque médiévale où les daimyô des Provinces en guerre élevaient des chiens pour ces combats (Hojô Takatoki, qui en devint fanatique, organisait des rencontres 12 fois par mois). On assistait aussi aux combats de taureaux, *tôgyû*, à Iyo en Shikoku, ou en Echigo. Guidés par leurs maîtres, deux taureaux s'affrontaient cornes à cornes, le plus fort devant faire reculer l'autre, en théorie sans le blesser. Les combats de coqs, *tôkei*, remontent à l'Antiquité. Ils étaient l'un des divertissements de la cour de Heian avant de devenir un des éléments de la fête du 3ᵉ mois, *sangatsu no sekku*. Ils furent interdits, car ils donnaient lieu à des paris comme les autres combats, mais n'en continuèrent pas moins.

Un autre divertissement guerrier, l'*inu oi mono*, exercice de tir à l'arc à cheval, mettait à mal les chiens. Dans sa forme complète, 36 cavaliers tournaient dans une arène au centre de laquelle on lâchait un par un 150 chiens. La dernière démonstration eut lieu devant le général Grant en visite au Japon en 1879.

Les chiens, en dehors des molosses et des chiens de combat, étaient aussi élevés comme animaux domestiques. Les pékinois furent connus dès l'époque de Nara puis disparurent. De nouveau importés par les Hollandais, ils furent améliorés par les éleveurs japonais pour en faire de parfaits animaux de compagnie.

Le savoir-faire des éleveurs se distingua aussi dans les croisements pour obtenir des coqs à longues queues.

LES SPECTACLES

Les nuits d'été sont inimaginables au Japon sans feux d'artifice, *hanabi*, feu de fleurs, modestes et familiaux, ou somptueux dans les grandes villes. Ce goût pour les fleurs de feu remonte à l'époque d'Edo quand des Chinois en firent une démonstration devant Ieyasu en 1613. **Les artificiers japonais excellèrent dans ce nouvel art. En 1648, les feux d'artifice étaient devenus très populaires.** Ceux lancés depuis le pont de Ryôgoku devinrent un des événements annuels de la capitale des shôguns.

Les spectacles de rue connurent une sorte d'apogée avec les montreurs de singes, prêcheurs, joueuses de *shamisen*, *goze*, dessinateurs de sable, danseurs, démonstrateurs de sabre, *iai*, bateleurs, jongleurs en tout genre. Tout ce monde dépendait d'un *hiningashira*, capitaine des non-humains. On comptait cinq *hiningashira* à Edo. Celui d'Asakusa règnait sur trois cent soixante baraques. **Ces spectacles étaient regroupés sous le nom de *daidôgei*, les arts de la grande route.** *Sumô.* Cette forme de lutte est connue au Japon depuis les temps protohistoriques. On a retrouvé des figurines funéraires représentant des lutteurs. Les plus anciens textes japonais du début du VIIIe siècle mettent en scène des combats de lutteurs. La cour organisait des concours au moment de certains rites saisonniers. **La forme actuelle est issue des combats organisés au Moyen Âge par des sanctuaires ou des monastères lors de collectes de fonds pour des travaux de construction ou de restauration.** Dans ce sens, le *sumô* était un spectacle de divertissement au même titre que certaines formes de spectacle, *nô*, *kyôgen*, danses.

C'est à l'époque d'Edo qu'il prend la forme que nous lui connaissons. Le plus ancien *banzuke*, classement des lutteurs, remonte à l'ère Kyôhô (1716-1735). **La hiérarchie actuelle, avec à son sommet un *yokozuna*, date de 1789,** avec comme premiers titulaires Tanikaze et Onogawa. Ils avaient reçu l'autorisation de monter sur le cercle avec une corde de paille de riz autour de la taille. Cette corde, *shimenawa*, entoure d'ordinaire les espaces ou les objets (arbres, rochers, bâtiments) consacrés. Les tournois mettent en compétition deux groupes de lutteurs, celui de l'est et celui de l'ouest. Le but du *sumô* est de faire toucher terre ou d'expulser du cercle son adversaire. La rencontre se tient sur le *dohyô*, espace surélevé en terre battue où un cercle est matérialisé par une corde de paille à moitié enfoncée dans la terre. Cette structure se répandit à partir du XVIIe siècle.

THÉÂTRE

L'époque de Muromachi avait donné au Japon une forme de théâtre d'un si grand raffinement qu'il devint par excellence le divertissement de l'aristocratie. Les daimyô pouvaient sans déroger s'adonner au *nô*. Nombreux sont ceux qui accueillaient des troupes et mettaient à leur disposition masques et costumes de grand prix. Châteaux, résidences urbaines, mais aussi monastères et grands sanctuaires étaient pourvus de scènes de *nô*. Le répertoire est désormais à peu près fixé, de même que le jeu, la musique, les troupes avec les cinq familles, *shitekata* : Kanze, Konparu, Hôshô, Kongô, Kita (cf. Musique, chap. IX).

De nouvelles formes de théâtre vont se développer dans les grandes villes, le *jôruri* et le *kabuki*. Le *jôruri* est plus connu en Occident sous le nom de *bunraku*, qui n'apparaît qu'au début du XIXᵉ siècle. Tout commença par des récitatifs accompagnés d'un instrument de musique. Le nom générique provient du texte le plus connu, le *Roman de demoiselle Jôruri*. À la fin du XVIᵉ siècle, le *shamisen* (cf. Musique, chap. IX) remplaça le *biwa* qui resta lié à la récitation des récits épiques. Longtemps le succès du *jôruri* reposa sur la qualité du texte et la virtuosité du récitant et du joueur de *shamisen*. Le dernier élément, les marionnettes, n'était alors qu'une illustration assez fruste d'une technique encore rudimentaire. **Les grandes pièces de Chikamatsu furent montées par le récitant Takemoto Gidayu, accompagné au *shamisen* par Takezawa Gon.emon, mais il n'y avait pas encore de grands manipulateurs de marionnettes.** L'apogée du genre fut atteint dans les années 1750 quand les techniques de manipulation atteignirent leur plein développement. Pour manœuvrer ces poupées, il fallait trois personnes, une pour les pieds, une pour la main gauche, une dernière pour la tête et la main droite. Le jeu attint une telle subtilité que des acteurs de *kabuki* imitèrent les poupées. À partir de Chikamatsu, le répertoire comprit des pièces issues du fonds ancien des classiques, et des pièces de notre temps, que R. Sieffert a traduites par drame bourgeois. Les faits divers constituaient un répertoire de thèmes. **Parmi eux, il faut noter les doubles suicides amoureux, mis en scène dans les plus beaux drames de Chikamatsu, comme le *Double suicide à Sonezaki*.**

Le répertoire du *jôruri* fut en partie repris par l'autre grande forme de théâtre, le *kabuki*. La première mention du terme dans le sens d'extravagant se trouve dans une description d'un spectacle de danse donné par une certaine Okuni en 1603, l'année de la fondation du *bakufu* des Tokugawa. Ce spectacle se déroulait à Kyôto, la danseuse venait d'Izumo. Okuni fut imitée par des courtisanes qui se constituèrent en troupe jusqu'à ce que leurs spectacles soient interdits en 1629 sous prétexte d'incitation à la luxure. Les femmes furent remplacées par des jeunes gens travestis, l'incitation à la débauche persista. Ce qui entraîna de nouveaux règlements qui faisaient obligation de donner des spectacles avec de véritables intrigues. Le **théâtre *kabuki*** naquit de ces contraintes. **L'interdiction des femmes et des éphèbes donna naissance aux *onnagata*, acteurs accomplis spécialisés dans les rôles féminins, exprimant une sorte de quintessence de la féminité.** Dans ce domaine comme dans beaucoup d'autres, on retrouve une opposition entre le *kabuki* d'Edo, dont le

LES JAPONAIS

Scène de jôruri

style rude fut illustré par Ichikawa Danjûrô qui composait aussi les pièces qu'il jouait, et celui de l'ouest avec le jeu souple de Sakata Tôjûrô qui joua des pièces écrites pour lui par Chikamatsu. Le *kabuki* développa toutes les machineries du théâtre, plateaux tournants pour les changements de scènes, trappes, fumées. Le chemin de fleur, *hanamichi*, qui passe au milieu du parterre, permet aux acteurs d'être au plus près des spectateurs. Ce public d'habitués vient voir ses acteurs préférés dans un certain nombre de morceaux de bravoure au milieu desquels l'acteur prend la pose.

Lieu de convivialité, le théâtre *kabuki* demande une participation de la salle qui, pendant les moments de moindre intensité, est pleine du bruit des conversations ou des commandes de nourriture ou de boisson. **Le monde du *kabuki*, né des spectacles de courtisanes, resta toujours proche du milieu des quartiers de plaisir.**

COURTISANES ET PROSTITUÉES

Qui n'a pas entendu parler des geishas ? Lors de la première exposition universelle, le Japon en envoya à Paris, répondant à une attente et donnant pour longtemps une image ambiguë de la femme japonaise en Occident.

Les Occidentaux sont avides de découvrir des civilisations qui auraient une attitude plus positive vis-à-vis de la sexualité que celle qui aurait prédominé dans la tradition judéo-chrétienne. L'exemple japonais est souvent avancé. **Les estampes érotiques, *shunga*, peinture de printemps, les quartiers de plaisir, le prestige des grandes courtisanes, les manuels de la chambre à coucher semblent montrer une société ayant une approche sans complexe vis-à-vis de la sexualité.**

Mais il ne faut pas oublier que l'espérance de vie des femmes de Yoshiwara, le grand quartier de plaisir d'Edo, ne dépassait guère vingt ans. Pour quelques *oiran*s, combien de centaines de *yodaka*, engoulevents (appelées à Kyôto *tsujigimi*, à Ôsaka, *sôka*), prostituées sans maison d'attache, qui attendaient les clients, la nuit tombée, avec une natte roulée à la main. Les maisons achetaient les jeunes filles à des paysans pauvres, et cette pratique s'est maintenue jusqu'à l'interdiction de la prostitution au lendemain de la seconde guerre mondiale en 1958 (voir le film *Akasenchitai / La rue de la honte*, de Mizoguchi).

Le confucianisme officiel éprouvait une certaine difficulté à gérer la sexualité dans les grandes villes. La constitution des quartiers de plaisir fut considérée comme un moindre mal.

C'est ainsi que Yoshiwara fut créé en 1617 dans un quartier marécageux d'Edo pour mieux contrôler la prostitution. Il fut déménagé derrière le Sensôji d'Asakusa après l'incendie de 1657. Le quartier comprenait deux mille filles en 1720, réparties dans deux cents établissements. **Une seule porte donnait accès au quartier où seul l'argent comptait. Les statuts sociaux, *mibun*, si importants dans la société ordinaire, n'avaient plus cours. Les guerriers n'avaient pas le droit d'y pénétrer avec leurs sabres.**

À l'image de la société d'Edo, les courtisanes étaient elles aussi hiérarchisées. Au sommet régnaient les *tayû*. Elles étaient vingt-cinq en 1660 à Shimabara, le grand quartier de plaisir de Kyôto. Mais cette appellation disparut en 1760. On trouva alors à Yoshiwara les *oiran* qui étaient réputées « plus belles que les fleurs ». La promenade, on pourrait dire la procession, *girô*, des courtisanes de haut rang quand elles se rendaient de leur maison à la *chaya*, maison de thé où les attendaient leurs clients, était un spectacle apprécié. Chaussées de socques à trois dents, elles étaient précédées de deux apprenties, *kamuro*, accompagnées d'une *yarite* (surveillante), suivies d'un *gyû* (homme à tout faire) qui tenait un parasol au-dessus d'elles. À la suite venaient les *massha* (satellites). C'est une véritable prin-

Courtisane de Yoshiwara

cesse qui se déplaçait. Dans la hiérarchie des courtisanes, après les *tayû* venaient les *tenjin*. D'ordinaire, Tenjin (divinité céleste) désigne le lettré Sugawara no Michizane sous sa forme divinisée. Ce terme servit d'appellation aux courtisanes dont la prestation coûtait 25 *monme* d'argent. Or le jour placé sous l'invocation de Tenjin (cf. Calendrier, chap. VI) tombait le 25 de chaque mois, d'où leur nom.

Une des traits de la prostitution japonaise que l'on retrouve aussi en Chine et même en Occident, que l'on pense aux actrices et danseuses du XIXᵉ siècle, **réside dans le fait que depuis l'Antiquité certaines courtisanes étaient d'abord appréciées pour leurs compétences dans des domaines artistiques, poésie, danse, musique, théâtre.** Dans ces cas, la prostitution devenait secondaire par rapport à la maîtrise de l'art. Les courtisanes de haut vol donnaient le ton dans le domaine de la mode. Leur approche demandait la maîtrise d'un savoir-vivre raffiné et de solides moyens financiers. Des guides présentaient les meilleures maisons et la hiérarchie actualisée des courtisanes. D'autres livres donnaient des conseils sur la façon de bien se conduire dans ce monde de l'élégance.

Yoshiwara à Edo, Shimabara à Kyôto, Shinmachi à Ôsaka étaient célèbres dans tout le Japon. Leur exemple fut suivi dans la plupart des villes. Pourtant la tentative de restreindre la prostitution aux seuls quartiers réservés s'avéra vaine. Les établissements de bains fournissaient souvent aussi d'autres services. Les *yodaka* se contentaient des endroits un peu isolés comme les berges des fleuves. En dehors des villes, les auberges proposaient des servantes que l'on voit, sur les estampes, accrocher les voyageurs. Dans la mer intérieure, la population nomade qui vivait toute l'année sur des bateaux prostituait femmes et filles auprès des marins.

Les histoires des quartiers de plaisir sont au centre d'une littérature très populaire, celle des *sharebon*, puis des *ninjôbon*, mais elles occupent aussi une place non négligeable dans la grande littérature. Comment imaginer Saikaku sans les quartiers de plaisir ?

L'HORTICULTURE

À partir de l'extrême fin du XVIIᵉ siècle, l'horticulture figure parmi les loisirs favoris des citadins, en particulier des marchands, au fur et à mesure de leur ascension sociale. La première fleur qu'on puisse mentionner est le chrysanthème, *kiku*. Introduit de Chine au Japon durant l'époque de Heian, il a donc déjà une longue histoire au moment de sa diffusion chez les roturiers des villes.

La vogue des beaux chrysanthèmes remonte à l'ère Genroku (1688-1704). À partir des années 1710, à Kyôto, Ôsaka et Edo, les amateurs de cette fleur commencèrent à se réunir en sociétés amicales. Ces associations organisaient des expositions. De nos jours encore, le mois de novembre voit éclore les concours de chrysanthèmes de toutes tailles, formes et couleurs. En Europe, une espèce orientale de chrysanthème est mentionnée pour la première fois en 1688 en Hollande. Toutefois le véritable engouement pour les grandes fleurs de chrysanthèmes d'origine orientale ne redémarra en France qu'en 1789.

La deuxième fleur qui passionna les Japonais fut le **volubilis, *asagao***, lui aussi introduit de Chine au cours du VIIIᵉ siècle en tant que plante médicinale. Sa culture sur une large échelle commença à l'extrême fin du XVIIIᵉ siècle. Il connut, durant les ères Bunka-Bunsei (1810-1830), **une première faveur qui toucha toutes les couches sociales, des grands daimyô jusqu'aux simples roturiers, phénomène comparable à la folie des tulipes en Hollande au XVIIᵉ siècle.** La demande suscita la recherche de nouvelles espèces par sélections et croisements. L'aboutissement fut la création, dans les années 1840 et 1850, de nombreuses espèces nouvelles. Cet engouement pour le volubilis peut surprendre. Il s'explique en partie par l'instabilité relative de la morphologie des feuilles, des fleurs et des coloris. Les simples amateurs pouvaient arriver à créer eux-mêmes de nouvelles feuilles ou de nouvelles couleurs dans des combinaisons extraordinaires. On appréciait également, surtout dans les zones urbaines, les volubilis donnant des fleurs de grande taille comme pour le chrysanthème.

LES JAPONAIS

Le *bonsai* est une plante naturelle dont le développement est ralenti pour donner un arbre adulte aussi proche que possible de son aspect naturel, mais tenant dans un pot. Le modèle est encore une fois chinois, mais les Japonais y sont passés maîtres. Fruits d'une longue patience, les *bonsai* peuvent rivaliser en longévité avec les plus beaux arbres. On en connaît de plusieurs centaines d'années. **Loisir aristocratique, la culture des *bonsai* fut elle aussi adoptée par les citadins de l'époque d'Edo.**

VOYAGES ET PÈLERINAGES, LES LIEUX CÉLÈBRES, *MEISHO*

Les loisirs se diversifièrent surtout à partir de la seconde moitié du XVIIIe siècle. Mais beaucoup d'entre eux pouvaient se prévaloir d'une longue tradition. C'est le cas de ce qu'on qualifie de nos jours de tourisme : se déplacer pour jouir de quelque chose (paysage, bâtiment, nourriture, spectacle) que l'on ne trouve pas chez soi.

Depuis au moins le VIIIe siècle, **les Japonais pratiquent le *hanami*, la contemplation des fleurs,** c'est-à-dire des cerisiers en fleur. La saison venue, il faut se rendre aux endroits où les cerisiers sont réputés les plus beaux, et aller festoyer à leur ombre. **Ce divertissement, qui occupait une place importante dans les loisirs de la classe dominante de l'Antiquité, toucha progressivement toutes les couches sociales au cours de l'époque d'Edo.** Il s'est perpétué jusqu'à nos jours. Bien que la fleur de cerisier ait été la fleur par excellence depuis le IXe siècle, on allait voir aussi les pruniers, les lotus, les chrysanthèmes et les érables rougis. **Chaque saison a sa fleur, et chaque fleur son site privilégié qui attire les foules.**

Ce phénomène ne se limite pas au seul exemple du *hanami* ; ce fut aussi le cas d'un certain nombre de divertissements liés aux rites saisonniers, *nenjû gyôji*, qui ponctuaient le calendrier depuis presque mille ans.

À Edo, les grandes fêtes de sanctuaires comme celle de Hie sannô, de Kanda myôjin, de Fukagawa tomioka hachiman, mobilisaient un nombre considérable de participants et de spectateurs. À la fin du XVIIIe siècle, les petites fêtes organisées par les monastères ou les sanctuaires attiraient de plus en plus de monde. **On s'y rendait autant pour prier que pour se distraire. En dehors de la splendeur des palanquins des dieux, les fêtes offraient aussi des spec-**

tacles de saltimbanques, des boutiques de foire, le tout contrôlé par la pègre.

À la même époque, les citadins commencèrent à prendre le temps de sortir en diverses occasions : pêche aux coquillages, promenade en bateau sur la rivière Sumida, feux d'artifice à Ryôgoku, contemplation de la lune, etc.

Ces différentes activités rendirent un certain nombre de lieux célèbres, meisho. Ce terme a déjà une longue histoire à l'époque d'Edo. Longtemps il fut appliqué à des paysages, particulièrement à ceux qui servaient de support à des compositions poétiques. Ces paysages célèbres pouvaient être aussi évoqués dans les jardins comme dans le Rikugien. Ce jardin, construit à Edo par Yanagisawa Yoshiyasu (1658-1714), *rôjû* du temps de Tsunayoshi, évoque la plupart des paysages célèbres du temps et les plus beaux poèmes qu'ils ont suscités. **La visite de ces sites était un but de voyage pour les simples amateurs de beauté touristique, mais aussi pour les poètes.** L'exemple de Bashô, se rendant à Matsushima dans la région de Sendai, a été immortalisé par son journal de voyage, *La sente étroite du bout du monde / Oku no hosomichi*. Amanohashidate, sur la mer du Japon, et Itsukushima dans la mer intérieure, mais aussi, bien évidemment, le mont Fuji et les cerisiers de Yoshino, rentrent dans cette catégorie des lieux célèbres.

Leur fréquentation prit un essor considérable à partir du début du XIXᵉ siècle. Leur succès fut renforcé par la diffusion d'ouvrages illustrés devenus très populaires dans la première moitié du XIXᵉ siècle. Mais quelques ouvrages pionniers virent le jour dès le XVIIᵉ siècle, tels le *Kyô-warabe* (1659) sur les habitants de Kyôto, l'*Edo meisho-ki* (1662), recueil de notes sur les lieux célèbres d'Edo, ou l'*Edo-suzume* (1677) sur le même sujet. À la fin du XVIIᵉ siècle, plusieurs « guides » sur les produits locaux d'Edo ainsi que des cartes gravées de lieux célèbres virent le jour. **Mais c'est en 1780 qu'apparut le premier livre d'une véritable série d'une trentaine d'ouvrages illustrés qui servirent de guide de lieux célèbres, meisho-zue.** Il s'intitulait le *Miyako meisho zue / Guide illustré de l'ancienne capitale*. Très probablement inspiré par ce remarquable ouvrage parut en 1785 un ouvrage illustré des cinquante lieux célèbres d'Edo, accompagné de *haiku*, le *Kôto meisho zue*. L'équivalent du *Miyako meisho zue* sur Edo, l'*Edo meisho zue* (les lieux célèbres d'Edo) de sept livres en vingt fascicules, fut publié entre 1834 et 1836.

Cet ouvrage répondait aux besoins des habitants d'Edo, y compris les femmes, qui prenaient plaisir à organiser des sorties : visites

LES JAPONAIS

de monastères, de sanctuaires, de sites touristiques, spectacles de fêtes religieuses, contemplation des fleurs, etc. Les 650 illustrations qui y sont insérées dépeignent pour 60 % des institutions religieuses. Les visites des lieux célèbres concernaient également les guerriers de province en séjour à Edo. En effet ils y consacraient beaucoup de temps pour mieux connaître la ville d'Edo ainsi que ses produits célèbres.

Au cours du XIXᵉ siècle, les Japonais ne se contentaient plus de faire des visites ou des excursions de proximité. Ils commencèrent à organiser des voyages de deux à trois jours ou même d'un à plusieurs mois. C'est pendant cette période qu'on vit apparaître la première « agence de voyages » qui assurait à sa clientèle des déplacements sans souci.

Les destinations les plus fréquentées combinaient voyage d'agrément et pèlerinage. Ce fut dans la première moitié du XIXᵉ siècle que ces voyages furent les plus nombreux. La première destination était la visite du sanctuaire d'Ise et les pèlerinages dans les pays de l'ouest. Selon les âges, le voyage ne signifiait pas la même chose. En effet, pour les jeunes de treize à vingt ans, les voyages lointains se présentaient comme des rites de passage. La communauté ou la société à laquelle ils appartenaient leur faisait nécessité d'entreprendre ces voyages qui ne se réalisaient pas sans risque.

Après avoir effectué une sorte de purification pendant trois jours, ils partaient souvent pour un voyage de trois jours au total. Pour ces jeunes voyageurs furent publiés des guides pratiques. Quelle que fût leur position sociale, on leur conseillait d'être indépendants pour ce qui est des tâches quotidiennes.

Quant aux voyages effectués par les adultes, ils formaient souvent des groupes de vingt, trente voire cinquante personnes. **Les voyages des provinces de l'est jusqu'au sanctuaire d'Ise prenaient en moyenne deux mois.** En accomplissant ces voyages sans trop de risques mais coûteux, les voyageurs adultes éprouvaient l'authenticité de leur foi sur le plan individuel ou collectif. En même temps ils pouvaient profiter de quelques agréments qui s'offraient pendant leurs voyages, comme spectacles, mets régionaux rares, prostituées.

Il va sans dire qu'il existait des pèlerins qui ne pensaient guère à profiter des agréments du voyage. Beaucoup de ceux qui entreprenaient le long circuit des quatre-vingt-huit monastères de Shikoku le faisaient par ascèse et parfois sans moyens (voir Kouame, *Pèlerinages et société dans le Japon des Tokugawa*).

LA CUISINE

Toutes les classes sociales commencèrent à prendre trois repas par jour au XVIᵉ siècle, signe d'un progrès dans l'organisation des ressources naturelles et de l'amélioration des conditions de vie. À la fin du XVIIIᵉ siècle, le célèbre botaniste suédois Carl Peter Thunberg, médecin attaché au comptoir néerlandais de Nagasaki, écrivit qu'il n'y avait probablement aucun autre pays au monde aussi riche en produits alimentaires. C'est précisément la période où l'on commence à observer l'épanouissement d'une culture gastronomique au Japon.

Durant l'ère Tenmei (1781-1788), en effet, on voit apparaître une augmentation soudaine des livres de cuisine. Quelques années auparavant, l'ère Hôreki (1751-1763) fut marquée par la politique mercantiliste menée par les Tanuma, père et fils. Cette politique encouragea dans les grandes villes une consommation de produits de luxe. D'un autre côté, les grandes famines de l'ère Tenmei firent d'innombrables victimes dans les campagnes, si bien que les personnes démunies arrivèrent en grand nombre dans les villes. Le redressement économique fut alors mené par Matsudaira Sadanobu, nommé en 1787 au poste de *rôjû*.

À cette époque, les habitants d'Edo se divisaient en trois groupes sociaux distincts : les citadins privilégiés faisant partie de la haute société, les citadins non privilégiés, et les pauvres. La paix relative, qui durait depuis le début du régime shogunal et l'épanouissement de l'économie monétaire, avait apporté des modifications considérables dans la vie quotidienne de toutes les classes sociales des grandes villes. L'engouement pour certains produits raffinés : habillement, nourriture, accessoires de coiffure, en un mot la mode, faisait partie, depuis la fin du XVIIᵉ siècle, du mode de vie de beaucoup de personnes.

Des plats connurent donc des succès. **Mais surtout la gastronomie se répandit chez les citadins, même si la base de l'alimentation ne varia pas dans de grandes proportions.**

À l'extrême fin du XVIIᵉ siècle se trouvaient couramment commercialisés dans les grandes villes : *sake*, *shôyu* (sauce de soja), vinaigre, pâte de soja (*miso*), riz, poissons, légumes et fruits, huiles, nouilles, fromage de soja grillé (*yaki dôfu*), soja fermenté (*nattô*).

À cette liste il faut ajouter les nouilles au sarrasin, *soba*, qui devinrent très populaires à Edo dans la seconde moitié du XVIIIᵉ siècle. À l'extrême fin du siècle apparurent des marchands ambulants préparant et vendant ces nouilles dans la rue, alors que le riz restait une denrée relativement chère.

Parmi les produits alimentaires populaires, le soja était abondamment consommé sous différentes formes. **Les diverses sortes de fromages de soja,** *tôfu,* **très appréciés depuis quelque temps en Europe en tant que produit diététique, firent l'objet, en 1782, d'un livre de cuisine devenu très populaire,** *Tôfu hyakuchin / Cent manières d'accommoder les tôfu.*

Marchand de nouilles au sarrasin

Son objectif était de donner aux lecteurs les connaissances nécessaires sur ce produit issu de la culture sino-japonaise, en même temps que de fournir des variantes de recettes à réaliser.

Les plats japonais les plus connus de nos jours sont sans doute les *sushi* et les *sashimi.* **Si les Japonais consommaient depuis le XVIe siècle du poisson en** *sashimi,* **c'est-à-dire cru en tranches épaisses,** ils ne connaissent les *sushi* que depuis le début du XIXe siècle seulement. Jusqu'alors *sushi* désignait du poisson fermenté disposé en couches alternées avec du riz, ou des tranches fines de poisson macéré posé sur du riz vinaigré et pressé. L'apparition des *sushi* tels que nous les connaissons maintenant remonte aux années 1810 à Edo, année où la pêche avait été particulièrement abondante dans la baie d'Edo. Quinze ans plus tard, ces nouveaux *sushi* débarquèrent dans la ville d'Ô-saka. Mais la popularité de cette préparation ne remonte pas au-delà du milieu du XIXe siècle. Les poissons les plus consommés en *sushi* étaient alors : chinchard, *kisu*, *satori*, crabe. **Curieusement le thon, le poisson le plus familier et le plus apprécié des**

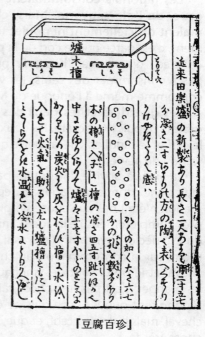

『豆腐百珍』

Tôfu hyakuchin

amateurs contemporains de *sushi*, **était considéré, même encore à l'époque de Meiji, comme un poisson à éviter ou destiné aux villageois modestes.**

Sushi et *sashimi* ne sont pas les seules façons de consommer le poisson. Les grillades sur charbon de bois de poissons recouverts de sel, *shio yaki*, étaient et restent une des manières les plus communes de consommer du poisson. **Un poisson bénéficiait d'un prestige particulier, l'anguille.** Des restaurants particuliers lui étaient consacrés. La sauce légèrement sucrée, *tare*, qui sert à l'accommoder était considérée comme si précieuse que, en cas d'incendie, ce sont les jarres qui la contenaient qui devaient être sauvées en premier.

Le bouddhisme interdit de tuer des êtres vivants et donc en théorie de manger de la viande et même de la chair de poisson. La cuisine monastique, *shôjin ryôri*, est par définition végétarienne, ce qui ne l'empêcha pas de devenir très raffinée. La cuisine des moines de l'école Ôbaku à Uji est restée célèbre. Mais, en dehors des monastères, et parfois à l'intérieur, même les moines mangeaient de la viande.

Les Japonais consommaient couramment du canard, de la grue, de l'oie sauvage. Mais, chose curieuse, ils ne consommaient officiellement ni poulet ni œufs de poule. Très probablement, c'est parce que le coq ou la poule étaient associés à leur tâche « sacrée » d'annoncer l'heure. En pratique, si les citadins n'hésitaient pas à consommer des œufs, les villageois semblent en avoir peu consommé même à l'époque de Meiji.

Les guerriers et les gens des montagnes consommaient du gibier. Depuis l'Antiquité, les deux espèces les plus chassées étaient le cerf et le sanglier. On rapporte que Tokugawa Ieyasu appréciait la viande de lièvre.

La viande bovine, introduite par les missionnaires occidentaux, était donc connue des Japonais depuis le XVIᵉ siècle, mais sa consommation n'était pas une chose simple dans un pays qui ignorait à peu près complètement l'élevage d'animaux pour la boucherie. À la fin du XVIᵉ siècle, Toyotomi Hideyoshi interrogea les missionnaires portugais sur la consommation du cheval et du bœuf. Il leur dit : « Le cheval et le bœuf sont des animaux très utiles aux hommes. Donc les manger n'est pas une chose raisonnable. » Les missionnaires lui répondirent que les Portugais ne consommaient pas de viande de cheval, mais juste de bœuf, et que, s'il fallait s'en abstenir, c'était une chose très facile.

La consommation de la viande bovine à l'époque d'Edo se développa progressivement. Elle avait commencé au début de la période des Tokugawa par un certain nombre de daimyô convertis au christianisme, comme Takayama Ukon (1552-1614). Plusieurs provinces au nord de Kyôto, dont celle d'Ômi, pratiquaient l'élevage de bœufs. Le seigneur du fief de Hikone, à proximité du lac de Biwa, se chargeait d'envoyer une fois par an à la famille du shôgun ainsi qu'aux trois grandes familles, *gosanke*, de la viande de bœuf préparée au *miso*. **Aux XVIIIᵉ et XIXᵉ siècles, les amateurs de bœuf en consommaient avec modération. Ils l'appelaient pivoine d'hiver ou pivoine noire.**

La curiosité des Japonais en matière gastronomique est très visible dans le Japon contemporain. Mais ce n'est pas un penchant récent. En effet, déjà vers la fin du XVIᵉ siècle, dans un menu de la cuisine *kaiseki*, cette cuisine raffinée qui accompagne le thé, apparaît le terme de « *tenpoura* » transcrit à l'aide du syllabaire qui sert à transcrire les mots étrangers. **Le mot d'origine « tempora » est portugais.** Malheureusement on n'en connaît pas la recette exacte. Un manuscrit portugais du tout début du XVIIᵉ siècle mentionne une recette, appelée « *tenpurari* », de poulet frit et accompagné d'une sauce préparée avec plusieurs épices dont le poivre, la cannelle en poudre. En somme, un plat qui n'a rien à voir avec les *tenpura,* beignets de poisson et de légumes que nous connaissons aujourd'hui. À la fin de l'époque d'Edo, les plats d'origine étrangère devinrent de plus en plus fréquents. Ils étaient préparés avec différentes sortes d'huiles, d'épices exotiques comme le poivre. Les roturiers résidant en zone urbaine semblent avoir profité d'un épanouissement d'une culture gastronomique. Mais les réformes drastiques de l'ère Tenpô (1841-1843), qui visaient au redressement économique en combattant toutes les dépenses somptuaires, précipitèrent le déclin de cette culture à la fin de cette période.

Le prototype de la pâtisserie japonaise actuelle se fixa vers la fin de la période médiévale, en relation étroite avec le développement de la cérémonie de thé. Mais dès l'Antiquité les amateurs de sucreries ne manquaient pas. Dans le célèbre roman *Genji monogatari* est mentionné le *tsubaki mochi* (gâteau de riz aux feuilles de camélia). C'était une pâte de riz sucrée au sirop de marante et enveloppée de deux feuilles de camélia, gâteau toujours populaire à l'époque d'Edo. **Par ailleurs l'introduction de certains types de gâteaux portugais comme le *kasutêra* (castella), sorte de biscuit génois, contribua à élargir dès le XVIe siècle les goûts des Japonais dans cette catégorie de nourriture.**

Mais ce fut grâce à la relative abondance du sucre et de l'œuf, ingrédients indispensables à la confection de la pâtisserie, que se firent la diversification et la multiplication des confiseries et de gâteaux durant l'époque des Tokugawa. Le sucre avait été introduit du continent par l'éminent moine chinois Ganjin au milieu du VIIIe siècle. Dès l'ère Genroku, donc vers la fin du XVIIe siècle, de nombreux pâtissiers vendaient des gâteaux dans la ville de Kyôto. Cet engouement pour la pâtisserie est confirmé par la publication en 1718 du premier ouvrage de cuisine consacré exclusivement à la pâtisserie japonaise. Il y est question des gâteaux célèbres des différentes provinces. Le *manjû*, qui occupe une place centrale dans la pâtisserie japonaise actuelle, est d'origine chinoise. Il est arrivé au Japon vers le XIVe siècle. Ce gâteau fourré de pâte sucrée de haricot rouge était encore à l'époque d'Edo un gâteau de luxe à cause de la quantité de sucre utilisée.

241

XI

VIE PRIVÉE

家

LA MAISON, LA FAMILLE

Dans une société aussi complexe que celle d'Edo, marquée par de multiples divisions tant sociales que régionales, il est malaisé de caractériser la vie privée d'un Japonais type qui n'existe pas. Ainsi, en théorie, seuls les guerriers et les nobles de cour avaient le droit de porter un nom de famille et, à l'autre extrémité de la société, les *eta* n'avaient pas le droit de passer le seuil des maisons des gens du « bon peuple ».

Pourtant, malgré le rôle de marqueurs sociaux que jouent l'habillement, la maison, certains traits suffisamment répandus peuvent être dégagés. La santé et les soins du corps en font partie. Le plaisir du bain fut partagé par l'ensemble de la société. De la même façon, la structure de la maison se retrouve aussi bien dans la petite maison que dans la résidence aristocratique. Ce genre de généralités ne peut être présenté que si l'on fait exception de la frange la plus modeste qui vivait dans des cabanes et n'avait pas accès aux bains.

LA MAISON

La maison japonaise a fait rêver les architectes occidentaux depuis Gropius et l'école du Bauhaus. La vision que l'on en a se réfère à un modèle qui s'est stabilisé au cours de l'époque d'Edo. Mais ce modèle idéal ne concernait qu'une partie de la population, celle qui

243

avait les moyens, par exemple, d'acheter et d'entretenir des *tatami* pour couvrir les planchers.

À l'époque historique, malgré de très grandes disparités selon le niveau social et l'environnement, les habitations répondaient à un certain nombre de traits constants. À de rares exceptions, les maisons sont sans étage. Le matériau de base est le bois. La qualité des essences utilisées fait en grande partie la différence entre la maison du pauvre et celle du puissant. **Le *hinoki* (cyprès du Japon) et le *sugi* (cryptomère) figurent parmi les bois les plus prisés depuis l'Antiquité.** Le principe de construction est constant. **La maison est constituée d'une charpente reposant sur des poteaux. Les murs ne sont jamais porteurs.** Depuis la construction des monastères, l'entrecolonnement, *ken* ou *ma*, est devenu la mesure de base de toutes les constructions qui peuvent s'analyser comme la combinaison de modules. De nos jours encore, pour les maisons individuelles, ce sont les charpentiers qui font office d'architectes. **Les murs sont peu nombreux. À l'exception des façades nord, les trois autres côtés, si c'est possible, sont ouverts et simplement dotés de parois légères** coulissantes, armatures de bois couvertes de papier translucide, les *shôji*.

Les maisons sont surélevées par rapport au niveau du sol. Il faut monter pour entrer dans les pièces d'habitation. C'est l'occasion de se déchausser et de laisser les chaussures au niveau du sol. Le dénivelé peut être faible, à peine la hauteur d'une marche. Il est le plus souvent d'une cinquantaine de centimètres. Parfois, comme à la villa de Katsura, le plancher est beaucoup plus élevé, au niveau d'un premier étage. Cette surélévation assure une ventilation par le bas.

Cette caractéristique, combinée aux ouvertures généreuses, fait de la maison japonaise une habitation particulièrement adaptée aux étés chauds et humides. Mais le Japon, surtout sa façade ouest et le nord-est, connaît aussi des hivers rigoureux. Or l'isolation contre le froid et le développement de systèmes de chauffage efficaces ne furent jamais des priorités dans le Japon préindustriel. Même les maisons de campagne ne connaissent que le foyer, *irori*, disposé dans la plus grande pièce, sans conduit pour la fumée qui s'échappe par une simple ouverture dans le toit. Dans les autres pièces, dans les maisons des villes, dans les palais, le seul chauffage connu est le brasero, *hibachi*, où l'on brûle du charbon de bois, et sa variante fixe, le *kotatsu*, chaufferette surmontée d'une table et d'une couette.

Les cloisons fixes sont rares. Elles sont faites de bauge appliquée sur un treillis de bois. L'enduit de finition est composé de sable et de colle. La possibilité de moduler les surfaces intérieures et parfois même de transformer toute la maison en un seul espace paraît être d'une conception très moderne. Toutefois les occasions de modification des pièces étaient très rares, pour la célébration d'un mariage ou des funérailles. **D'ordinaire chaque pièce avait sa fonction, salle de séjour, salle de repos quand la taille de la maison le permettait.**

Autre constante, la pauvreté relative du mobilier. Les meubles sont peu nombreux. On ne trouve ni chaise ni lit. Les *futons* ont maintenant conquis

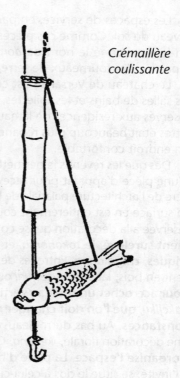

Crémaillère coulissante

beaucoup d'intérieurs occidentaux. Il s'agit de matelas remplis de bourre de coton, que l'on range le jour, pliés dans des placards. Seuls tables, brasero, armoires, *tansu*, occupent l'espace aussi bien dans les hôtels particuliers, *yashiki*, des guerriers que dans les maisons des paysans. On y trouve aussi des objets de culte, le *butsudan*, une sorte d'armoire renfermant une représentation bouddhique, calligraphie, peinture ou sculpture, et les tablettes des défunts de la famille. C'est devant le *butsudan* que s'accomplissent les rites quotidiens envers les défunts sous forme d'offrande de nourriture, d'encens ou de fleurs. Dans une autre pièce est souvent installée une tablette en hauteur où est disposé un sanctuaire miniature pour la vénération des *kami*.

Les grandes ouvertures débouchent sur un auvent, si bien que la lumière est toujours faible au milieu des pièces, même en plein été. L'éclairage d'appoint était apporté surtout par des lampes à huile. L'huile de colza ou de coton faisait l'objet d'un commerce intensif à Ôsaka. On trouvait aussi des bougies en cire végétale. Mais le Japon n'a pas développé le cierge ou la chandelle.

245

Les espaces de service, en particulier la cuisine, étaient situés au niveau du sol. Comme ces pièces étaient à l'origine en terre battue, on leur a donné le nom de *doma*, pièce de terre. On y cuisait les repas sur des fourneaux de terre, *kamado*.

Le château de Versailles est connu pour avoir longtemps ignoré les salles de bains et les toilettes. Si **les *furo*, salles de bains**, étaient réservés aux résidences de la haute société, le soin apporté aux toilettes était beaucoup plus répandu. Tout était organisé pour en faire un endroit confortable.

Dès que les revenus le permettaient, il était de bon ton de se doter d'une pièce d'apparat pour recevoir les hôtes. Cette pièce est l'héritière de l'architecture palatiale de l'époque Muromachi le *sho.in zukuri*. La surface en est entièrement couverte de *tatami*. Une des parois est réservée à la décoration qui se compose d'un **renfoncement légèrement surélevé, le *tokonoma*, et d'un ensemble d'étagères asymétriques**, *chigaidana*. Entre les deux se dresse un poteau, le plus souvent en bois, laissé nu, de *sugi* ou de *hinoki*. **Le *tokonoma* est utilisé pour accrocher un rouleau vertical de peinture ou de calligraphie, *kakejiku*, que l'on doit changer en fonction de la saison ou des circonstances.** Au bas du rouleau, l'espace est réservé à un objet ou à une décoration florale, *ikebana*. **C'est par rapport au *tokonoma* que s'organise l'espace.** La place d'honneur, *kamiza*, celle que l'on offre à l'invité, se situe le dos à celui-ci (cf. Les voies, chap. IX).

Depuis l'époque des Provinces en guerre, les seigneurs se sont construit d'imposants châteaux. Comme en Occident, ces édifices jouaient un rôle aussi bien militaire que symbolique. Un grand seigneur se devait d'avoir un donjon, *tenshukaku*, de belle allure. **La possession d'un château fortifié eut de moins en moins de signification stratégique mais demeura le symbole du rang. Seuls les plus grands daimyô étaient autorisés à en entretenir.** La vie dans les donjons n'était guère commode. Aussi les daimyô se firent construire des palais à leur pied.

Il subsiste peu de résidences de grands seigneurs de l'époque des Tokugawa. Tous les hôtels particuliers qu'ils devaient entretenir à Edo ont disparu. Au mieux il subsiste l'étang de leur vaste jardin ou une porte monumentale, *mon*, comme celle qui sert encore à l'entrée de l'université de Tôkyô, peinte en rouge car le seigneur du lieu avait donné une de ses filles au shôgun. Pour se faire une idée du luxe de ces habitations, il faut voir le palais du shôgun à Kyôto, le château de la deuxième avenue Nijôjô, et ses décorations somptueuses. Les parois intérieures sont composées le plus souvent de cloisons coulissantes, *fusuma*, couvertes de peinture. Les pièces sont agencées selon des plans décrochés. Les grandes demeures de ce type étaient souvent couvertes d'un épais toit fait d'écorce de *hinoki* qui leur donne d'amples courbes.

La villa impériale de Katsura

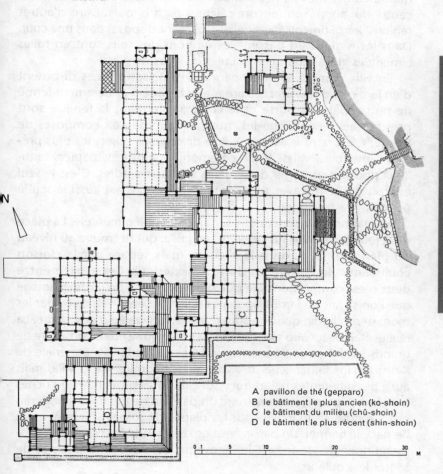

N

A pavillon de thé (gepparo)
B le bâtiment le plus ancien (ko-shoin)
C le bâtiment du milieu (chû-shoin)
D le bâtiment le plus récent (shin-shoin)

0 1   5   10   20   30
                                        M

LES JAPONAIS

LA VIE PRIVÉE

Les maisons de la campagne étaient couvertes de toits de chaume. En réalité, le *kaya* qu'on utilise pour la couverture est une plante non cultivée qui pousse dans les montagnes. Les premiers Occidentaux à se promener dans les campagnes japonaises ont admiré ces grands toits dont le faîte était parfois planté d'iris. Selon les régions, la structure des habitations paysannes variait beaucoup. Certaines regroupaient toutes les activités sous un même toit, particulièrement dans les régions de neige. Les hautes maisons de quatre étages du village de Shirakawa, dans la région de Hida, au centre du Japon, sont encore célèbres de nos jours. Dans d'autres régions, les bâtiments à usage agricole sont disposés dans une cour. Dans les régions où passent les typhons, les toits sont en tuiles cimentées et les maisons entourées de murs de pierre.

En ville comme à la campagne, les maisons aisées disposent d'un jardin et d'un *kura*. Le *kura* est un bâtiment entièrement fermé de murs épais. La porte et le volet qui ferment la fenêtre sont presque aussi épais que les murs, et comme eux composés de bauge. C'est dans le *kura* que l'on dispose les objets les plus précieux, meubles, vaisselle de cérémonie, peintures, papiers familiaux pour les protéger des voleurs et des incendies. C'est le seul endroit qui ferme avec une véritable serrure. C'est aussi le seul à pouvoir résister au feu.

La maison est inconcevable sans jardin, fût-il minuscule. **La pièce de séjour débouche sur l'auvent, *engawa*, qui se trouve au niveau du plancher, donc dans la maison, mais séparé par la cloison coulissante de l'intérieur, donc à l'extérieur. Cet espace entre deux n'est compréhensible que par l'existence du jardin.** L'image que l'on se fait du jardin japonais est surtout celle véhiculée par les monastères. Jardin que l'on admire de l'*engawa* sans y descendre. La réalité était beaucoup plus diverse. Les daimyô se firent construire de grands jardins pour s'y promener. Le jardin de la villa impériale de Katsura dans la banlieue de Kyôto peut s'admirer de la villa, mais aussi des différentes haltes qui y sont disposées. Guerriers ou riches marchands pouvaient construire un pavillon de thé dans leur jardin et s'y rendre en marchant sur les pierres disposées savamment. Si l'espace le permet, un bassin, vestige des étangs des résidences aristocratiques de Heian, est le bienvenu. On y élève des carpes de toutes les couleurs.

À la ville comme à la campagne, le souvenir qui subsiste et qui est entretenu est celui des belles maisons, celles de l'élite. Les habitations des gens ordinaires sont à rechercher dans les peintures de

LES JAPONAIS

248

genre. Une frange de la population semble avoir vécu dans des abris de fortune, plus proches de la tente ou de la cabane que de la maison. Dans les villes où la population n'a cessé d'affluer, on construisit des baraquements en longueur, *nagaya*. Leurs habitants partageaient le puits et les toilettes. Le toit était en bardeaux avec des pierres posées dessus pour assurer la stabilité. Dans ces humbles demeures, le sol restait en plancher avec quelques nattes pour s'asseoir ou disposer la literie.

LA SANTÉ

Le shôgun et l'empereur avaient leurs médecins particuliers. Les fiefs appointaient des médecins pour veiller sur la santé des daimyô et des guerriers de haut rang. Presque rien n'était prévu pour les gens du peuple. Les institutions caritatives de l'Antiquité et du Moyen Âge avaient disparu. S'ils en avaient les moyens, les gens pouvaient se confier aux médecins de quartier qu'ils choisissaient eux-mêmes. Ils essayaient aussi souvent l'automédication grâce à diverses formes de rites ou de recettes populaires ou encore, pour ceux qui pouvaient se le payer, en se fournissant chez les apothicaires, surtout à partir du milieu du XVIIe siècle. Les marchands de remèdes gardaient jalousement les recettes de fabrication de pilules aux vertus extraordinaires. Des colporteurs, souvent originaires de la province d'Echizen, sillonnaient les campagnes pour vendre leurs produits.

Dans ce domaine, un événement important est à signaler : la publication d'une sorte de guide des médicaments efficaces adressé à ceux qui n'ont aucune connaissance en médecine. Il s'agit du *Kyûmin myôyaku / Médicaments subtilement efficaces qui sauvent le peuple*, publié en 1693 (Genroku 6). Cet ouvrage, rédigé par un médecin du fief de Mito, connut une édition augmentée en 1806. Il explique en langage simple les modes d'emploi de différents médicaments selon les maladies et les symptômes : épidémies, grippe, rhume de cerveau, intoxication alimentaire, hémorroïdes, hernie, stomatite, maux de tête, vertige, hoquet, épistaxis, hémorragie, fracture, etc. Les médicaments indiqués sont presque tous issus de la médecine populaire et donc peuvent être collectés par les non-spécialistes et à proximité de chez soi. Par exemple, pour soigner les hémorroïdes, il faut se laver avec de l'infusion à base de

LES JAPONAIS

249

feuilles de figuier, recette utilisée encore de nos jours. Pour arrêter le hoquet, il est conseillé d'absorber de la poudre de queue de *kaki*.

À l'époque où le huitième shôgun Yoshimune promouvait la culture des plantes médicinales, on compila le *Fukyû ruihô / Prescriptions universelles* (1729). Vers la fin du XVIIIe siècle fut publié le *Kôkeisai kyûhô / Méthodes thérapeutiques d'urgence qui apportent un large secours*. Cet ouvrage avait été compilé par le médecin du shôgun de l'époque, Taki Motohiro. Il y mentionne non seulement des prescriptions, mais aussi des points de moxibustion. Cet ouvrage semble avoir connu une large diffusion. **Le nombre et le succès de ces publications indiquent avec évidence un développement considérable de l'automédication durant cette époque.**

Les Japonais d'alors semblent avoir surtout souffert de problèmes de l'appareil digestif : intoxication alimentaire, douleur aiguë au niveau abdominal, affections caractéristiques des sociétés préindustrielles. **Pour les soigner, les médecins utilisaient le plus souvent des prescriptions d'origine chinoise mises au point par eux-mêmes.** Il s'agissait de plantes ingérées sous diverses formes, poudre, pilule, bouillon, inhalation, emplâtre. **Ils avaient aussi recours à la moxibustion, aux massages, aux eaux thermales.** Rappelons les activités d'apothicaire du célèbre romancier du genre *sharebon*, *kokkeibon* de la fin de l'époque d'Edo, Shikitei Sanba (1776-1822). Tout en menant sa carrière d'écrivain à partir de 18 ans, Sanba devint apothicaire à 35 ans pour pouvoir mieux s'intégrer à la société d'alors. Il ne fut pas une exception. Takizawa Bakin, Santô Kyôden, que nous avons croisés dans le chapitre VIII (Littérature populaire) se trouvaient dans le même cas. Sanba fit des affaires en vendant surtout l'*Enjutan* (pilule qui prolonge la vie), et l'*Edo no mizu* (eau d'Edo). La première était censée régulariser les fonctions rénales, soigner les douleurs aiguës au niveau abdominal, la grippe, le rhume de cerveau, et faire sortir toutes les eaux en rétention dans le corps. L'eau d'Edo était une lotion censée faire mieux adhérer la poudre blanche du maquillage pour une longue durée. Sanba, comme ses collègues, n'a jamais oublié de parler des produits en vente dans son magasin. L'eau d'Edo se trouvait parmi les produits les plus vendus de l'époque à Edo.

À la fin de la période des Tokugawa, même des médicaments étrangers, qui étaient destinés jusque-là exclusivement aux shôguns ainsi qu'aux membres de la haute société comme les aristocrates de la cour impériale et les daimyô, devinrent accessibles aux roturiers, car ils étaient importés dorénavant en grande quantité. L'oxyde de

LES JAPONAIS

Médecin indépendant de quartier d'Edo

magnésium était utilisé comme purgatif, les feuilles de digitale pour soigner l'eau en rétention dans le corps, sans oublier le *ginseng*, produit pharmaceutique prisé de nos jours en Occident comme fortifiant.

Le *ginseng* est un produit pharmaceutique vedette en Extrême-Orienet depuis l'Antiquité. Sa popularité dans le Japon contemporain n'a même pas besoin d'être évoquée. Pendant la période des Tokugawa, la demande ne cessa jamais d'augmenter. **Il était réputé pour sa vertu particulièrement efficace dans le renforcement des fonctions du souffle, en particulier celles de l'estomac et de la rate.** Mais son prix était particulièrement élevé. En 1715, le *bakufu* versa 120 *kan* (environ 432 kg) d'argent nouveau pour payer 500 *kin* (environ 225 kg) de *ginseng* chinois. Pour se faire une idée de son importance, il suffit de se rappeler qu'à l'époque l'argent était strictement interdit pour les transactions avec l'étranger ; or, pour se procurer du *ginseng* de qualité, le *bakufu* se soumettait aux exigences des commerçants chinois qui n'acceptaient que l'argent (métal) comme monnaie d'échange. Les Japonais importaient alors du *ginseng* coréen, dont la vente était monopolisée par le fief de Tsushima, et du *ginseng* chinois à Nagasaki. Ce dernier était vendu par l'intermédiaire de la guilde du *ginseng* chinois créée par Yoshimune. Ce remède si précieux n'échappa pas à

251

l'attention du shôgun. Pour sauver les malades qui en avaient besoin, il organisa la transplantation du *ginseng* coréen au Japon en créant des jardins de plantes médicinales spécialisés dans sa culture. L'espèce s'acclimata si bien au sol japonais qu'elle fut même exportée au XIXe siècle. Mais le *ginseng* cultivé au Japon ne concurrença jamais les *ginseng* importés de Chine ou de Corée.

On trouvait parmi les produits pharmaceutiques le sucre (sucre de canne, sucre blanc). Ce produit était importé en grande quantité. En dehors des pâtisseries, on le trouvait aussi chez les apothicaires, car il était utilisé surtout pour être mélangé aux médicaments amers en poudre pour en faciliter l'absorption par les enfants.

Des traitements plus drastiques étaient parfois appliqués : vomissement ou saignée. L'acupuncture semble avoir été moins populaire.

Enseigne sur les points d'acupuncture utilisés pour le moxa

De même qu'en Occident, certaines maladies contagieuses, comme la syphilis, étaient bien connues. Mais la médecine restait impuissante à les soigner. C'était aussi le cas des épidémies et des maladies contagieuses.

Le Japon subit alors la variole, la rougeole, le choléra, la syphilis. Mais la population ne pouvait espérer des autorités aucune mesure médicale efficace, sinon l'exemption exceptionnelle ou l'allègement des impôts, mesures qui étaient aussi prises en cas

de famine. Seule la variole fut combattue avec succès à partir du début du XIXe siècle grâce à la diffusion de la vaccination, technique importée d'Occident.

Contre la syphilis qui frappait également l'Occident, les Japonais importaient de Chine de grandes quantités de bulbes et des racines séchées de *smilax glabra* (plante de la même famille que le lys) connu en Europe dès le milieu du XVIe siècle sous le nom de *radix*

*Parents vénérant la divinité porteuse de la variole,
pour protéger leur enfant.*

china, tuber china, china root. Parmi les divers produits pharmaceutiques, c'est celui qui a battu tous les records d'importation durant la période d'Edo. En 1754, le poids total s'éleva à 408 750 kg, soit 46,63 % de la quantité totale des produits pharmaceutiques importés cette année-là.

Si la médecine japonaise, tout comme la médecine occidentale qui lui est contemporaine, était relativement inefficace quand la maladie était déclarée, **elle attachait beaucoup d'importance à l'art de se maintenir en bonne santé. Ce souci est bien entendu d'origine chinoise, de même que le terme qui le désigne,** *yôjô* **(ch.** *yangshen***), art de nourrir la vie.** Dans la médecine chinoise savante, d'une connotation taoïste très marquée, l'ultime objectif de

LES JAPONAIS

253

cet art est d'atteindre l'immortalité. **Mais au Japon cet aspect taoïste disparaît presque entièrement à partir du** xvi**ᵉ siècle, et l'art de** *yôjô* **y connaît une évolution propre.** L'un des ouvrages le plus souvent réédités dans le domaine du *yôjô* de l'époque d'Edo est le *Yôjôkun / Leçons pour se maintenir en bonne santé* (1713) de Kaibara Ekiken, que nous avons déjà rencontré au chapitre VIII. **À l'époque d'Edo, il s'agissait en fait d'une hygiène de vie individuelle incluant la diététique, la prescription d'un mode de vie discipliné, le bain.**

LE BAIN

Celui-ci n'entrait absolument pas dans l'art de *yangshen* de la médecine chinoise, en Chine il est toujours resté lié au bouddhisme, alors qu'il connut une grande fortune au Japon. Le bain y possède une longue histoire. Des bains furent installés au départ dans des monastères. Ils étaient destinés aux malades démunis déjà au viiiᵉ siècle. Au milieu du viiiᵉ siècle, l'impératrice Kômyô, bouddhiste fort dévote, aurait soigné des lépreux grâce aux bains qu'elle avait fait construire.

D'après les climatologues, les habitants de la ville d'Edo souffraient comme de nos jours d'étés chauds et humides. Aussi appréciaient-ils particulièrement les bains à cette saison. **Pour cette époque, lorsqu'on parle du bain, il s'agit naturellement de bains publics, sauf ceux qui étaient installés dans les palais ou les châteaux.** En 1591, l'année suivant l'arrivée à Edo de Tokugawa Ieyasu, qui n'était pas encore shôgun, fut ouvert le premier bain public, *yûya*, de cette ville. Il s'agissait **d'un bain de vapeur pour lequel il existait deux systèmes : l'un était une sorte de sauna ; pour l'autre, la vapeur était préparée par une chaudière placée à l'extérieur et conduite dans le bain par un tuyau. Les bains publics avec de grandes baignoires remplies d'eau chaude apparurent seulement à la fin de la période des Tokugawa.** L'installation du bain public connut très vite un grand succès. À la fin du xviiiᵉ siècle à Edo, on comptait environ deux établissements par *chô* (environ un hectare). En 1808, on comptait 141 bains publics pour hommes, 11 pour femmes et 371 mixtes. Dans un des romans de Shikitei Sanba que nous venons de rencontrer, l'*Ukiyo buro / Bain du monde flottant*, 1809), l'histoire commence par une scène qui se déroule dans la baignoire pour hommes dans un établissement pour hommes et

LES JAPONAIS

Le bain de vapeur inventé par Kôma Ransai (1747-1838)

femmes. Il décrit la scène. Derrière une cloison se trouvait la baignoire des femmes. Des inspecteurs du préfet de la ville d'Edo s'y tenaient. Car, vers 6 heures du matin, la baignoire pour femmes étant vide, c'était le lieu idéal pour écouter discrètement les conversations des habitants du quartier à leur insu. C'était vers 10 heures du matin que les geishas, les prostituées, les femmes entretenues arrivaient à l'établissement les unes après les autres. Vers 14 heures,

255

Tanzen buro *(Le bain de tanzen), un des premiers bains publics de la ville d'Edo*

l'établissement était rempli d'enfants à la sortie des cours des petites écoles, *terakoya*. Les tarifs restèrent stables. De 1624 jusqu'en 1772, il en coûtait 6 *mon* par adulte et 4 *mon* par enfant. C'est seulement à partir de 1794 que l'augmentation des tarifs fut autorisée. On passa alors à 10 *mon* par adulte et 6 *mon* par enfant. Pour se faire une idée de ces tarifs, vers les années 1830 une serviette pour le bain coûtait environ 60 à 70 *mon*.

Matsudaira Sadanobu, réformateur de l'ère Kansei, interdit en 1791 les bains mixtes comme contraires aux bonnes mœurs. L'interdiction dura jusqu'en 1845. Les bains publics mixtes restèrent très populaires jusqu'à l'extrême fin du XIXᵉ siècle. Cette coutume choqua les Occidentaux qui arrivèrent au Japon à partir de la deuxième moitié du XIXᵉ siècle.

Le bain pouvait avoir également un but thérapeutique. Depuis l'Antiquité, plusieurs sortes de bains étaient préparés avec des plantes médicinales. Durant l'époque d'Edo, il existait des établissements réservés aux malades, *yakutô*, bains médicamenteux où l'on mettait des branches de prunier, de pêcher, de mûrier, de cryptomère, etc., ou encore des feuilles d'acore, d'armoise, de lotus, etc. Ces bains étaient censés chasser toutes sortes de maladies et assurer une bonne santé. **Parmi les *yakutô*, le plus populaire et accessible était le bain à feuilles de cryptomère qui étaient censées soigner le béribéri.** Ceci explique l'utilisation fréquente du bois de cryptomère pour la fabrication des baignoires. Les tarifs de ces bains à usage médical étaient une fois et demie plus chers que les bains ordinaires.

LES NOMS DE FAMILLE

L'Occident est habitué depuis le Moyen Âge à définir un individu grâce à deux systèmes de noms. Celui de famille qui lui vient de son père et celui qui lui est propre. Ce dernier appartient à un groupe relativement restreint, celui des saints pouvant servir de nom de baptême. Le système est simple et universel, à quelques nuances près.

Dans le cas du Japon d'Edo, les choses sont un peu plus complexes. D'une part les uns tiennent à se rattacher aux anciens clans, *uji*, et le rappellent dans leur dénomination, à certaines occasions, en lieu et place de leur nom de famille. D'autre part, au moins officiellement, une grande partie de la population n'avait pas le droit de porter un nom de famille, *myôji*, dont l'usage était réservé en théorie à l'aristocratie de cour et à la classe guerrière.

Ce nom de famille était le plus souvent celui de la résidence. Avant de se réclamer d'une ascendance prestigieuse, les Tokugawa portaient le nom de Matsudaira, nom d'un village de la province de Mikawa dont ils étaient issus.

LA VIE PRIVÉE

Le port du sabre et celui du nom de famille furent réservés à la classe guerrière. Autrement dit, **selon la législation établie par les autorités shôgunales, les gens des classes dominées n'avaient pas le droit de porter le nom de famille.** Toutefois, si le port de sabre était lié au pouvoir politique de la classe dirigeante, celui du nom de famille n'était qu'un symbole de sa position dans la hiérarchie sociale (cf. Les guerriers, chap. III).

Pour cette raison, **les autorités accordaient plus facilement aux roturiers des dérogations au port d'un nom de famille.** Ainsi les simples médecins de quartier qui ne dépendaient d'aucun maître avaient pourtant le droit de porter un nom de famille qu'ils pouvaient laisser à leur postérité. Pour les classes paysanne et marchande, il s'agissait dans la grande majorité des cas de récompenser des services éminents rendus au pouvoir, ou plus prosaïquement de sanctionner un état de fait, la position dominante, depuis plusieurs générations, d'un groupe familial dans une communauté donnée, paysanne ou marchande. **À la fin de l'époque d'Edo, seuls 6 % de la population possédaient un nom de famille.**

En dehors de ces dérogations, les roturiers utilisaient à titre privé des noms de famille, sans autorisation mais avec une certaine tolérance des autorités, ce qui est comparable aux jeux de dés, interdits, mais largement répandus en pratique. Pour la classe marchande, théoriquement sans nom de famille, la raison sociale était comparable au nom de famille de la classe guerrière. Elle était largement utilisée dans les actes officiels et était héréditaire.

Un nom de famille ou son équivalent ne sont pas suffisants pour définir une personne. Il faut y adjoindre un nom personnel. Or ce nom n'est pas unique. D'une part, il change selon les âges de la vie. Après le nom d'enfance vient le nom d'adulte, et pour finir le nom de défunt. **D'autre part il peut varier selon le contexte, appellation courante, appellation officielle, nom de lettré, nom d'artiste.** Ces différentes appellations recouvrent en partie les usages chinois. Dans les dictionnaires, les notices biographiques commencent systématiquement par la liste des différents noms. Ainsi le conférencier du cinquième shôgun Tokugawa Ienobu, Arai Hakuseki (1657-1725), guerrier et lettré, avait pour nom d'enfance, *yômei* : Yogorô ; pour nom personnel ou vrai nom, *na* ou *honmyô* : Kinmi ; pour surnom, *azana* : Nariyoshi : pour appellation courante, *tsûshô* : Denzô, Kageyu ; pour titre honorifique : gouverneur de la province de Chikugo, *Chikugo no kami* ; pour noms de lettré, *gô* : Hakuseki, Tenshakudô, Shiyô. Auteur de

LES JAPONAIS

nombreux ouvrages sur l'histoire, la langue japonaise, la poésie, etc., il signait presque toujours ses écrits Minamoto no Kinmi, parfois précédé de son nom de lettré Hakuseki, en employant son nom de clan Minamoto. Un autre lettré, mais d'une famille de marchands, Itô Jinsai, avait pour nom d'enfance : Koresada ; comme surnom d'enfance : Genshichi ; comme nom personnel : Koreeda ; comme surnoms à l'âge adulte : Genkichi, Gensuke ; comme nom de lettré : Jinsai ; comme nom de défunt, *okurina* : Kogaku sensei (le maître des études de l'Antiquité). Dans l'usage d'Edo, l'utilisation du *gô*, du nom de lettré, se faisait sans mention du nom de famille. On ne pouvait pas dire Itô Jinsai ou Arai Hakuseki, mais Jinsai, Hakuseki, ou bien Itô Koreeda, Arai Kinmi. Mais l'usage récent, au Japon même, mélange les deux appellations.

L'usage de telle ou telle appellation était fonction du contexte. Quand le shôgun paraphait un texte important, il utilisait son nom de clan, *uji*. On trouve ainsi Minamoto no Ieyasu au lieu de Tokugawa Ieyasu, puisque les Tokugawa se disaient descendants du clan prestigieux des Minamoto. Ogyû Sorai utilisa parfois, en bon lettré sinisant, une partie de son nom de clan, Mononobe, en lecture chinoise Butsu.

Le choix du nom personnel était très libre, mais dans un grand nombre de familles on donnait aux garçons un nom personnel comprenant une des syllabes de celui du père, d'où par exemple la fréquence des *Ie* dans le nom des shôguns Tokugawa. Cette pratique s'est étendue dans le domaine des arts ou des voies, le disciple recevait de son maître un nom comportant un caractère donc une syllabe de son nom.

Certains noms d'enfance en apparence dépréciatifs avaient des vertus propitiatoires, comme Sute, enfant abandonné, surnom du premier fils de Hideyoshi, mort à trois ans. Le sort ne s'intéresserait pas à un enfant de si peu de valeur. Hideyori (1593-1615), le second fils, eut pour nom d'enfance Hiroi, le trouvé, tant son père craignait de le perdre.

Un certain nombre de noms de fonction de l'Antiquité, qui servaient communément à désigner leurs titulaires, ont fini par être utilisés comme nom personnel. C'est ainsi que l'on retrouve beaucoup de *emon*, garde des portes, *suke*, adjoint, dans la composition des noms masculins. **Les noms personnels des femmes, en dehors de l'aristocratie de cour, restèrent d'une grande simplicité, avec une utilisation presque systématique du syllabaire, à l'exclusion des caractères chinois.**

LES JAPONAIS

LA FAMILLE

La domination de la classe guerrière à partir de la fin du XIIIe siècle a profondément marqué la structure familiale dans toutes les couches de la société. Elle a accentué la puissance des chefs de famille, restreint les partages successoraux, affaibli la position des femmes.

Quand le Japon s'est mis à l'école de la Chine au VIIe siècle, il ne s'est pourtant pas plié aux structures familiales chinoises. La preuve en est le décalage entre la richesse des termes de parenté chinois, accessibles par l'écriture, et la relative pauvreté de leurs homologues japonais. L'exemple le plus connu étant celui des oncles. Oncles

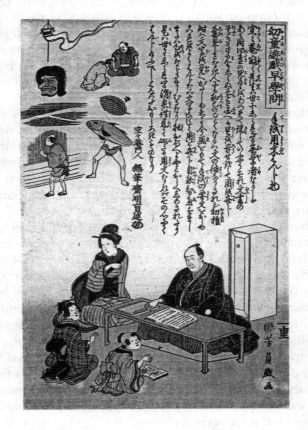

Jeux d'enfants, méthode d'étude accélérée d'Utagawa Yoshikazu

paternels et maternels ne sont distingués en japonais que par l'écriture, la lecture étant la même, *oji*. Ce décalage d'avec le modèle chinois sera encore déploré à l'époque d'Edo pour les lettrés confucéens qui ne voyaient de civilité que chinoise et déploraient la rusticité, voire la barbarie, des usages japonais. Mais leurs récriminations ne changèrent rien à l'ordre des choses. Les règles de mariage, de deuil et d'adoption restèrent profondément différentes de ce qu'elles étaient en Chine.

Il reste malgré tout difficile de brosser un tableau d'ensemble, car, s'il y a quelques constantes, les pratiques furent très diverses selon les classes sociales et les régions.

Les clans, *uji*, qui avaient joué un grand rôle dans le Japon antique, étaient encore connus à l'époque d'Edo. Mais on ne s'y référait que rarement. Dans la pratique, ce sont les familles et les noms de famille qui étaient utilisés même parmi les familles de nobles de cour, presque tous apparentés au clan des Fujiwara.

Dans la vaste remise en ordre qui débuta avec Toyotomi Hideyoshi et fut parachevée par Ieyasu, les questions des alliances matrimoniales et des droits successoraux ne pouvaient être laissées au bon vouloir de chacun. **Les règlements des maisons guerrières, *buke shohattô*, précisent les conditions d'alliances ; il fallait l'assentiment du *bakufu* pour le mariage des héritiers des fiefs. De plus, dans tous les cas, seul le fils aîné pouvait hériter.** Pour les paysans, il subsista une certaine liberté de tester, même si la position du premier-né fut toujours avantageuse et la limitation de l'éparpillement des biens encouragée.

L'une des pratiques les plus originales fut le recours fréquent et parfois obligatoire à l'adoption. Le seul groupe familial à n'y avoir jamais eu recours fut la famille impériale. Si le système de succession le plus général fut celui de l'aîné des fils, l'absence de celui-ci était toujours compensée par une adoption, notamment l'adoption du gendre. Dans les familles guerrières, le choix de l'héritier se faisait d'abord parmi les apparentés. Chez les paysans, les artisans ou les commerçants, l'adoption du gendre, donc d'un étranger, était régulière. Dans certains métiers requérant des compétences pointues, il n'était pas rare que l'adoption ait lieu même quand il y avait un héritier naturel, si celui-ci n'était pas considéré comme compétent. On rencontre ce cas chez les médecins, par exemple.

L'unité de base était la maison, *ie*, qui, comme en français, recouvre aussi bien les membres d'une famille qui vivent sous le même toit que le bâtiment lui-même. Malgré de sensibles nuances

LES JAPONAIS

régionales, **le schéma général se résume dans la coexistence sous un même toit du chef de famille, de ses parents retirés (parfois dans une petite maison séparée,** *hanare*), **de sa femme et de ses enfants non mariés.** Pouvaient aussi habiter ses frères et sœurs non mariés, les domestiques. **Les enquêtes sur les registres d'état civil montrent que ces familles restaient relativement restreintes, vers cinq personnes en moyenne. La mortalité élevée, les avortements et les infanticides limitaient l'expansion des familles.**

La tradition du mariage par fréquentation de la femme, bien attestée à l'époque ancienne où elle se combinait à une polygamie répandue dans les couches les plus riches, disparaît presque entièrement à l'époque d'Edo. Ne subsiste que la coutume pour la femme d'aller accoucher dans sa famille, du moins pour le premier-né.

La polygamie tend à disparaître dans les milieux des guerriers. À l'opposé de shôguns comme Ieyasu ou Ienari, célèbres pour le nombre de leurs concubines, une quarantaine ou une cinquantaine, on trouve le vertueux Yoshimune qui choisit une femme et une seule. Ne considérant que ses qualités de future mère de ses enfants, il renvoya toutes les belles jeunes femmes qui étaient au service de son palais. C'est ce modèle qui s'imposa peu à peu. La femme, *yome*, après avoir passé plusieurs années sous la tutelle de la belle-mère, occupait une place plus importante que ne veut bien reconnaître l'idéologie de référence qu'est le confucianisme vulgarisé dans des textes comme la *Grande étude des femmes*. Chez les paysans, les artisans, les commerçants, comme dans presque toutes les cultures, les femmes participaient, au moins à l'égal de l'homme, à la bonne marche de l'exploitation ou de l'affaire.

La mauve arme des Tokugawa

Maison shogunale

Maison d'Owari

Maison de Kii

Maison de Mito

Mon, *armoiries, des branches de la famille Tokugawa*

Dans les campagnes et en ville, quand les enjeux économiques n'étaient pas trop forts, il existait une relative liberté de choix des futurs conjoints. Des institutions comme les groupes de jeunes de même classe d'âge, *wakamonogumi*, favorisaient une certaine liberté sexuelle. **Le mariage n'était guère accompagné de prestation financière significative. Le Japon a ignoré l'institution de la dot.** La jeune fille se devait cependant d'apporter ses vêtements dans des armoires qui étaient transportées aux yeux de tout le village. Par contre la famille du marié se devait de verser le *yuinô* à la famille de la jeune fille. Ce cadeau prenait souvent la forme d'une barrique de *sake*.

Le mariage était une cérémonie strictement familiale, la seule intervention extérieure étant celle du *nakôdo*, l'intermédiaire entre les deux familles. La séparation fait apparaître la dissymétrie entre les époux. Il suffisait pour le mari d'un document de trois lignes et demie, *mikudari han*, pour renvoyer son épouse. **La première cause de renvoi était la stérilité.**

Du point de vue des relations familiales, la hiérarchisation de la maison autour du maître se retrouve au niveau des relations entre la branche principale, *honke*, et les branches cadettes, *bunke*, d'une même famille. L'ensemble *dôzoku*, gens de même espèce, est uni par des liens qui furent d'abord économiques, les *bunke* recevant une part du patrimoine de la branche principale pour faire place par la suite à des relations de subordination marquées rituellement. A l'occasion des fêtes du nouvel an et du *bon*, ce sont les *bunke* qui se déplacent pour rendre une visite quasi protocolaire à la branche aînée.

L'usage des armoiries d'origine guerrière, comme en Occident, se répandit très largement. Chaque famille possèdait ses armes, son *mon*. Le *mon* des familles cadettes présentait des variantes de celui de la branche aînée. Le *mon* se retrouvait sur les vêtements de cérémonie.

Les relations de subordination sont omniprésentes à tous les niveaux de la hiérarchie sociale. Elle repose sur l'intériorisation de la notion clef de la tradition chinoise de la piété filiale. La relation première est donc celle du père et du fils. Ce dernier sera toujours redevable des bienfaits, *on*, de son père, qui seront pour lui la source d'une gratitude inépuisable, *giri*.

Les villages rassemblant le plus souvent des familles apparentées, le système des *goningumi*, groupe de cinq, quoique de base purement territoriale, recouvre en partie des relations familiales (cf. Les paysans, chap. III). La solidarité fiscale et pénale créait des liens très forts. La solidarité familiale s'appliquait en cas de crime sous le nom d'*enza* ; dans le cas des guerriers, la condamnation du père entraî-

LES JAPONAIS

nait celle du fils. Ainsi, pour mettre fin à la coutume du *junshi*, suivre son seigneur dans la mort, le *bakufu* décréta qu'en cas de contravention la famille du vassal qui se suiciderait serait exécutée. On observe le même phénomène dans les autres classes. On cite le cas, en 1694, d'un citadin meurtrier de son patron, crime assimilé à un parricide ; il fut exécuté avec son fils ; ses deux frères et leurs fils furent exilés.

Le *bakufu* prit comme unité de base le village, souvent conçu comme un groupe de familles se rattachant à un même culte, celui de l'Ujigami, et considéré comme responsable collectivement de l'impôt, mais aussi de la chasse aux chrétiens. À un échelon intermédiaire se tenaient les *goningumi*, les groupes de cinq chefs de famille. Les registres de ces groupes étaient tenus au niveau du village, ou du quartier dans les villes.

L'HABILLEMENT ET LA COIFFURE

De façon plus visible que dans nos sociétés contemporaines, l'habillement et les coiffures, aussi bien chez les hommes que chez les femmes et les enfants, étaient déterminés selon l'appartenance sociale et l'âge.

Pour les hommes ayant le statut de guerrier, la tenue de tous les jours était le *hitatare* d'intérieur sans armoirie, *mon*. Le *hitatare* se composait de deux parties : un *hakama*, vêtement du bas, sorte de large pantalon qui se mettait par-dessus un *kosode*, *kimono* en une seule pièce à manches droites et étroites dont le col était identique à celui du *kimono* d'aujourd'hui. Le *hakama* descendait jusqu'aux chevilles.

Le *hitatare* de soie damassée avec le blason de la famille était un habit de cérémonie réservé aux shôguns et aux daimyô. Les guerriers ordinaires portaient, à l'occasion des cérémonies, le costume appelé *kamishimo*, composé d'une sorte de *hitatare* avec un surtout sans manches, avec les armoiries, porté par-dessus le *kosode*. *Kosode* et *hakama* devaient être confectionnés à l'origine dans la même étoffe. Les paysans, les marchands et les artisans n'avaient pas le droit de porter ce type de costume.

Les roturiers portaient des *kosode* confectionnés en soie, pongé, coton ou chanvre en fonction de leur niveau de vie. Le coton, largement utilisé pour les habits quotidiens par les gens du peuple,

*Portrait d'Ashikaga
Yosohinori en* hitatare

apparut pour la première fois au Japon au milieu du XVIᵉ siècle. Le *kosode*, origine du *kimono* d'aujourd'hui, existait dès le VIIIᵉ siècle en tant que sous-vêtement dans les costumes réservés aux membres de la haute société. Il devint, dans la seconde moitié du XVIᵉ siècle, la tenue principale des hommes et des femmes des classes inférieures. Depuis ce moment-là sa morphologie n'a guère évolué ; seuls les couleurs, les motifs tissés, peints ou encore brodés, connurent les variations de la mode.

Les femmes, dans le milieu de la classe guerrière, portaient déjà au XVIᵉ siècle plusieurs *kosode* superposés, sans porter de *hakama* comme le faisaient les dames de cour de l'époque de Heian. Elles nouaient au niveau de la taille un *obi*, ceinture, peu large pour arranger les *kosode* et les maintenir. Les femmes des milieux populaires étaient vêtues de façon similaire. Seules les étoffes utilisées et les fils de broderie étaient meilleur marché.

Les *kosode* pour femmes devinrent plus près du corps et plus longs durant l'ère Genroku. Un type de *kimono*, avec des manches très longues qui atteignaient parfois les chevilles, appelé *furisode*, apparut également à ce moment-là. Le *kimono* se portait d'ordinaire long, avec suffisamment de marge pour laisser l'ourlet traîner par terre. L'*obi*, lui, devint plus large d'environ de huit à neuf *sun* (autour de 26 à 30 cm). Toutes ces évolutions furent le fruit de recherches permanentes pour assurer bien évidemment le maximum de beauté. Les motifs réalisés sur les *kosode* changèrent eux aussi radicalement durant l'ère Kanbun (1661-1672). Les *kosode* antérieurs à cette époque avaient des motifs de taille modeste dispersés sur toute la surface. Or, à partir de l'ère Kanbun, ils couvrirent toute la surface de chaque *kosode* comme la surface d'une toile à peindre. Ces motifs de grande taille se combinaient de façon originale. **Ce développement suscita par la suite la naissance de recueils de motifs à l'usage des *kosode*.**

Pour répondre à une demande de plus en plus exigeante, les tissages se diversifièrent à cette époque : satin, sergé, brocart, broché de Damas, ou crêpe, velours, brocart à fils d'or, à fils d'argent, gaze de soie à fils d'or, gaze à motifs tissés, etc. Tous ces produits de luxe étaient quasiment le monopole de Nishijin, quartier de Kyôto fort célèbre pour ses tissages depuis le début du XVIe siècle. Par ailleurs ce quartier donna son nom à un type de tissage, le damassé, qui vit le jour dans ce quartier au nord-ouest de Kyôto (cf. Artisanat, chap. V). Durant la seconde moitié du XVIIe siècle, l'épanouissement de l'économie marchande pénétra dans presque toutes les couches sociales, et la recherche de produits de luxe ne fut plus le monopole des seules classes de haut statut. Le reste de la population, chacun à son niveau, participa à la mode. **Les autorités se sentirent obligées à plusieurs reprises d'encourager la frugalité en interdisant des produits de luxe comme les fils d'or et d'argent, de laine, les gazes de soie à fils d'or, etc.** Certains riches commerçants se firent condamner pour avoir porté des vêtements trop luxueux.

C'est dans ce contexte que naquit la teinture yûzen. Le nom provient d'un artisan teinturier spécialisé dans la peinture sur éventails, Miyazaki Yûzen, actif à Kyôto entre 1684 et 1703. Le début de la grande mode du *yûzen* remonte à cette époque. Dans le roman *Amours, vie d'un homme*, d'Ihara Saikaku, publié en 1682, figure le terme d'éventail *yûzen*. Ce procédé permettait d'obtenir sur les tissus des dessins presque identiques à ceux qui étaient peints. D'autre part il pouvait se pratiquer sur tous les tissus, aussi fins soient-ils. Déjà en 1688 on commença à voir des *kosode* teints à la manière de *yûzen*. Toutefois il faut noter que cette teinture n'était pas un procédé révolutionnaire. Son « inventeur » s'était contenté d'apporter quelques modifications à une technique qui existait déjà depuis le Xe siècle. Mais la richesse des couleurs employées, la diversité des étoffes utilisables, furent les apports décisifs de Miyazaki Yûzen, qui marquèrent une époque dans les différents modes de teinture sur tissu.

À partir du XVIIIe siècle apparurent d'autres procédés de teinture et de tissage en dehors de Kyôto. Ces nouveaux centres répondaient aux besoins et aux exigences de plus en plus diversifiés des « consommateurs » dans toutes les couches sociales. Mais **ce furent** évidemment les membres de la classe marchande qui se trouvèrent à la naissance des manufactures dans le domaine des textiles. **Contrôlant la production, les marchands imposèrent la mode.** Au début du XIXᵉ siècle, si des commerçants rêvaient de promotion sociale par une alliance avec une famille de guerriers, leurs filles voulaient éviter à tout prix d'en épouser. Inversement, les femmes mariées et les jeunes filles de la classe guerrière cherchaient à s'habiller en suivant la mode des femmes et filles de marchands.

Un certain nombre de métiers étaient caractérisés par l'absence presque totale de vêtement. Les porteurs de chaise à porteurs, *kagoya*, les portefaix, tous les travailleurs des métiers salissants ne portaient qu'un pagne, *fundoshi*, semblable à celui que portent encore les lutteurs de sumô.

Cette nudité, qui choqua les Occidentaux au milieu du XIXᵉ siècle, pouvait être compensée par des tatouages. Le Japon d'Edo vit fleurir des peaux de brocart, pour reprendre l'expression de Philippe Pons (voir en bibliographie : *Peau de brocart, le corps tatoué au Japon*). Connu dans l'Antiquité, le tatouage était devenu une marque infamante, sous le nom d'*irezumi,* au cours de l'époque médiévale. Durant l'époque d'Edo, on vit se répandre les tatouages d'amour dans le monde des quartiers de plaisir. Dans la seconde moitié de l'époque, les illustrations par les maîtres de l'estampe du grand roman populaire chinois *Au bord de l'eau / Suikôden* en japonais, donnèrent une nouvelle impulsion à ce qui devint alors un art dans les milieux populaires des grandes villes. Les planches représentaient les bandits tatoués du roman. Le théâtre *kabuki* popularisa la figure des bandits d'honneur, eux aussi tatoués. Malgré les interdictions régulières du *bakufu*, le tatouage, *horimono* (gravure), se développa dans les classes populaires, particulièrement dans les métiers qui laissaient le corps à nu comme les porteurs. Les motifs tatoués étaient souvent floraux, particulièrement la pivoine. Mais on trouvait aussi des divinités bouddhiques, de grandes figures de guerriers, des personnages de romans. C'est toute la culture populaire d'Edo qui se donnait ainsi à voir.

Cette tradition survit encore de nos jours et n'est pas le seul fait des Yakuza (cf. Les jeux, chap. X).

La coiffure fut aussi un marqueur social d'une extraordinaire finesse, tout en évoluant rapidement. La période de guerres civiles avait entraîné une simplification. Les femmes de toutes les couches sociales gardèrent jusqu'au début du XIVᵉ siècle les cheveux longs et droits. **C'est seulement vers le milieu de ce siècle qu'apparurent des coiffures variées réalisées parfois avec des perruques partielles.**

LES JAPONAIS

267

Pendant l'époque des Tokugawa, petits garçons et petites filles ne portaient pas de chignon. Les petits garçons gardaient les cheveux sur le front, l'arrière du crâne étant en partie rasé. Entre onze et dix-sept ans avait lieu le rite qui les faisait passer à l'âge adulte. Ils devaient dès lors porter la coiffure des hommes. Celle-ci est caractérisée par une tonsure au milieu du crâne et un chignon, *chonmage*, sur l'arrière. Les lutteurs de sumô portent encore de nos jours cette coiffure. Elle existait chez les guerriers depuis la fin du XIIe siècle. À l'époque d'Edo, seules quelques rares catégories sociales ne portaient pas cette coupe : les moines qui étaient entièrement rasés, les *yamabushi*, ascètes itinérants, qui eux se laissaient pousser les cheveux. Pour un guerrier, se couper le chignon était un signe de rupture d'avec sa condition. Le pire était de se le faire couper. Autant être mort que de subir un tel affront.

La coiffure des femmes fut l'objet de nombreuses modes qu'on ne peut suivre dans le détail. Toutefois on peut noter que le type *oriwage*, cheveux rassemblés, pliés et attachés, est omniprésente.

Les épouses de guerriers portaient des coiffures spécifiques qui les distinguaient des roturières. La plus connue est le *katahazushi*. Chez les roturières existaient une vingtaine de coiffures courantes. Les femmes mariées se coiffaient par exemple en *maruwage*, ou en *takashimada*.

Les coiffures étaient le support des seuls bijoux que portaient les femmes : les épingles à cheveux, peignes, broches. Les matériaux utilisés pouvaient être très précieux.

Coiffure dite takashimada

高島田

Les femmes mariées de toutes les couches sociales devaient avoir les sourcils rasés et les dents teintes en noir. **Elles procédaient à cette teinture à l'aide de fer oxydé dans du vinaigre et de la poudre d'aconit.** Cette coutume, qui remonte à l'époque de Heian, fut observée jusqu'en 1873. Cette année-là, qui vit l'adoption définitive du calendrier solaire, fut aussi celle où l'impératrice cessa de se teindre les dents. **Son exemple ne tarda pas à être suivi.**

REPÈRES BIOGRAPHIQUES

par ordre alphabétique

ARAI HAKUSEKI (1657-1725)

Guerrier et lettré, c'est-à-dire confucianiste, disciple de Kinoshita Jun.an (1621-1698) du milieu de l'époque d'Edo. Malgré son origine familiale relativement médiocre, il garda toute sa vie une vision idéaliste du guerrier comme modèle de l'existence en société. Il y projetait l'image de son père, homme d'ordre profondément discipliné. Dans le cadre de l'histoire des idées, c'est un des intellectuels les plus représentatifs du Japon du début des temps modernes, aussi bien pour la diversité des disciplines qu'il étudia que pour l'aspect novateur de son approche dans ces études : histoire, géographie, poésie chinoise, essai au fil du pinceau (1733-1817), linguistique, stratégie militaire, études de mœurs (ethnologie), économie politique, morale. Sur le plan intellectuel, son attention particulière portée à la géographie du monde ainsi qu'à la civilisation occidentale, position assez exceptionnelle à son époque, lui permit d'avoir un regard objectif, rationnel, sur l'histoire de son propre pays. Il participa également de façon indirecte, mais active, aux affaires politiques du shôgunat à l'époque du sixième shôgun Ienobu (en fonction de 1709 à 1712) qu'il servit en tant que conférencier depuis 1693. On peut notamment mentionner l'allègement du traitement des ambassades coréennes, des réformes monétaires dans le but de redresser les finances du *bakufu*. L'impact de son œuvre dans de nombreux domaines est incontestable, en particulier dans celui de l'histoire du monde, de la géographie humaine, de la politique institutionnelle, des études de mœurs. Il anticipa ainsi en quelque sorte le parcours de nombreux savants occidentalistes de la seconde moitié du XVIIIᵉ siècle, les *rangakusha*, savants, des études hollandaises.

ASHIKAGA YOSHIMITSU (1358-1408)

Troisième shôgun Ashikaga, petit-fils du fondateur du *bakufu* de Muromachi, Taka.uji (1305-1358). Il réussit à asseoir son pouvoir à la suite d'une série de campagnes contre des gouverneurs militaires insoumis. Il finit, en 1392, par réunir les deux cours qui se disputaient la légitimité du pouvoir impérial depuis 1337. Plus que la cour du nord, c'est le *bakufu* qui sortit vainqueur de cette longue lutte. Il recevra le titre de ministre des affaires suprêmes, la plus haute fonction de la cour au moment où il laissait la fonction de shôgun à son fils. Mais c'est de son propre chef qu'il décida de renouer des relations officielles et commerciales avec la Chine, alors gouvernée par les Ming. Pour faciliter la reprise de contact, Yoshimitsu accepta en 1401 de se placer en position de vassal de l'empereur de Chine, ce qui lui fut reproché dès cette époque. En 1394, il s'était retiré des affaires pour devenir moine dans la résidence qu'il s'était fait construire à Kitayama, au nord ouest de Kyôto. Le pavillon d'or, Kinkaku, de ce nouveau monastère deviendra le symbole du raffinement de ce qu'on appellera la culture de Kitayama. Yoshimitsu, issu d'une famille de guerriers, sut assimiler les mœurs de la cour. Il participa activement à l'élaboration d'une anthologie impériale de *waka*, parraina les acteurs de *sarugaku* Kan.ami et son fils Zeami, favorisant ainsi l'éclosion du *nô*. C'est pour suivre son exemple que son petit-fils Yoshimasa (1436-1490), lui aussi amateur d'art, créa à l'est de la capitale une nouvelle résidence dotée d'un pavillon d'argent, Ginkaku, d'où rayonnera la culture de Higashiyama.

BASHÔ (1644-1694)

Un des noms de lettré de Matsuo Munefusa, poète de *haikai*. Issu d'une famille de guerriers de basse catégorie de la province d'Iga, il servit le fils de son seigneur, qui pratiquait ce genre poétique. Le *haikai*, dérivé de la poésie aristocratique, avait conquis tous les milieux, mais était particulièrement prisé par les citadins. Bashô en fit sa raison de vivre après avoir quitté son fief à la mort de son jeune maître. En 1672, il est à Edo où il ne tarde pas à rassembler des disciples autour de ce qui va devenir l'école Shômon, l'école de Bashô. Ce nom est emprunté à un ermitage que lui avait construit un disciple fortuné, ermitage où l'on avait planté un bananier ornemental, *bashô*. Mais le maître ne passa pas sa vie à tenir école. Il suivit l'exemple de Saigyô* (1118-1190) et parcourut tout le Japon, acueilli par ses disciples. Ce qui nous vaut ses admirables journaux de voyage, dont le plus connu reste *Oku no hosomichi / La sente étroite du bout du monde*. Bien que son œuvre ne soit pas d'un volume considérable, elle marqua profondément l'esthétique de la poésie japonaise. Il illustra la notion de *sabi*, « patine » qui, selon R. Sieffert, se situe à l'interaction du fluant et de l'invariant. Mais le *haikai* ne peut se contenter d'une vision trop sérieuse des choses, il lui faut aussi de la légèreté, *karumi*. Mort en voyage, Bashô eut ses dix disciples et un nombre toujours grandissant d'admirateurs qui finirent par le canoniser et scléroser son art.

René Sieffert (trad. de), *Le haikai selon Bashô*, POF, 1983, *Journaux de voyage*, POF, 1976, *Les sept livres de Bashô*, POF, 1986-1994.

CHIKAMATSU MONZAEMON (1653-1724)

Pseudonyme de Sugimori Norimori. Dramaturge de l'époque d'Edo. Issu d'une famille de médecins d'origine guerrière. Il s'illustra dans la composition de pièces pour les deux grands genres populaires que sont le *kabuki* et le *jôruri*. Après une jeunesse mal connue qui le mit en contact avec le monde de la cour et ses usages, et celui du bouddhisme, il commença, semble-t-il, par écrire des pièces de *jôruri*, et pour un acteur du théâtre *kabuki* de Kyôto, Sakata Tôjûrô. Son destin bascula quand il fut recruté comme auteur attitré du théâtre de *jôruri*, Takemoto-za, dirigé par Takeda Izumo, avec comme récitant Takemoto Gidayû. Ce trio fera du théâtre de marionnettes d'Ôsaka le lieu d'innovations déterminantes. Si, dans l'œuvre immense de Chikamatsu, ses œuvres complètes comptent douze volumes de neuf cents pages, cent cinquante drames, ce sont de loin les pièces historiques, *jidaimono*, les plus nombreuses, la grande nouveauté fut la création de *sewamono* / ce dont parle le monde. Le premier exemple et le premier succès fut, en 1703, *Sonezaki shinjû / Double suicide à Sonezaki*, qui mettait en scène un fait divers survenu peu de temps auparavant. La société urbaine trouvait enfin sa représentation et accédait à l'art. En prise directe avec la société de son temps, Chikamatsu écrira ainsi deux drames sur l'extraordinaire affaire Akô, ce qui lui assura non seulement un succès renouvelé auprès du public urbain, mais aussi une profondeur qui le fit accéder au rang des classiques.

René Sieffert (trad. de), *Les tragédies bourgeoises*, POF, 4 vol., 1991-1992.

DÔGEN (1200-1253)

Moine de l'époque de Kamakura. Issu d'une famille de la grande arisocratie, il rentra à treize ans au monastère du mont Hiei. En 1223, il se rendit dans la Chine des Song où il obtint l'éveil sous la direction de Rujing (jap. Nyojô). Il revint au Japon avec les enseignements de l'école de son maître, le Caodong (jap. Sôtô). Après avoir enseigné près de la capitale, il alla fonder en 1243 un monastère dans la province d'Echizen, l'Eiheiji. Au centre de son enseignement se trouve la conviction que l'éveil peut s'obtenir dès cette vie par la pratique exclusive de la méditation assise, le *zazen*. Celui-ci n'est pas un moyen mais est immédiatement l'éveil. Une fois installé en province, il ne s'adressa plus qu'aux moines qui l'entouraient. Il rédigea à leur intention une règle monastique très minutieuse, *shingi*, pour procurer l'environnement idéal à la méditation assise. Fidèle à l'esprit des maîtres du Chan chinois, Dôgen privilégia la langue vernaculaire et l'écriture en syllabaire. Son œuvre la plus connue, le *Shôbô genzô / Trésor de l'œil de la vraie loi* (98 livres), n'est sorti du milieu monastique qu'au début du XXe siècle, pour suivre dès lors un chemin singulier chez les philosophes.

Le zen Sôtô qu'il introduisit au Japon fut, avec l'école Rinzai, l'un des deux grands courants du zen japonais. Alors que le second fut surtout apprécié des guerriers, le Sôtô se répandit dans toutes les couches de la population. Il patronna des formes populaires de syncrétisme comme celui de la

REPÈRES BIOGRAPHIQUES

divinité bouddhique Dakiniten et de la divinité indigène Inari, toutes deux liées au renard.

Pierre Nakimovich, *Dôgen et les paradoxes de la bouddhéité*, Droz, 1999. Bernard Faure (traduction et commentaire), *Dôgen, la vision immédiate. Nature, éveil et tradition selon le Shôbôgenzô*, Le Mail, 1987.

FUJIWARA NO MICHINAGA (966-1027)

Figure emblématique du milieu de l'époque de Heian. La mort de ses deux frères aînés lui donna l'opportunité d'une carrière brillante. Son adresse politique le fit parvenir au sommet de la hiérarchie sociale. En 996 il devint ministre de gauche. Il parvint à placer ses filles au palais : Sôshi auprès de l'empereur Ichijô, mère de Go Ichijô et Go Suzaku, Kenshi auprès de Sanjô, Ishi auprès de Go.ichijô, de neuf ans son cadet. En 1018, l'aînée devint impératrice archidouairière, la seconde, impératrice douairière, la dernière, impératrice en second. Il fit accéder au pouvoir son petit-fils Go-Ichijô et devint lui-même régent *sesshô*, puis ministre des affaires suprêmes, fonctions qu'il n'occupa guère. En 1021, sa quatrième fille épousa le prince héritier et futur Go Suzaku à qui elle donna le futur Go-Reizei. La politique d'alliance des Fujiwara avec la maison impériale connut là sa forme la plus accomplie.

Les branches de la famille Fujiwara issues de Michinaga monopolisèrent les plus hautes fonctions, particulièrement celle de *Kanpaku*, grand rapporteur, alors que Michinaga lui-même n'occupa jamais cette charge.

Dominant sans rival la cour, imposant son autorité aux empereurs, sa vie apparut très tôt comme le symbole de l'apogée de l'époque aristocratique. Il devint le héros du récit historique *Eiga monogatari / Le récit de la splendeur*.

Il a laissé des notes journalières, le *Midô kanpaku ki / Le journal du grand rapporteur de l'auguste chapelle*, du nom de l'établissement bouddhique qu'il avait construit, connu sous le nom de Hôjôji. Il s'y éteignit en tenant dans ses mains des cordons de couleur reliés à la statue du bouddha Amida dont il était dévot.

Francine Hérail, *Le journal de Michinaga, traduction du Midô kanpakuki*, Droz, 3 vol., 1987, 1988, 1991.

FUJIWARA NO TEIKA OU SADAIE (1162-1241)

Parallèlement à une carrière de fonctionnaire commencée à 14 ans, qui le conduisit au deuxième rang majeur et à la charge de second conseiller surnuméraire, Teika s'engagea à la suite de son père dans la voie de la poésie. En 1205, il fut l'un des trois auteurs de l'anthologie impériale qui donna le ton à la poésie japonaise de son temps, le *Shin kokin waka shû / Nouveau recueil des poèmes de jadis et de maintenant*, dont le titre montre bien qu'il se posait comme un nouvel élan donné à la poésie, en écho à la première anthologie impériale, le *Kokin wakashû* du début du Xe siècle. En 1234, il réalisa seul une nouvelle anthologie sur ordre impérial *Shin choku-sen waka shû*. Si la cour le chargea de ces tâches prestigieuses, c'est qu'il était reconnu comme un des meilleurs poètes de son temps. Nombre de ses compositions se retrouvent dans les anthologies officielles, les autres furent publiées dans ses recueils personnels. Comme le voulait le mode de composition poétique de la cour, il servit régulièrement de juge lors des joutes poétiques, *uta.awase*. La justification de ses jugements le mena à rédiger des traités poétiques qui marquèrent profondément l'esthétique de la poésie japonaise. Il y développa notamment le concept de *yûgen*, résonance profonde.

Parmi ses nombreux disciples directs, on peut citer le jeune shôgun Minamoto no Sanetomo (1192-1219) avec qui il eut une correspondance suivie, et son propre fils et continuateur Tameie. Formé aux lettres chinoises comme tous les lettrés de son temps, Teika fut aussi un connaisseur de la tradition littéraire japonaise qu'il travailla à transmettre. Il édita la plupart des textes qui sont maintenant considérés comme les chefs-d'œuvre de la littérature de Heian, textes profondément liés à la poésie, *Ise monogatari* / *Contes d'Ise* ; *Yamato monogatari* / *Contes de Yamato* ; *Tosa nikki* / *Journal de Tosa* ; *Genji monogatari* / *Roman du Genji* ; sans parler des anthologies poétiques *Kokin waka shû* et du *Man.yô-shû*. Ce travail d'édition le mena à une réflexion sur l'utilisation des syllabaires et sur la langue ancienne.

Il fut très probablement l'auteur de l'anthologie poétique la plus connue du Japon, *Hyakunin isshu* / *De cent poètes un poème*, qui sert encore de nos jours pour un jeu très prisé au moment du nouvel an. À la fin de sa vie, il se fit moine et prit le nom de Myôsei.

Michel Vieillard-Baron, *Fujiwara no Teika (1162-1241) et la notion d'excellence en poésie. Théorie et pratique de la composition dans le Japon classique*, Collège de France, Institut des hautes études japonaises, 2001 ; *Hyakunin isshu* / *De cent poètes un poème*, traduction René Sieffert, POF, 1993.

HANAWA HOKIICHI (1746-1821)

Figure marquante des études nationales. Devenu aveugle à cinq ans, peu doué pour la musique mais doté d'une mémoire prodigieuse, il échappa au destin de beaucoup d'aveugles, celui de musicien. Ce qui ne l'empêcha pas de recevoir le titre de *kengyô*, chef des musiciens aveugles, et les revenus afférents. Disciple du grand maître des études nationales, Kamo no Mabuchi (1697-1769), il s'adonna à l'étude des *Six histoires officielles* / *Rikkokushi*. Il fut remarqué par les responsables de l'*Histoire du grand Japon* / *Dai nihon shi* du fief de Mito, et appelé à collaborer à leurs travaux.

Réalisant le rêve de beaucoup de ses prédécesseurs, il put ouvrir à Edo un lieu d'enseignement pour les études japonaises, Wagaku kôdan sho, où il rassembla, étudia et édita tous les textes qui lui paraissaient intéressants. Son nom reste attaché à une vaste collection de ces textes, le *Gunsho ruijû* / *Collection raisonnée de textes*. Il rendait ainsi accessible un nombre considérable d'ouvrages (1 270) traitant des sujets les plus divers (traités de fauconnerie, de jeu de balle, recueils poétiques, cérémoniels, etc.) datant de l'Antiquité à la fin du XVIIe siècle. Cette collection toujours rééditée fut suivie d'une suite, *Zoku Gunsho ruijû*, et à l'époque de Meiji d'une deuxième suite, *Zokuzoku Gunshoruijû*.

REPÈRES BIOGRAPHIQUES

Bien que l'on ignore comment il procédait, étant aveugle, pour ce travail éditorial, il n'en reste pas moins qu'il donnait aux historiens à venir des matériaux d'une très grande valeur.

HIRATA ATSUTANE (1776-1843)

Savant des études nationales. Après une enfance malheureuse et des études confucéennes puis de médecine, il partit à Edo où il mena une vie difficile avant de trouver sa voie, celle des études nationales et du shintô. Adopté par un vassal du fief de Matsuyama, il put s'adonner à sa passion pour les études. Enthousiasmé par la lecture des œuvres de Motoori Norinaga* (1730-1801), il affirme avoir été enregistré comme un de ses disciples posthumes. Son premier livre en 1803, *Kamôsho*, fut une critique d'un confucianiste, disciple d'Ogyû Sorai*. Il s'écarta peu à peu de la tradition de son maître au point d'être renié par l'école de Motoori. Délaissant les recherches philologiques, il s'intéressa beaucoup plus à la construction d'une théologie du shintô. Alors que Motoori Norinaga se refusait à aller au-delà du texte du *Kojiki* (712, le plus ancien texte japonais subsistant), Hirata Atsutane n'hésita pas à compléter les textes fondateurs en se référant à d'autres traditions, particulièrement au taoïsme mais aussi au christianisme pourtant proscrit. Il s'intéressa aussi aux sciences hollandaises, mais surtout aux croyances populaires.

Comme la grande majorité des savants des études nationales, Hirata Atsutane fut favorable à une restauration du prestige de la maison impériale, sans vouloir porter atteinte au gouvernement des Tokugawa. Il fut pourtant chassé d'Edo pour avoir publié un calendrier perpétuel sans l'accord des autorités.

Le prestige de son école dépassa largement celle de son maître Motoori. Un certain nombre des acteurs de la restauration de Meiji furent ses disciples ou se réclamèrent de sa pensée. On a surtout retenu de son œuvre son nationalisme et sa dévotion à la cause impériale, en négligeant son attachement profond aux croyances religieuses les plus simples.

ITÔ JINSAI (1627-1705)

Lettré (confucianiste) de la première moitié de l'époque d'Edo. Sa figure est exceptionnelle à plus d'un titre. À la différence de la grande majorité des lettrés de son temps, il n'est pas issu de la classe guerrière et ne fut jamais au service d'un daimyô ou du shôgun. Né dans une famille de riches marchands de Kyôto, il se consacra à l'étude, laissant son cadet diriger les affaires. Son épouse, Kana, appartenait à la grande famille de marchands et d'artistes Ogata*. Formé comme tous ses contemporains à la pensée des lettrés des Song et en particulier à celle de Zhu Xi (1130-1200), il finit par en faire une critique systématique en décidant de revenir à deux textes, les *Entretiens* de Confucius et le *Mencius*. Décidant de ne pas tenir compte des commentaires postérieurs, qu'il considérait comme déformés par le bouddhisme et le taoïsme, il voulut retrouver le sens ancien, *kogi*, en s'appuyant

NEXES

274

REPÈRES BIOGRAPHIQUES

sur une analyse philologique des textes. C'est pourquoi il donna le nom de Kogi dô à l'école qu'il fonda à Kyôto. Il y accueillit un grand nombre d'élèves issus de tous les milieux. Son enseignement semble avoir reposé sur un dialogue constant avec ses disciples, dont le *Dôjimon* / *Questions d'un débutant*, mis en forme par son fils après sa mort, peut donner une idée.

Son but n'était pas l'étude philologique, mais la redécouverte du message originel de Confucius qui, pour lui, se résumait dans le *jin* (chinois *ren*), la vertu d'humanité, et en second dans le *gi* (chinois *yi*), le sens du juste. À la différence encore de la majorité des lettrés de son temps, il n'aborda pas les questions politiques. Ce qui n'empêcha pas son œuvre d'être interdite du temps de Matsudaira Sadanobu* en 1790.

Précurseur d'une nouvelle approche des classiques du confucianisme – on ne trouvera une approche similaire en Chine que près d'un siècle plus tard –, Itô Jinsai forma de nombreux disciples. Sans lui, un penseur comme Ogyû Sorai* (1666-1728) n'aurait pu apparaître, ni probablement le mouvement des études nationales.

KAIBARA EKIKEN (1630-1714)

Célèbre comme lettré (confucianiste), adepte des « études concrètes », il commença par étudier l'orthodoxie de son temps, la pensée de Zhu Xi (1130-1200). À trente-six ans, il en fit profession de foi et y restera fidèle même si, à la fin de sa vie, il devait éprouver des doutes envers cette école dont les principes reposaient, selon lui, sur les pensées bouddhique et taoïste. Persuadé que le lettré se doit de tout connaître sur terre, il se plongea avec ardeur dans l'étude de ce qui pouvait être utile aux hommes. Déjà Itô Jinsai* (1627-1705) avait ouvert un nouvel espace de pensée entre le monde des choses concrètes et le *li*, le principe universel. Mais en limitant son activité à la seule étude des classiques, Itô Jinsai avait choisi un mode de vie sans confrontation directe avec la réalité des choses. Kaibara Ekiken étudia très sérieusement l'agronomie auprès de Miyazaki Yazusada (1623-1679), le grand spécialiste de l'époque. Il donna lui-même des cours sur les livres d'agronomie chinois, et accumula les expériences de culture. Lors de son séjour à Kyôto, liant des rapports amicaux avec les grandes figures de la pharmacopée, il mit au point son propre système. Le résultat fut le *Yamato honzô* / *La pharmacopée japonaise* publié en 1709. Il y sépara nettement la description des produits en tant qu'objet du monde naturel de la partie traitant de leur possible utilisation médicinale. Il se démarquait aussi du *Bencao gangmu* (publié en Chine en 1596, importé au Japon en 1607), la bible dans le monde de la pharmacopée de son temps. Il réfuta sa classification pour en établir une nouvelle qui lui était propre. Il opérait un véritable travail de critique méthodologique qui soulignait les confusions de l'auteur du *Bencao gangmu* qui resta pourtant le livre de référence jusqu'au début de Meiji. Il fut également très célèbre par ses ouvrages de vulgarisation de l'éthique confucianiste adressés aux différentes catégories de la population. Après la restauration de Meiji, sa renommée incontestée demeura surtout dans ce domaine.

ANNEXES

275

Claire Dodane (trad. de), *Onna daigaku. La grande école des femmes*, Maison franco-japonaise, 1993.

KAKINOMOTO NO HITOMARO (DATES INCONNUES)

Poète de cour de la fin du VIIᵉ et du début du VIIIᵉ siècle. On ne le connaît que par ses poèmes conservés dans la première anthologie de poèmes japonais, le *Man.yô-shû*, et par les notices explicatives qui les accompagnent. Son œuvre recouvre des textes de styles et de formes très divers : longs poèmes officiels pour les funérailles de membres de la famille impériale, poèmes courts de voyage ou d'amour. Si la poésie solennelle des élégies funéraires ne connut guère de postérité du fait des changements de mœurs, ses poèmes courts *tanka* (dont il fut sans doute un des concepteurs) furent très tôt considérés comme des chefs-d'œuvre dont il fallait suivre l'exemple. Inclus dans la liste des 36 poètes immortels au début de l'époque de Heian, il fut par la suite considéré comme le dieu des poètes de *waka*.

Le renouveau des études sur le *Man.yô-shû* à l'époque d'Edo, la permanence du genre littéraire du *waka* (*tanka*) le maintinrent dans un certain degré de familiarité. Un de ses poèmes a été repris dans l'anthologie du *Hyakunin isshu*, encore récitée de nos jours.

René Sieffert, *Le Man.yô-shû,* traduction intégrale, 5 vol., POF, 1997-2002.

KI NO TSURAYUKI (?-945)

Fonctionnaire de la cour de Heian, il fut gouverneur de la province de Tosa (Shikoku), directeur de l'office des moines et des étrangers. Il est surtout connu comme poète. Son nom est indissociable de la première anthologie impériale, le *Kokin wakashû / Recueil de poèmes de jadis et de maintenant*. Non seulement il fut l'un des trois compilateurs, et nombre de ses poèmes sont inclus dans l'anthologie, mais surtout il est l'auteur de la préface en japonais. Ce texte est une sorte de manifeste de la poésie japonaise qui sera cité tout au long de l'histoire littéraire du Japon.

Il est aussi célèbre pour avoir écrit, toujours en japonais, un journal de voyage, le *Tosa nikki / Le journal de Tosa*. Si la poésie japonaise était cultivée pour tous les membres de la cour, la prose se devait d'être en chinois pour la partie masculine de ce monde. Aussi son *Journal de Tosa* est-il attribué à une femme. En réalité, la frontière était fort mince puisque ce journal est avant tout un recueil de poèmes mis en situation.

Georges Bonneau, *Le monument poétique de Heian : le Kokinshû*, Librairie orientaliste Paul Geuthner, 3 vol., 1933, 1934. René Sieffert (trad. de), *Le journal de Tosa*, POF, 1993.

KOBORI ENSHÛ (1579-1647)

Daimyô du début de l'époque d'Edo, maître de thé et concepteur de jardin. Il maîtrisait aussi divers autres arts : poésie japonaise, calligraphie ancienne du style de Heian, composition florale, production de céramiques, expertise des ustensiles pour la cérémonie de thé, etc. Il prit le pseudonyme d'Enshû en raison de son titre de gouverneur de la province de Tôtômi dont l'appellation courante était Enshû. Il servit successivement Toyotomi Hidenaga (1540-1595), Toyotomi Hideyoshi*, puis, après la bataille de Sekigahara en 1603, Tokugawa Ieyasu* (shôgun de 1603 à 1605). En tant que préfet affecté aux travaux de construction, il supervisa l'érection de plusieurs châteaux et palais : le palais de l'empereur Go-yôzei (règne de 1586 à 1611), les châteaux de Sunpu, de Nagoya, de Fushimi, d'Ôsaka, d'Edo, le palais de la deuxième avenue Nijôjô, etc. Il fut ensuite nommé en 1624 au poste de préfet de Fushimi, chargé de l'administration locale, du contrôle des navires sur la rivière Kizu. Par goût personnel, il étudia la voie de la cérémonie de thé auprès de l'illustre maître de thé Furuta Oribe (1543-1615), un des disciples renommés de Sen no Rikyû* et fondateur de l'école Furuta. À la mort de celui-ci, il devint lui-même maître de thé et fut fort apprécié par de nombreux daimyô. Il assuma notamment la responsabilité de maître de thé du troisième shôgun, Tokugawa Iemitsu (en fonction de 1623 à 1651). Il fut ainsi à l'origine de l'école d'Enshû marquée par le raffinement, la sobriété et la noblesse. Il conçut en outre des jardins qui sont restés célèbres : celui du Kohô-an dans le monastère du Daitokuji, celui du Konchi-in dans le monastère du Nanzenji.

KÛKAI (774-835)

Souvent cité sous son titre posthume de Kôbôdaishi. Originaire de la province de Sanuki en Shikoku, sa famille le vouait à une carrière de fonctionnaire lettré, c'est pourquoi il reçut l'enseignement de la grande école des fonctionnaires où il suivit le cursus des classiques. Mais son attirance pour la doctrine du Bouddha fut la plus forte. Parti en 804, avec l'ambassade officielle du Japon, à la cour des Tang, il se plongea dans l'étude de l'ésotérisme. Trois mois plus tard il reçut la consécration de transmission de la loi du septième patriarche de cette doctrine, ce qui faisait de lui le huitième. En 816, l'empereur Saga lui fit don du Kôya san, dans la presqu'île de Kii, où il bâtit le Kongôbu-ji, siège de l'école Shingon. En 823, il se vit confier le Tôji à l'entrée sud de la capitale.

Ses relations avec les empereurs Saga et Junna lui permirent de faire pénétrer le bouddhisme ésotérique au sein même du palais impérial sous la forme d'une chapelle, le Shingon.in, et de rites ésotériques réguliers. Sous son impulsion l'enseignement et les rituels du Shingon s'enracinèrent non seulement à la cour mais aussi rapidement dans l'ensemble de la société japonaise.

Kûkai a laissé une œuvre considérable, en premier lieu des ouvrages doctrinaux sur l'ésotérisme comme le *Himitsu mandara jûshin ron / Traité du mandala secret sur les dix étapes du cœur* (du développement mental), le *Sokushin jôbutsu-gi / La signification de la formule : atteindre la bouddhéité en ce corps*. Mais il écrivit aussi des traités sur la poétique chinoise ou, comme œuvre de jeunesse, le *Sangô shiiki / La vérité finale des trois enseignements*.

Il a laissé son empreinte non seulement dans le domaine du bouddhisme mais aussi dans celui de la calligraphie : c'est l'un des trois grands pinceaux de l'époque de Heian. Il créa aussi la première école ouverte à tous du Japon, le Shugeishuchi.in. On lui attribue partout dans le Japon des constructions de ponts, des creusements de puits. On lui a aussi prêté, très probablement à tort, l'invention des *kana*, et du poème mnémotechnique *Iroha uta* qui servait à les mémoriser.

Allan Grapard, *La vérité finale des trois enseignements*, Poiesis, 1985.

MANASE DÔSAN (1507-1594)

Médecin novateur du XVIᵉ siècle. Ce fut aussi un homme de grande culture, issu d'un milieu relativement modeste. En tant que médecin tout d'abord, il tenta de réduire la coupure qui existait entre le savoir théorique et les applications thérapeutiques de la médecine chinoise, origine d'une grave crise que connut le milieu médical des XVIᵉ et XVIIᵉ siècles. Pour ce faire, Manase Dôsan appliqua les connaissances théoriques qu'il avait assimilées en se conformant d'abord aux critères qu'il avait définis lui-même par sa propre expérience. Nous trouvons déjà chez lui les germes d'une recherche clinique de type expérimental. En effet il refusa de se référer à une seule école. Dans le même état d'esprit, il exigeait que l'on appliquât uniquement des remèdes dont l'efficacité avait été prouvée au cours de la pratique clinique. Son souci d'acquérir des connaissances non pas uniquement livresques, mais aussi issues de la clinique, et son rejet de sectarisme des écoles révèlent les signes de l'éveil d'une pensée scientifique moderne. Par ailleurs, en fondant la première école de médecine de caractère quasi public, il a cassé la longue tradition de la transmission secrète du savoir médical. Manase Dôsan exigeait de ses disciples (plus de huit cents) d'être capables de saisir les processus pathologiques des patients qu'ils étaient en train de soigner.

Outre ses traits de médecin du début des temps modernes, Manase marqua les débuts d'une nouvelle figure du médecin, l'homme de grande culture. Il côtoya les trois grands maîtres de thé de son temps, Imai Sôkyû, Tsuda Sôkyû, Sen no Rikyû*, ainsi que les riches commerçants qui faisaient partie de la haute société de son époque.

MARUYAMA ÔKYO (1733-1795)

Peintre du milieu de l'époque d'Edo. Fondateur de l'école portant son nom : Maruyama. Cette école, soutenue par de riches marchands de Kyôto, mettait l'accent sur le réalisme. Malgré son origine paysanne, Okyô apprit les techniques picturales du peintre Ishida Yûtan (1721-1786) de l'école Kanô. Il étudia également seul la technique de la perspective de la peinture occidentale. Ce qui lui permit d'introduire une approche nouvelle dans le milieu des peintres de son époque en effectuant des observations minutieuses de l'environnement naturel, de la flore et de la faune. Il contribua ainsi à la modernisation de la peinture japonaise traditionnelle. Les séances de dissection, ainsi que les dessins d'après nature des cadavres disséqués, pratiques qui débutèrent au Japon vers le milieu du XVIIIe siècle, ne pouvaient pas laisser indifférent un peintre doué d'un tel esprit d'ouverture. En effet non seulement Ôkyo lui-même, mais aussi plusieurs de ses disciples directs ainsi que son fils cadet laissèrent de remarquables planches anatomiques composées à partir de dessins dressés d'après nature. Certains de ses disciples se servirent de cette pratique pour constituer des tableaux peu communs utilisant des images stylisées de corps disséqués.

MATSUDAIRA SADANOBU (1758-1829)

Homme politique. Septième fils de Tayasu Munetake, lui-même fils du huitième shôgun Yoshimune (en fonction de 1716 à 1745). Il fut adopté en 1774 par le seigneur du fief de Shirakawa, Matsudaira Sadakuni, et prit alors le nom de Sadanobu. Il lui succéda à l'âge de 25 ans et réussit à redresser les finances de son fief, ébranlées par une grande famine. Puis il accéda à l'âge de trente ans au poste de premier ancien de shôgun (*rôjû shuza*) et mena des réformes considérables de l'administration (*Kansei no kaikaku*, réformes de l'ère Kansei) en prenant pour modèle la politique de son grand père paternel : encouragement de l'épargne, limitation de l'activité du capital marchand, restriction des corporations de marchands, rétablissement d'un ordre social hiérarchisé, contrôle strict des mœurs populaires, etc. Sur le plan idéologique, il favorisa l'enseignement du néoconfucianisme et rénova le programme pédagogique de l'école shôgunale. Il interdit l'enseignement des écoles hétérodoxes. Malgré les espoirs qu'il suscita au départ chez nombre de ses contemporains, ses réformes rencontrèrent assez rapidement de vives résistances dans l'ensemble de la population qui se sentait opprimée. Il démissionna de son poste en 1793, cinq années seulement après sa nomination. Matsudaira Sadanobu est également connu en tant qu'homme de lettres. Sous l'influence de son père, célèbre poète et adepte des études nationales (*kokugaku*), il mit l'accent sur la formation des jeunes enfants de guerriers de son fief, depuis son retour à Shirakawa jusqu'à sa retraite en 1812. Après celle-ci, il se consacra surtout aux arts et lettres. En plus de ses nombreux écrits sur la politique et l'économie, nous pouvons mentionner des écrits de style libre écrits au fil de pinceau (*zuihitsu*), une sorte d'encyclopédie des objets d'art, des recueils de poèmes japonais, une autobiographie, *Uka no hitogoto / Monologue sous mon toit*.

MINAMOTO NO YORITOMO (1147-1199)

Homme de guerre du début de la période de Kamakura. Après une première jeunesse facile auprès de l'empereur Nijô, tout bascule avec l'échec du coup d'État de son père Yoshitomo. Capturé par les Taira, il ne doit son salut qu'à son jeune âge. Il est exilé dans la péninsule d'Izu, sous la garde de Hôjô Tokimasa qui deviendra son beau-père. En 1180, un prince lance un appel aux guerriers Minamoto pour chasser les Taira. Après des débuts difficiles, Yoritomo assoit son pouvoir sur les provinces de l'est et s'établit à Kamakura. Il organise son autorité sur les guerriers. En 1183 la cour lui reconnaît l'autorité sur les provinces de l'est. En 1185, son jeune frère Yoshitsune achève les armées Taira lors de la victoire navale de Dan no ura. Yoritomo s'efforce dès lors de se débarrasser de ce jeune général qui lui fait de l'ombre. L'affaire sera réglée en 1189. Désormais Yoritomo est l'homme le plus puissant du Japon, son autorité est reconnue par la cour qui lui octroie le titre de Seii taishôgun, généralissime pour combattre les barbares, qui le place officiellement à la tête de toutes les forces militaires. Ce sera le titre que conserveront tous les guerriers qui s'empareront du pouvoir, les Ashikaga au XIVᵉ siècle, les Tokugawa au XVIIᵉ siècle. À chaque fois la parenté avec les Minamoto sera invoquée. Tokugawa Ieyasu signera les documents officiels du nom de Minamoto no Ieyasu.

Yoritomo, plus qu'un homme de guerre, fut un organisateur hors pair. Il réussit à créer un nouveau pouvoir parallèle à celui de la cour, en organisant une vassalité de guerriers à son service, les *gokenin*. Son organisation doublera celle de la cour dans les provinces.

Son influence sur les intrigues de la cour de Kyôto ne fut pas déterminante. Il échoua dans sa tentative de faire épouser une de ses filles par l'empereur. Mais le régime du *bakufu* qu'il fonda résista même à la disparition de sa propre lignée.

Pierre François Souyri, *Le monde à l'envers. La dynamique de la société médiévale*, Maisonneuve et Larose, 1998. René Sieffert (trad. de), *Le dit de Heiji, le dit de Hôgen*, POF, 1976, *Le dit des Heike*, POF, 1976.

MIURA BAIEN (1723-1789)

Lettré et philosophe du milieu de l'époque d'Edo. Originaire de la province de Bungo (nord du Kyûshû), il naquit dans une famille où l'on était médecin depuis la génération de son grand-père paternel. Il eut lui-même une formation de médecin et exerça ce métier. Parallèlement, après avoir étudié auprès de deux lettrés confucéens locaux, disciples d'Itô Tôgai, fils de Jinsai*, Miura Baien se forma par des lectures encyclopédiques tout en restant toute sa vie dans son village natal, mis à part quelques voyages occasionnels effectués à Nagasaki, Ise et au nord du Kyûshû. Ses lectures couvrent des domaines fort variés : le *Livre de mutation / Yijing*, autres classiques chinois confucéens, textes bouddhiques, ouvrages taoïstes, poésie chinoise, littératures chinoise et japonaise, ouvrages d'astronomie, pharmacopée chinoise, écrits politiques et économiques, philosophie, histoire, géographie, ouvrages scientifiques rédigés par les jésuites ayant séjourné en Chine, etc. Ses deux voyages à Nagasaki, en 1745 et 1778, lui révélèrent de plus l'existence des sciences naturelles occidentales et suscitèrent rapidement chez lui un intérêt grandissant non seulement pour ces sciences, mais aussi pour l'ensemble de la civilisation occidentale. Ses longues années de réflexions philosophiques donnèrent naissance à ses trois ouvrages les plus célèbres : le *Gengo / Paroles obscures*, 1775, le *Kango / Paroles audacieuses*, et le *Zeigo / Paroles superflues*. Dans le premier, qui aborde les problèmes concernant la cognition de l'existant originel, Miura Baien développe une méthodologie pour cerner la structure des existants dans la nature et la méthode pour les appréhender en appliquant rigoureusement à tous les êtres le principe du *yin / yang* déployé dans le *Livre des mutations / Yijing*. Mais Miura Baien n'était pas seulement philosophe métaphysicien. En effet, en 1773, il rédigea un ouvrage d'économie intitulé *Origines de la valeur / Kagen*, dans lequel il développa une théorie de la monnaie comparable à celle défendue par Thomas Gresham, économiste anglais du XVIᵉ siècle. Ceci n'a rien de surprenant de sa part, car il gardait un intérêt constant pour le monde réel. Vers la fin de sa vie, en 1786, il rédigea, sur la demande du jeune seigneur du fief de Kitsuki, à proximité de son village natal, un long texte dans lequel il exprima ses propres opinions sur la situation politique réelle du fief et les mesures à adopter.

MOTOORI NORINAGA (1730-1801)

Savant des études nationales. Issu d'une famille de commerçants, il préféra la médecine dont il acquit une solide formation à Kyôto. Pendant ce séjour d'étude, il étudia aussi les classiques confucéens sous la direction de Hori Keizan. C'est ce dernier qui lui fit lire les travaux de Keichû sur le *Man.yô-shû*. De retour dans sa ville natale de Matsusaka, il s'installa comme pédiatre. Tout en gagnant sa vie comme médecin, il poursuivit ses études sur la littérature classique japonaise. Il fut particulièrement attiré par le *waka* dans les grandes anthologies du *Kokin shû* et du *Shinkokin shû*, mais aussi par le grand roman de l'époque de Heian, le *Genji monogatari*.

En 1763 il rencontra Kamo no Mabuchi, de passage vers Ise. Mabuchi l'accepta comme disciple et lui confia la charge de s'occuper du plus vieux texte japonais subsistant, le *Kojiki*.

Motoori consacrera trente ans de sa vie à l'étude de ce texte. Le résultat sera le *Kojiki den / Commentaire du « Kojiki »*. C'est une sorte de somme sur ce vieux texte, recension des copies, des familles de manuscrits, établissement du texte, puis lecture de ce texte en japonais, commentaire philologique, linguistique, mais aussi culturel, et même théologique. Ce que fit ressurgir Motoori, c'est le plus ancien état connu de la langue japonaise. Même si cette reconstitution fut critiquée dès le début du XIXᵉ siècle comme trop proche de la langue du *Genji monogatari* si cher à Motoori, il n'en reste pas moins que ses travaux restent la base des études sur le *Kojiki*.

L'intérêt principal de Motoori allait à la littérature classique et avant tout à la poésie. Impossible selon lui de bien comprendre la littérature ancienne, l'âme de ceux qui la composèrent, l'essence de la sensibilité japonaise, sans composer soi-même des *waka*. Il en a laissé plusieurs milliers qui, ironiquement, ne font pas figure de chefs-d'œuvre.

Ses recherches sur le *Kojiki* dépassent le cadre de la littérature. Il pensait y trouver à l'état pur par la voie des temps anciens, d'avant les influences continentales pernicieuses. Ce livre inspiré des dieux donnait directement accès à la vérité.

Connu pour son opposition féroce à l'esprit chinois, on en a fait un des ancêtres du nationalisme japonais. Mais si son école continua après lui, particulièrement dans les travaux sur la langue ancienne, c'est une autre branche des études nationales, celle de Hirata Atsutane*, qui mettra en forme le nationalisme de Meiji, Motoori lui-même ne s'étant guère aventuré dans le domaine du politique.

MURASAKI SHIKIBU (978 ?-1016 ?)

Celle qui haussa la littérature féminine à un niveau longtemps inégalé partagea avec ses contemporaines une condition qui ne pouvait être qu'inférieure. Si on connaît le nom de son père Tametoki, celui de son frère, celui de son mari, on sait seulement que sa mère était fille de Tamenobu, que sa fille avait le troisième rang. D'elle même on ne connaît qu'un surnom. Shikibu étant le département où officiait son mari, Murasaki, le grémil, était aussi un des éléments du surnom d'une de ses héroïnes dans le *Roman du Genji*. Elle vécut pendant l'âge d'or de l'époque de Heian. Elle a connu Fujiwara no Michinaga*, mais aussi sa consœur et rivale en littérature, Sei Shônagon, l'auteur des célèbres *Notes de chevet / Makura no sôshi*.

Devenue veuve très tôt, elle entra au service de l'impératrice Shôshi où elle put utiliser ses connaissances littéraires en langue japonaise comme en langue chinoise. Connue comme poète, cinquante-huit de ses *waka* ont été retenus dans les anthologies officielles ; elle a laissé des notes journalières qui relatent sa vie à la cour entre 1008 et 1010. Mais c'est bien sûr son *Roman du Genji* qui fit sa gloire, et ce, semble-t-il, dès l'époque où elle était en train de l'écrire. Il y avait eu des *monogatari* avant elle, elle avait lu des œuvres chinoises. Pourtant ce vaste roman fait apparaître un auteur d'une extraordinaire maîtrise de son art. Le *Roman du Genji* va dominer la littérature japonaise, engendrant une multitude d'imitations et de parodies à l'époque d'Edo. Même quand il ne semblait plus compris et qu'il subissait des commentaires moralisateurs de la part des bouddhistes ou des confucianistes, le *Genji* resta l'œuvre de référence aussi bien pour sa prose que pour les *waka* dont il est émaillé.

René Sieffert (trad. de), *Le dit de Genji*, POF, 1988. René Sieffert (trad. de), *Le journal de Murasaki Shikibu*, POF, 1978.

NICHIREN (1222-1282)

Moine de l'époque de Kamakura, fondateur de l'école Hokke shû, école de la Fleur du lotus, connue plus tard sous nom d'école de Nichiren. Né dans un village de pêcheurs de l'actuel département de Chiba, il entra dans un monastère de l'école Tendai à 12 ans. Après avoir étudié aussi bien au siège du Tendai au Hieizan que dans les monastères de Nara, il revint dans sa région natale pour prêcher une dévotion absolue au *sûtra* du Lotus. Il prit le nom de Nichiren en 1253. Se présentant comme le véritable continuateur de la lignée des maîtres du Tendai, et même comme la réincarnation d'un *bodhisattva*, il fit preuve d'une violente intolérance vis-à-vis des autres enseignants du bouddhisme, en particulier de ceux de la Terre pure d'Amida.

REPÈRES BIOGRAPHIQUES

Conscient de la période troublée dans laquelle il vivait, il préconisa au gouvernement du *bakufu* de Kamakura de se tourner exclusivement vers le *sûtra* du Lotus pour assurer la paix et la tranquillité du Japon, *Risshô ankoku ron / Traité pour assurer la paix par l'établissement de l'orthodoxie*. La véhémence de ses critiques lui attira l'animosité des autres religieux, puis des autorités. Il fut exilé deux fois, et faillit être assassiné et exécuté. S'il n'a pas réussi à persuader le *bakufu* de l'efficacité du *sûtra* dans la lutte contre les Mongols, et s'il éprouva un certain dépit à ne pas être suivi, il forma un noyau de disciples convaincus qui propagèrent son enseignement. L'exclusivisme de l'école s'accommoda des divinités autochtones, et l'on vit apparaître un syncrétisme shintô-bouddhique dans l'orbite de la secte du Lotus. Les différentes branches de l'école de Nichiren se propagèrent dans tout le pays, particulièrement en milieu urbain. On y retrouve souvent l'intransigeance du fondateur. Parmi les rares mouvements religieux interdits par les Tokugawa, on trouve une des écoles de Nichiren, le Fujufuseha, interdit en 1691. Au XXᵉ siècle, un mouvement laïc issu de la branche Nichiren shôshû, la Sôka gakkai, donna une nouvelle impulsion à l'enseignement de Nichiren. Cette dernière association donna naissance au seul parti politique à référence religieuse de l'histoire du Japon, le Kômeitô.

George Renondeau, *La doctrine de Nichiren*, PUF, 1953.

ODA NOBUNAGA (1534-1582)

Seigneur de l'époque des Provinces en guerre. Un des trois réunificateurs du Japon à l'aube des temps modernes. Issu d'une famille de guerriers exerçant le pouvoir dans la région de Nagoya, il commença par soumettre les différents membres de son clan avant de s'attaquer à ses voisins. Grâce à son alliance avec le futur Tokugawa Ieyasu, il put concentrer ses efforts sur le centre du Japon. Appelé à Kyôto aussi bien par la cour que par les derniers shôguns Ashikaga, il finit par imposer sa loi et chassa le dernier Ashikaga. Pour devenir l'homme le plus puissant du Japon, il écrasa les daimyô et les mouvements religieux qui lui résistaient les armes à la main, particulièrement les membres de la véritable école de la Terre pure, Jôdo shinshû, le monastère du Enryakuji (Hieizan), les moines de Negoro (école du Shingon). À chaque fois, la répression fut sans pitié.

Protégeant la cour impériale de Kyôto et la subventionnant, il obtint le second rang, mais ne semble pas avoir souhaité les plus hautes fonctions. S'il n'eut pas le temps d'établir un système de gouvernement à l'échelle du pays, il fit construire à Azuchi un énorme château à la mesure de sa puissance. Son donjon, le premier du genre, qui cumulait les fonctions guerrière et symbolique, fut décoré par les meilleurs artistes du temps. Autour du donjon étaient regroupées les résidences des principaux vassaux, dispositif qui devint la norme à l'époque suivante. Au pied du château, l'ouverture d'un marché libre de taxes, *raku ichi*, attira les commerçants. Très ouvert aux nouveautés, Oda Nobunaga protégea les chrétiens et développa un armement moderne à base de mousquets. Il autorisa la construction d'une église et d'un séminaire à l'ombre de son château, sans pour autant songer à se convertir, trop conscient sans doute de sa propre valeur. Alors qu'il se disposait à partir combattre à l'ouest, il fut trahi par un de ses vassaux et se suicida au milieu des flammes à Kyôto.

Ce fut son plus brillant général, le futur Toyotomi Hideyoshi*, qui dirigea les funérailles et récupéra l'héritage en écartant sa descendance.

OGATA KÔAN (1810-1863)

Médecin occidentaliste représentatif de la première moitié du XIXe siècle. Fondateur en 1838 d'une des plus grandes écoles privées d'études hollandaises du siècle, le Teki juku, qui forma plus de trois mille intellectuels et médecins jusqu'en 1862. C'est dans cette école que se forma Fukuzawa Yukichi (1834-1901), intellectuel emblématique de Meiji, lui-même fondateur d'une des toutes premières universités japonaises, Keiô gijuku daigaku. Célèbre pour ses connaissances approfondies en physiologie expérimentale, base de la médecine occidentale moderne, mais matière totalement absente de la médecine chinoise, Ogata acheva dès l'âge de 23 ans le *Petit manuel de physiologie humaine*, traduction de traités de physiologie du début du XIXe siècle, qui constitue, avec *L'essentiel des fondements de la médecine* de Takano Chôei* (1804-1850), la première synthèse de la physiologie occidentale au Japon. La traduction d'Ogata resta à l'état de manuscrit, mais son impact dans le milieu médical fut considérable, car c'est cette traduction qui fut utilisée comme manuel et servit de base de discussion dans son école privée. Ogata publia en 1849 *Les théories générales de la pathologie*, synthèse de plusieurs études en pathologie interne et externe, physiologie, méthodes thérapeutiques, etc. Moins d'un siècle après la première dissection officielle organisée par Yamawaki Tôyô (1705-1762) en 1754, la réception approfondie de l'anatomie et de la physiologie occidentales était en passe d'être réalisée. À la fin de sa carrière, Ogata fut même convoqué à Edo pour enseigner la médecine occidentale dans l'école de médecine cautionnée par le shôgunat, une lourde responsabilité dans le contexte de l'époque, ce qui précipita la fin de sa vie.

OGYÛ SORAI (1666-1728)

Fils d'un médecin du *bakufu*, il entra au service d'un daimyô avant de fonder son école, le Ken.en / le jardin de jonc. Parti de la pensée de Zhu Xi (1130-1200), il s'opposa à la nouvelle lecture des classiques que proposait Itô Jinsai*. Il finit pourtant par s'y rallier en partie. Pour se démarquer de l'école du sens ancien, *kogi gaku*, il jeta les bases de celle des textes anciens, *kobunji gaku*. Si les méthodes sont proches, les enjeux diffèrent grandement. Proche du pouvoir, à la demande du shôgun Yoshimune il réfléchit sur la voie du bon souverain, incarnée par les sages et saints souverains de l'Antiquité chinoise, voie qu'il peut connaître par un accès direct aux textes, sans l'intermédiaire des commentaires postérieurs. Le bon souverain maintient l'ordre dans le pays grâce aux rites et à la musique qui en est l'expression. Il se doit d'agir conformément à son expérience. On a vu dans sa réflexion les débuts d'une vision moderne du monde où le politique acquiert l'autonomie par rapport à l'ordre naturel, en opposition directe avec la pensée confucéenne des Song.

Son influence fut considérable. D'une part, dans le domaine des lettres chinoises, sa maîtrise de la langue chinoise, indispensable à son projet philosophique, lui permit aussi de rédiger des textes d'un style archaïsant de haute tenue, mais aussi des poèmes chinois, *kanshi*. Plusieurs de ses disciples continueront dans cette voie. Mais c'est surtout dans le domaine de la pensée et de la politique que son héritage fut fructueux, même si certains aspects de sa réflexion sont réactionnaires au sens propre du terme.

Masao Maruyama (trad. de Jacques Joly), *Essai sur l'histoire de la pensée politique au Japon*, PUF, 1996. — Olivier Ansart, *L'empire du rite. La pensée politique d'Ogyû Sorai. Japon 1666-1728*, Droz, 1998.

SAIKAKU, IHARA SAIKAKU (1642-1696)

Commerçant, poète et romancier de l'époque d'Edo. Il fut d'abord connu comme un virtuose d'un nouveau courant du *haikai* libéré des contraintes de thème et de vocabulaire, plus proche de la vie quotidienne. On lui prête le record de composition : 23 500 *haikai* en 24 heures. Il écrivit ensuite des récits sur le monde flottant, *ukiyo zôshi*. Les premiers à être connus en Occident avaient un parfum de scandale : *Vie d'une amie de la volupté / Kôshoku ichidai onna* ; *Cinq amoureuses / Kôshoku gonin onna* ; *Le grand miroir de la pédérastie / Nanshoku ôkagami*. Le Japon de Meiji ne publiait ces œuvres que caviardées, même si les passages censurés ne paraissent plus guère osés à l'aune des critères contemporains. La description de la vie dans les quartiers de plaisir qui en ressort ne s'apparente pas à des œuvres pornographiques mais à la grande littérature. Saikaku, rompu à la composition du *haikai*, doté d'une très solide culture aussi bien chinoise que japonaise, se permet de parodier le *Roman du Genji* en le transposant dans le monde flottant des courtisanes.

Mais, plus que ces ouvrages plaisants, ce qui fait sans doute l'originalité de Saikaku ce sont les récits où il met en scène le monde qu'il connaît le mieux, celui des marchands : *Nihon eitai gura / Le magasin perpétuel du Japon* ; *Seken munazan.yô / Comptes et mécomptes*. Grâce à lui le monde de la marchandise accédait au plus haut niveau de la culture. Il restera comme l'un des plus grands prosateurs de l'époque d'Edo.

René Sieffert (trad. de), *Histoires de marchands* (*Le magasin perpétuel du Japon* ; *Comptes et mécomptes*), 1990. — René Sieffert (trad. de), *Contes des provinces* (*Contes des provinces / Shokoku banashi* ; *Vingt parangons d'impiété filiale de notre pays / Honchô nijû fukô*), 1985. — René Sieffert (trad. de), *Enquêtes à l'ombre des cerisiers* (*Enquêtes à l'ombre des cerisiers / Ôin Hiji* ; *Vieux papiers, vieilles lettres / Yorozu no fumi hôgu*), 1990. — Georges Bonmarchand (trad. de), *Cinq amoureuses*, Paris, 1979. — Georges Bonmarchand (trad. de), *La vie d'une amie de la volupté*, Paris, 1975. — Jean Cholley (trad. de), *Du devoir des guerriers. Récits*, Gallimard, 1992. — Gérard Siary, Mieko Nakajima-

Siary (trad. de), *L'homme qui ne vécut que pour aimer*, Picquier, 2001. — Daniel Struve, *Ihara Saikaku : un romancier japonais du XVIIᵉ siècle*, PUF, 2001.

SAIGYÔ (1118-1190)

Moine et poète du début de l'époque de Kamakura. Après avoir commencé une carrière à la cour comme membre de la garde de l'empereur retiré Toba, et s'être distingué comme poète de cour et joueur de balle au pied (*kemari*), il se fit moine à vingt-trois ans et partagea sa vie entre les voyages et la vie dans des ermitages, à Ise, près de la capitale, à Saga. Il devint le prototype de l'ermite-poète et d'une nouvelle esthétique en poésie. Nombre de ses poèmes furent inclus dans le *Shin-kokin wakashû* compilé entre autres par Fujiwara no Teika*. Son recueil le plus célèbre demeure le *Sanka shû / Recueil personnel de la montagne*. Ses nombreux voyages, pendant lesquels il composa des poèmes, l'ont rendu familier. On ne compte plus les cerisiers de Saigyô qui ont été chantés ou plantés par le moine-poète.

SEN NO RIKYÛ (1522-1591)

Grand maître de thé. Il codifia de manière novatrice la cérémonie de thé. Son école gagna les faveurs des hommes forts de son temps comme Oda Nobunaga* (1534-1582), Toyotomi Hideyoshi* (1537-1598). Né à Sakai, ville de commerçants, il s'initia à cette voie dans sa ville natale et à Kyôto. Il devint un jeune maître de thé. Il fréquenta également le milieu monacal de l'école zen du Daitokuji où il pratiqua la méditation. Il gagna rapidement la confiance des deux plus grandes maîtres de thé de son temps, Imai Sôkyû (1520-1593) ainsi que Tsuda Sôkyû (?-1591) avec qui il sera associé pour former les « trois plus grands maîtres de thé » du pays. Par l'intermédiaire de ceux-ci, Sen no Rikyû entra au service d'Oda Nobunaga, puis de Toyotomi Hideyoshi. L'esthétique de Rikyû à son achèvement est exprimée par la pratique du thé dans un espace maîtrisé, minimal, privé de tout ornement jugé inutile. Par ailleurs il participa aussi à plusieurs somptueuses cérémonies de thé organisées par les deux hommes forts qu'il servit, notamment dans de la vaisselle d'or pour Hideyoshi. De plus, suivant l'exemple de ses deux maîtres Imai Sôkyû et Tsuda Sôkyû, Sen no Rikyû participa auprès de Toyotomi Hideyoshi à des décisions politiques.

S'appuyant sur ses nombreuses relations, Rikyû avait offert vers la fin de sa vie une porte monumentale au monastère Daitokuji, porte où fut installée une statue de bois rappelant son portrait. Ce qui lui aurait coûté la vie, car Toyotomi Hideyoshi aurait considéré cet acte comme une atteinte à son autorité. Ce qui est certain, c'est que Hideyoshi ordonna à Sen no Rikyû de se donner la mort.

SHINRAN (1173-1262)

Moine de l'époque de Kamakura. Né dans une famille aristocratique, il rentra à neuf ans dans l'école Tendai où il étudia pendant vingt ans. Devenu disciple de Hônen (1133-1212), il subit comme son maître la condamnation à l'exil quand les factions hostiles à la dévotion au bouddha Amida réussirent, en 1207, à faire interdire la récitation exclusive de l'invocation à Amida, *nenbutsu*. Réduit à l'état laïc, Shinran se définissait comme ni moine ni laïc. C'est pendant son exil dans les régions d'Echigo puis de Mutsu que Shinran approfondit sa réflexion sur la prééminence de la force de l'autre, celle d'Amida. Pour illustrer cette toute-puissance, il prononça la fameuse formule : « Les méchants seront sauvés, a fortiori les bons. » La force de l'autre faisait apparaître la vanité de toutes les pratiques et donc de la condition monastique. Il en tira les conséquences et se maria. Seule restait la foi et l'abandon de soi au bouddha Amida.

Bien que grâcié, il ne rentra dans la capitale qu'en 1235. Pour ces disciples, paysans et guerriers des provinces de l'est, il écrivit de nombreuses lettres en plus de traités comme le *Kyôgyôshinshô / Traité de l'enseignement, de la pratique et de la foi et de la réalisation*.

Peu connu de son temps, l'enseignement de Shinran donna naissance à l'une des écoles les plus puissantes du bouddhisme japonais, Jôdo shinshû / La véritable école de la Terre pure, qui fut dirigée par les descendants du fondateur. Cette école inspira des mouvements sociaux très importants au cours de l'époque médiévale, les *Ikkô ikki*, les révoltes de ceux qui sont tournés dans une seule direction (*ikkô*), celle du bouddha Amida.

Denis Gira, *Le sens de la conversion selon Shinran*, Maisonneuve et Larose, 1985. — Ôtani Chôjun, *Pages de Shinran*, Bulletin de la Maison franco-japonaise, PUF, 1969.

SHÔTOKU TAISHI (574-622)

Prince héritier *taishi*, Umayado, le nom de Shôtoku, vertu rayonnante, lui fut attribué à titre posthume. Régent pendant une grande partie du règne de sa tante l'impératrice Suiko (524-628), il demeure un des hommes politiques les plus célèbres du Japon. Son portrait ornait jusqu'à récemment les billets de 10 000 yens. Il est associé à la formation de l'État japonais de l'Antiquité. C'est sous son action que le Japon rentra dans le concert international au moment où la Chine se réunifiait sous l'impulsion de la dynastie des Sui, et où dans la péninsule coréenne le royaume de Silla commençait son œuvre d'unification. Shôtoku mit le Japon à l'école du continent. Il fit envoyer des ambassades comprenant un certain nombre d'étudiants qui devaient rester en Chine plusieurs années voire des dizaines d'années. Il institua en 603 douze rangs de noblesse sur le modèle des rangs de cour chinois, prenant le nom des vertus confucéennes pour les désigner. Même si ce ne furent pas des fonctionnaires qui alors reçurent ces titres mais des membres de l'aristocratie, cette dernière se trouvait ainsi mise devant la nécessité d'intégrer de nouvelles valeurs. C'est dans le même esprit que fut rédigé en 604 le plus ancien texte politique japonais, une « admonestation morale » aux fonctionnaires connue sous le nom de *Jûshichijô no kenpô / Constitution en 17 articles*. Ces deux actions marquent le point de départ de la formation de l'État régi par les codes qui sera parachevée un siècle plus tard.

REPÈRES BIOGRAPHIQUES

Un des articles de la *Constitution* demande aux sujets du souverain de révérer les trois trésors du bouddhisme, le Buddha, la loi et la communauté. C'est donc sans doute avec raison que la tradition fit de Shôtoku le premier prince bouddhiste, celui qui assura une assise stable à cet enseignement. On lui attribua, cette fois-ci à tort, le commentaire de trois *sûtra*. Son nom reste lié aux plus anciennes institutions bouddhiques du Japon. Il fut le fondateur du Shitennô-ji dans la plaine d'Ôsaka, du Hôryû-ji dans le bassin de Nara. Très tôt vénéré et héros de la première hagiographie japonaise, sa sépulture au Eifuku-ji devint un lieu de pèlerinage. D'innombrables *taishi dô*, pavillons du prince, lui sont consacrés dans tout le Japon.

Un grande partie de la *Constitution en 17 articles* a été traduite par Francine Hérail dans son *Histoire du Japon des origines à la fin de Meiji*, POF, 1986, p. 60-61.

SUGAWARA NO MICHIZANE (845-903)

Fonctionnaire lettré de l'époque de Heian. Issu d'une famille de lettrés, c'est-à-dire férue de lettres chinoises, Michizane réussit, malgré une naissance relativement médiocre, à suivre une carrière brillante grâce à l'empereur Uda (867-931). Ce dernier désirait s'appuyer sur des fonctionnaires lettrés pour contrecarrer la puissance des Fujiwara. C'est ainsi que Michizane fut nommé ministre de droite en 898. Mais en 901 il était exilé à Kyûshû sous le prétexte d'un complot contre l'empereur, à la suite d'une machination de son rival, le ministre de gauche Fujiwara no Tokihira. Il mourut désespéré en 903. Les accidents qui survinrent à la cour dans les années suivantes furent attribués à son âme courroucée. On lui dédia donc un sanctuaire au nord de la capitale, à Kitano, où il fut désormais célébré sous le nom de Tenjin, divinité céleste.

La vie de ce personnage dépasse largement le cadre d'un haut fonctionnaire mal récompensé. D'une part nommé chef de l'ambassade à la cour des Tang, il fit en sorte d'annuler cette ambassade. Ce qui marqua la fin des ambassades japonaises en Chine jusqu'à l'époque moderne. Ce lettré, admirateur de la civilisation chinoise, répondait à des vues personnelles, ne souhaitant pas s'éloigner de la cour, mais aussi à une prise de conscience : le Japon d'alors, en pleine prospérité et stabilité, n'avait guère à espérer de la dynastie Tang, sur le déclin. Fort de sa culture classique chinoise, Michizane fut un maître dans la composition littéraire aussi bien en poésie qu'en prose chinoises. On lui doit aussi une encyclopédie historique rédigée à partir des histoires officielles, *Ruijû kokushi / Histoire du pays à classement méthodique*.

D'autre part sa figure divinisée sortit du cadre d'un simple culte propitiatoire. Tenjin est devenu au fil du temps une des divinités les plus connues du Japon. Patron des lettrés, il continue d'être prié, au moins durant la période des examens.

SUGITA GENPAKU (1733-1817)

Médecin. C'est une des figures les plus représentatives des études hollandaises, *rangaku*. Son intérêt pour la médecine occidentale, à l'époque accessible par la langue hollandaise, est pour une grande part une tradition familiale. Sa famille avait adopté depuis trois générations des pratiques médicales hollandaises. Sa célébrité vient moins de sa compétence en tant que médecin ou de ses capacités linguistiques, qui n'ont rien d'exceptionnel pour l'époque, que de son rôle d'animateur. Il fut au centre du groupe qui projeta de traduire quasi intégralement un des meilleurs manuels d'anatomie alors disponibles en Europe. Cette traduction eut une énorme répercussion dans le milieu médical d'alors. Elle parut en 1774 sous le titre de *Kaitai shinsho / Nouveau traité d'anatomie*. Ce travail est considéré par les historiens des sciences comme le véritable point de départ des sciences occidentales au Japon. D'un autre côté, il ne faut pas oublier que Sugita Genpaku finit par reconnaître à la fin de sa vie l'insuffisance des seules connaissances anatomiques pour guérir, et la nécessité d'avoir recours à la pharmacopée de la médecine sino-japonaise. L'aventure intellectuelle que connut Sugita en achevant le célèbre travail de traduction lui a aussi permis d'avoir une réputation d'excellent narrateur. En effet, il est également célèbre en tant qu'auteur d'un ouvrage autobiographique intitulé *Les débuts des études hollandaises* achevé en 1815. Sugita y retrace une aventure intellectuelle hors du commun. Certes la réalité des faits historiques n'est pas toujours scrupuleusement respectée, mais la vivacité avec laquelle il relate la grande aventure du travail de traduction fait renaître la passion d'antan qu'il fait partager tout au long du livre aux lecteurs. Dans le domaine littéraire, Sugita s'impose donc comme l'initiateur d'un nouveau genre littéraire, *jiden* / autobiographie, qui se rapproche de l'essai au fil du pinceau (*zuihitsu*).

TAKANO CHÔEI (1804-1850)

Un des meilleurs connaisseurs des sciences occidentales de la première moitié du XIXᵉ siècle. Il se lança dans l'entreprise d'assimilation de la totalité des sciences occidentales introduites au Japon à son époque. Il avait pour objectif d'être utile au monde et de mettre l'essentiel du savoir scientifique venu de l'Occident au service du bien public. S'appuyant sur des capacités linguistiques exceptionnelles à son époque, il réalisa durant sa vie une trentaine de traductions et d'ouvrages de synthèse à caractère scientifique dans les domaines aussi variés que possible : physiologie et pathologie modernes, biologie, linguistique, chimie, astronomie, artillerie, botanique, stratégie militaire, etc. Sa formation scientifique et linguistique prit un tournant déterminant durant son séjour de 1824 à 1828 à Nagasaki auprès d'un jeune médecin allemand rattaché à la compagnie des Indes néerlandaises, Philipp Franz von Siebold (1796-1866). Celui-ci permit à un nombre considérable de jeunes intellectuels japonais de s'initier et souvent d'assimiler divers domaines des sciences occidentales du début du XIXᵉ siècle. En tant que médecin occidentaliste, Takano marqua une première étape de la synthèse de la physio-logie occidentale en achevant la traduction et en publiant *L'essentiel des fon-dements de la médecine / Igen sûyô*, en 1832.

Spécialiste de la civilisation occidentale, il s'intéressa particulièrement à la philosophie et à la pensée scientifique en introduisant pour la première fois au Japon une dimension historique à leur approche. Connaisseur de l'Occident, il perçut l'importance des institutions et de la défense militaire pour les puissances occidentales qui lui étaient les plus familières, l'Angle-terre, la France, la Hollande. Il prit ainsi conscience de certaines spécificités de la structure sociale et politique de son propre pays. Ce qui renforça chez lui un regard critique envers la politique menée par le shôgunat. Pourtant, contrairement à ce qu'avaient laissé supposer les autorités de l'époque et nombre de ses contemporains, c'est un sentiment profondément patrio-tique qui le poussa jusqu'à la fin de sa vie, survenue avant l'heure, à conti-nuer sa quête d'une forme de société conçue pour le bonheur de tous.

TOKUGAWA IEYASU (1542-1616)

Fondateur du *bakufu* d'Edo. Ancêtre de la famille Tokugawa. Originaire de la province de Mikawa (est du département d'Aichi). Il commença son ascension quand il s'allia à Oda Nobunaga*. Il put ainsi prendre le contrôle de la province de Mikawa et recevoir en 1566 le titre de gouverneur de la part de la cour de Kyôto. C'est à ce moment-là qu'il prit le patronyme de Tokugawa en remplacement de celui de Matsudaira. Ce changement était justifié par la production d'une généalogie qui en faisait un descendant des Minamoto, ce qui lui permettra plus tard d'obtenir le titre de *Sei.i taishôgun*.

À la mort de Nobunaga, il s'opposa d'abord au nouvel homme fort, Toyotomi Hideyoshi. Comme aucune campagne ne fut décisive, les deux protagonistes firent alliance. Ieyasu épousa la sœur cadette de Toyotomi Hideyoshi, son fils aîné fut adopté par Hideyoshi. En 1590 il reçut, en échange de ses anciennes possessions, les six provinces du Kantô et entra dans le château d'Edo qui allait devenir le siège de son pouvoir. Devenu le principal des cinq grands anciens (conseillers) de Hideyoshi, c'est lui qui assura la tutelle de Hideyori à la mort de Toyotomi Hideyoshi en 1598.

Profitant des dissensions entre les vassaux du clan Toyotomi, il sortit vainqueur de la grande bataille de Sekigahara en 1600. En 1603, il obtint le titre de *Sei.i taishôgun* et put donner un cadre légal au nouveau régime, le shôgunat des Tokugawa qui allait gouverner le Japon jusqu'en 1868. En 1605, il transmit sa charge à son fils Hidetada et se retira à Sunpu (province de Suruga, département de Shizuoka), mais continua de surveiller les affaires. En 1615, les deux sièges du château d'Ôsaka lui permirent de régler définitivement la question du clan Toyotomi qui fut alors exterminé. Nommé enfin ministre des affaires suprêmes, *Dajôdaijin*, il promulgua dif-férents règlements *hatto* qui allaient organiser la vie sociale pendant tout le *bakufu*, règlement sur les guerriers, sur la maison impériale et les nobles de cour.

Selon ses dernières volontés, il fut d'abord inhumé au Kunôsan près de Sunpu avant d'être transporté au nord d'Edo, à Nikkô, où on lui éleva un mausolée qui fut reconstruit somptueusement par son petit-fils Iemitsu (1604-1651). Il y est honoré sous le nom de Tôshô daigongen / Grande apparition circonstancielle qui illumine l'est. Le mausolée de Nikkô, Nikkô tôshôgû, devint un des hauts lieux du pouvoir symbolique des Tokugawa, une sorte de pendant oriental du sanctuaire d'Ise où est vénérée la déesse Amaterasu (déesse qui illumine le ciel), ancêtre de la maison impériale. La cour de Kyôto envoyait tous les ans des messagers à Nikkô.

TOYOTOMI HIDEYOSHI (1537-1598)

Homme de guerre et second réunificateur du Japon. Fils d'un fantassin à moitié paysan, un certain Kinoshita Yaemon, il gravit rapidement les échelons en entrant au service d'Oda Nobunaga* qui appréciait ses talents militaires. En 1573, il obtint un nouveau nom et surtout un fief dans la province d'Ômi. À la mort de Nobunaga en 1582, il se chargea de la vengeance de son seigneur et en profita pour se substituer à la famille Oda. Après un affrontement sans vainqueur ni vaincu avec Tokugawa Ieyasu*, aucun daimyô du Japon n'était en mesure de lui résister. En 1585, il commença à recevoir des titres importants de la cour et reçut le nom de Fujiwara, mais, quand il fut nommé ministre des affaires suprêmes, la cour créa pour lui un nouveau nom de clan, Toyotomi. Il fit construire à Kyôto un château-palais, le Jurakudai, où il reçut en 1588 la visite de l'empereur Go-yôzei (1571-1617).

Croyant qu'il ne pourrait avoir d'enfant, Hideyoshi avait adopté son neveu, mais la survie de son deuxième fils, Hideyori (1593-1615), l'amena à déshériter Hidetsugu (1568-1595) qu'il condamna au suicide alors qu'il massacrait sa famille sur les berges de la Kamo à Kyôto. Maître du Japon et désormais assuré d'une descendance, Hideyoshi se préoccupa de consolider son œuvre de réunification. Il posa les bases d'un État moderne : arpentage de tout le pays, reprise du monnayage, contrôle des mines de métaux précieux, contrôle des ports de commerce, séparation claire entre les paysans et les guerriers, ces derniers devenant des professionnels des armes sans attache terrienne. Il y a du Napoléon dans cet homme de guerre, administrateur mais aussi visionnaire. Il projeta de conquérir la Corée puis la Chine. Il envoya deux expéditions en Corée qui ravagèrent le pays et se soldèrent par un échec.

Conscient du caractère exceptionnel de sa destinée, et désireux de devenir le fondateur d'une dynastie, il semble avoir prévu de se faire diviniser à sa mort. Ce qui fut fait en 1599. On lui consacra un sanctuaire où il fut vénéré sous le nom de Toyokuni daimyôjin / La grande divinité lumineuse du pays prospère. Tokugawa Ieyasu fit fermer le sanctuaire à la chute du château d'Ôsaka, mais s'inspira de l'exemple. Le plan du Tôshôgû reprend celui du sanctuaire de Toyokuni. Celui-ci sera reconstruit à l'époque Meiji. Le souvenir de Toyotomi, adversaire d'Ieyasu, fut sévèrement contrôlé pendant toute la période d'Edo.

Danielle Elisseeff, *Hideyoshi, bâtisseur du Japon moderne*, Fayard, 1986.

ANNEXES

UEDA AKINARI (1734-1809)

Commerçant et homme de lettres de l'époque d'Edo. Né d'une courtisane, il fut adopté par une famille de marchands qui lui donna une éducation soignée, notamment au Kaitokudô d'Ôsaka. Il étudia aussi bien les classiques et la littérature populaire chinoise que la tradition japonaise. Il fréquenta les cercles poétiques de *renga* et de *haikai*, composa des ouvrages dans la veine de la littérature populaire avant d'écrire son chef-d'œuvre, *Contes de pluie et de lune / Ugetsu monogatari*, recueil de contes fantastiques qui renouent avec la grande littérature de Heian. Ce recueil fut très vite considéré comme un des sommets de la littérature japonaise. Ruiné par l'incendie de son magasin, désespéré par les échecs dans son nouveau métier de médecin, Akinari, tout en continuant à écrire des récits, *Harusame monogatari / Contes de la pluie de printemps*, et son journal, travailla à l'édition de textes de l'époque de Heian. Il figure parmi les *kokugakusha*, savants des études nationales qui ne suivirent pas Motoori Norinaga* dans sa recherche de la voie au travers des textes les plus anciens. D'un esprit plus positiviste, bien que fidèle au dieu Inari depuis sa jeunesse, il ne croyait même pas à l'authenticité du *Kojiki*, et s'intéressait beaucoup plus à la langue ancienne comme auteur et comme savant.

Il mourut à Kyôto après une vieillesse marquée par la solitude, le dénuement et la souffrance de la condition d'aveugle.

Son chef-d'œuvre connut une seconde vie quand il fut porté à l'écran en 1953 par Mizoguchi Kenji, connu des cinéphiles sous le titre *Les contes de la lune vague après la pluie*.

René Sieffert (trad. de), *Les contes de pluie et de lune*, Gallimard, 1956.

WATANABE KAZAN (1793-1841)

Peintre et lettré confucianiste versé dans les études hollandaises de la première moitié du XIXᵉ siècle En tant que vassal du fief de Tahara de la province de Mikawa (actuel département d'Aichi), Wakanabe Kazan occupa à partir de 1832 le poste de conseiller résidant à Edo et participa directement à la gestion politique et financière du fief de Tahara. Kazan prit alors conscience de l'importance de la défense maritime à cause de la situation topographique de son fief établi sur une presqu'île qui donnait directement sur l'océan Pacifique. C'est cette année-là que Kazan rencontra pour la première fois Takano Chôei* qui réalisa par la suite sur sa demande une traduction partielle d'un ouvrage de géographie occidentale de la première moitié du XIXᵉ siècle. Kazan élargit progressivement son intérêt à l'ensemble des sociétés européennes pour mieux réfléchir aux problèmes de société ainsi qu'aux questions de politique extérieure. Son objectif ultime était de découvrir la clé de la réussite des puissances occidentales en analysant l'organisation de leurs institutions politiques et économiques dans une perspective historique. Son intérêt envers les puissances occidentales s'explique par les menaces de plus en plus fortes qu'elles faisaient peser sur le territoire japonais à partir de l'extrême fin du XVIIIᵉ siècle. C'est précisément le problème de défense nationale qui poussa Watanabe Kazan à mettre fin à ses jours en 1841. Il avait été condamné en 1839 à la relégation dans son fief à cause des commentaires critiques sur la politique extérieure menée par le shôgunat à l'occasion de l'apparition d'un navire américain au large de la baie d'Edo, commentaires diffusés par l'intermédiaire de Takano Chôei.

Kazan fut aussi un grand peintre. Entré à l'âge de dix-sept ans dans l'école de Tani Bunchô, peintre renommé d'Edo, il subit également l'influence de Shen Nanping, peintre chinois qui séjourna au Japon de 1731 à 1733. Dès l'âge de 23 ans, Kazan était reconnu comme un peintre confirmé. Vers 30 ans, il étudia également certaines techniques picturales de la peinture occidentale telles que la perspective et le dégradé. Il put ainsi créer un style original en insérant ces diverses techniques dans sa peinture. Il fut considéré par ses contemporains comme un des meilleures artistes de son temps.

YAMAGATA BANTÔ (1748-1821)

Premier commis, *bantô*, dans la maison de négoce de riz Masuya à Ôsaka. Il reçut l'autorisation de porter le nom de la famille qui en était propriétaire, les Yamagata. Il avait acquis des compétences reconnues dans le prêt aux daimyô qui gageaient leurs revenus en riz. Mais ce n'est pas pour ses qualités de négociant qu'il est aujourd'hui connu. Il faisait partie de ces bourgeois cultivés qui avaient étudié au Kaitoku-dô, école fondée par des commerçants en 1724. Il eut pour maîtres les deux frères Nakai, Chikuzan (1730-1804) et Riken (1732-1817). Son nom de lettré, Bantô, nom de la pêche merveilleuse qui pousse dans le jardin des immortels, joue sur l'homophonie avec le nom de son métier. Héritier de la pensée des Song, il fit preuve d'un solide positivisme qui l'amena à critiquer aussi bien le bouddhisme que les penseurs des études nationales comme Motoori Norinaga. Ouvert aux nouveautés, il s'intéressa aux « sciences hollandaises ». Son *Yume no shiro / En guise de rêve*, achevé peu avant sa mort, avait été relu et annoté dans un premier état par son maître et ami Riken qui suggéra le titre définitif. Il se présente comme une encyclopédie des savoirs essentiels, abordant l'astronomie (il présente l'héliocentrisme), la géographie, l'histoire (il récuse tous les récits antérieurs à l'arrivée de l'écriture au Japon), l'économie domestique, mais aussi la question du surnaturel où il s'affirme radicalement athée et positiviste.

ZEAMI (1363 ?-1443 ?)

Homme de théâtre de l'époque de Muromachi. Fils de Kan.ami Kiyotsugu (1333-1384) qui dirigeait une compagnie de théâtre de *Sarugaku* dans la province de Yamato. Quand la compagnie se produisit à Kyôto devant le shôgun Ashikaga Yoshimitsu* (1358-1408), ce dernier remarqua le jeune Zeami, âgé de dix ans, et en fit son favori. Le milieu de la cour du shôgun amena Zeami à infléchir l'art qu'il avait reçu de son père vers la danse et la poésie dans l'esprit du *yûgen*, charme profond. C'est à cette époque que la troupe prit le titre de Kanze za. La mort de Yoshimitsu marqua la fin du patronage shogunal pour Zeami. Il finit par être exilé à Sado, et on ignore où et quand il mourut.

Que ce soit au temps de sa gloire ou quand il était aux prises avec les tracasseries du pouvoir ou même lors de son exil, Zeami n'a cessé de réfléchir sur son art. Il est à l'origine d'une grande partie du répertoire actuel des pièces de nô, soit en remaniant les œuvres de son père, soit en composant lui-même de nouvelles pièces. C'est lui qui mit au point les nô d'apparition qui forment la quintessence de cet art. D'autre part il a laissé un certain nombre de traités qui restèrent longtemps cachés, réservés au chef de la compagnie : *Transmission de la fleur de l'interprétation / Fûshikaden* ; *Livre de l'étude de la voie / Shûdôsho*, etc.

On le considère comme le fondateur de l'art du nô dans toute sa complexité, récitatif, chant, danse, musique. Cet art connaîtra un grand développement dans les milieux de l'aristocratie guerrière et ce jusque pendant la période d'Edo. Savoir chanter une pièce de nô faisait partie de la bonne éducation et des loisirs de bonne tenue.

René Sieffert, *La tradition secrète du nô*, Gallimard, Connaissance de l'Orient, 1960. — Sakae Murakami-Giroux, *Zeami et ses entretiens sur le nô*, POF, 1991.

ORIENTATION BIBLIOGRAPHIQUE

Présentation générale

ALLIOUX, Yves-Marie (sous la dir. de), *Cent ans de pensée au Japon*, 2 tomes, Arles, Picquier, 1996. – Anthologie donnant un panorama des penseurs japonais depuis un siècle.

BERQUE, Augustin (sous la dir. de), *Dictionnaire de la civilisation japonaise*, Paris, Hazan, 1994, 537 p. – Réflexion que les rapports à la nature au Japon

BERQUE, Augustin, *Le sauvage et l'artifice*, Paris, Gallimard, 1986, 314 p.

CAILLET, Laurence, *La maison Yamazaki*, Paris, Plon, Terres humaines, 1991, 644 p. – Aperçu de l'enracinement des croyances à travers la biographie d'une femme entrepreneur.

CAILLET, Laurence, *Fêtes et rites des quatre saisons*, Aurillac, POF, 2003

CHARRIER, Isabelle, *La peinture japonaise de 1750 à nos jours,* Éditions La Manufacture, 1991, 197 p.

ELISSEEFF, Danielle, *Histoire du Japon*, Paris, Éditions du Rocher, 2001, 232 p.

FRANK, Bernard, *Dieux et bouddhas au Japon*, Paris, Odile Jacob, Travaux du Collège de France, 2000, 462 p. – Présentation érudite et claire des enjeux de l'iconographie religieuse.

FRÉDÉRIC, Louis, *Le Japon. Dictionnaire et civilisation*, Paris, Robert Laffont, Bouquins, 1996, 1 419 p.

GALAN, Christian, *L'enseignement de la lecture au Japon. Politique et éducation*, Toulouse, Presses universitaires du Mirail, 2001, 365 p.

GONON, Anne, *La vie japonaise*, Paris, PUF, Que sais-je ?, 1998, 127 p.

HÉRAIL, Francine, *Histoire du Japon, des origines à la fin de Meiji*, Paris, POF, 1986, 462 p. – La meilleure présentation globale de l'histoire du Japon disponible en français.

HÉRAIL, Francine (sous la dir. de), MACÉ, François, SOUYRI, Pierre, NINOMIYA Hiroyuki, ESMEIN, Jean, *Histoire du Japon*, Le Coteau, Horvath, 1990, 631 p.

ORIENTATION BIBLIOGRAPHIQUE

KYBURZ, Josef, *Cultes et croyances au Japon. Kaida, une commune dans les montagnes du Japon central*, Paris, Maisonneuve et Larose, 1987, 293 p.

LANDY, Pierre, *Musique du Japon*, Paris, Buchet/Chastel, coll. Traditions musicales, 1970, 1996, 309 p.

MAISON FRANCO-JAPONAISE, *Dictionnaire historique du Japon*, Tôkyô-Paris, Maison franco-japonaise et Maisonneuve et Larose, 2002, 2 993 p. – Un outil indispensable et facile d'accès.

ORIGAS, Jean-Jacques, *Dictionnaire de littérature japonaise*, Paris, PUF, Quadrige, 2000, 366 p.

PELLETIER, Philippe, *La Japonésie. Géopolitique et géographie de la surinsularité au Japon*, Paris, CNRS éditions, 1997, 391 p.

PEZEU-MASABUAU, *La maison japonaise*, Paris, POF, 1981, 694 p.

PIGEOT, Jacqueline, TSCHUDIN, Jean-Jacques, *La littérature japonaise*, Paris, PUF, Que sais-je ?, 1983, 128 p.

PONS, Philippe, SOUYRI, Pierre-François, *Le Japon des Japonais*, Paris, Liana Levi–Seuil, 2002, 159 p.

ROTERMUND, Hartmut O. (sous la dir. de), *Religions, croyances et traditions populaires du Japon*, Paris, Maisonneuve et Larose, 2000, 540 p. – Anthologie de textes de l'Antiquité présentant les croyances religieuses.

SABOURET, Jean-François, *Japon, peuple et civilisation*, Paris, La Découverte, 2004, 233 p.

SIEFFERT, René, *Les religions du Japon*, Aurillac, POF, 2000, 270 p.

TAMBA, Akira, *La musique classique du Japon*, Paris, POF, 2001, 175 p.

TAMBA, Akira, *Musiques traditionnelles du Japon*, Paris, Cité de la musique–Actes Sud, 158 p.

VIÉ, Michel, *Histoire du Japon, des origines à Meiji*, Paris, PUF, Que sais-je ?, 1969, 126 p.

Histoire par périodes

AKAMATSU, Paul, *Meiji 1868. Révolution et contre-révolution au Japon*, Paris, Calmann-Lévy, 1968, 382 p.

ELISSEEFF, Danielle, *Hideyoshi, bâtisseur du Japon moderne*, Paris, Fayard, 1986, 283 p.

FAURE, Bernard (trad. par), *Dôgen, la vision immédiate. Nature, éveil et tradition selon le Shôbôgenzô*, Le Mail, 1987, 189 p.

FIÉVÉ, Nicolas, *L'architecture et la ville du Japon ancien. Espace architectural de la ville de Kyôto et des résidences shôgunales aux XIVᵉ et XVᵉ siècles*, Paris, Maisonneuve et Larose, Collège de France, Bibliothèque de l'Institut des hautes études japonaises, 1996, 358 p.

FRÉDÉRIC, Louis, *La vie quotidienne au Japon à l'époque des samourais (1185-1603)*, Paris, Hachette, 1968.

GIRARD, Frédéric, *Un moine de la secte Kegon à l'époque de Kamakura, Myôe (1173-1232) et le journal de ses rêves*, Paris, École française d'Éxtrême-Orient, 1990, 598 p.

HÉRAIL, Francine, *La cour du Japon à l'époque de Heian aux Xe et XIe siècles*, Paris, Hachette, La vie quotidienne, 1995, 268 p.

LOZERAND, Emmanuel, *Littérature et génie national. Naissance d'une histoire littéraire dans le Japon du XIXe siècle*, coll. Japon, Paris, Les Belles Lettres, 2005, 389 p.

LUCKEN, Michael, *L'art du Japon au vingtième siècle*, Paris, Hermann, 2001, 270 p.

MACÉ, François, *La mort et les funérailles dans le Japon ancien*, Paris, POF, 1986, 660 p.

PIGEOT, Jacqueline, *Femmes galantes, femmes artistes dans le Japon ancien, XIe-XIIIe siècles*, Paris, Gallimard, Bibliothèque des histoires, 2003, 373 p.

PINGUET, Maurice, *La mort volontaire au Japon*, Paris, Gallimard, Bibliothèque des histoires, 1984, 2000, 380 p. – Réflexion sur le suicide, particulièrement sur celui des écrivains du XXe siècle.

ROBERT, Jean-Noël, *Les doctrines de l'école japonaise Tendai au début du IXe siècle*, Paris, Maisonneuve et Larose, 1990, 455 p.

ROCHER, Alain, *Mythe et souveraineté au Japon*, Paris, PUF, Orientales, 1997, 350 p.

SEGUY, Christiane, *Histoire de la presse japonaise*, Paris, POF, 1993, 357 p.

SOUYRI, Pierre, *Le monde à l'envers*, Paris, Maisonneuve et Larose, 1998, 321 p. – Histoire du Japon médiéval.

VIÉ, Michel, *Le Japon et le monde au XXe siècle*, Paris, Masson, 1995, 303 p.

VON VERSCHUER, Charlotte, *Les relations officielles du Japon avec la Chine aux VIIIe et IXe siècles*, Genève-Paris, Droz, 1985, 593 p.

Traductions d'œuvres de l'époque d'Edo

(Selon les éditions, la désignation des auteurs peut être différente, on trouve aussi bien Saikaku qu'Ihara Saikaku)

L'adieu du samurai (trad. de Bertrand Petit et Keiko Yokoyama), Paris, Éditions Alternatives, 2003, 72 p.

AKINARI (trad. par René Sieffert), *Contes de pluie et de lune*, Gaillimard-Unesco, Connaissance de l'Orient, 1956, Livre de poche, 1970, 252 p.

BASHÔ (trad. par René Sieffert), *Journaux de voyage*, POF, 1984, 1988, 123 p.

BASHÔ (trad. par René Sieffert), *Jours d'hiver*, POF, 1987, 77 p.

BASHÔ (trad. par René Sieffert), *Jours de printemps*, POF, 1991, 79 p.

BASHÔ (trad. par René Sieffert), *Friches I : Les quatre saisons*, POF, 1992, 191 p.

BASHÔ (trad. par René Sieffert), *Friches II : Réminiscences*, POF, 1992, 125 p.

BASHÔ (trad. par René Sieffert), *Friches III : Dix Kasen*, POF, 1992, 135 p.

BASHÔ (trad. par René Sieffert), *La calebasse*, POF, 1991, 79 p.

BASHÔ (trad. par René Sieffert), *Le manteau de pluie du singe*, P.O.F.1986, 207p.

BASHÔ (trad. par René Sieffert), *Le sac à charbon*, POF, 1993, 243 p.

BASHÔ (trad. par René Sieffert), *Le faucon impatient, suite au Manteau de pluie du singe*, POF, 1994, 299 p.

Le haikai selon Bashô (trad. par René Sieffert), POF, 1994, 299 p.

CHIKAMATSU (trad. par René Sieffert), *Les tragédies bourgeoises*, 4 tomes, POF, I, 1991, 301 p. ; II, 1991, 291 p. ; III, 1992, 290 p. ; IV, 1992, 333 p.

HIRAGA Gennai (trad. par Hubert Maës), *Histoire galante de Shidôken, traduction du Fûryû Shidôken-den de Fûrai sanjin, suivie de Attractions foraines au Japon sous les Tokugawa, et de Les voyages fictifs dans la littérature japonaise de l'époque d'Edo,* Asiathèque, coll. Bibliothèque de l'Institut des hautes études japonaises du Collège de France, 1979, 146 p.

IHARA Saikaku (trad. par Georges Bonmarchand), *Cinq amoureuses*, Gallimard-Unesco, Connaissance de l'Orient, 1959, 1991, 288 p.

IHARA Saikaku (trad. par Georges Bonmarchand), *La vie d'une amie de la volupté*, Gallimard-Unesco, Connaissance de l'Orient, 1975, 1987, 246 p.

IHARA Saikaku (trad. par Jean Cholley), *Du devoir des guerriers. Récits*, Gallimard-Unesco, Connaissance de l'Orient, 1992, 203 p.

Voir aussi SAIKAKU.

JIPPENSHA Ikku (Trad. par Jean-Armand Campignon), *À pied sur le Tôkaidô*, Arles, Éditions Philippe Picquier, 1992, 335 p.

KAIBARA Ekiken (attribué à) (trad. par Claire Dodane), *La grande étude des femmes*, Tôkyô, Maison franco-japonaise, 25 p.

KOBAYASHI Issa (trad. par Jean Cholley), *En village de miséreux. Choix de poèmes*, Gallimard-Unesco, Connaissance de l'Orient, 1996, 249 p.

KUMAZAWA Banzan (trad. par Jean-François Soum), *Questions sur la grande étude*, Tôkyô, Maison franco-japonaise, 1995, 233 p.

ORIENTATION BIBLIOGRAPHIQUE

Manuel de l'oreiller (trad. par Jean Cholley), Arles, Philippe Picquier, 1997, 158 p.

MIYAMOTO Musashi (trad. par Maryse et Masumi Shibata), *Traité des cinq roues*, Paris, Albin Michel, Spiritualités vivantes, 1983, 188 p.

Le mythe des quarante-sept rônin, théâtre de l'époque d'Edo (trad. par René Sieffert et Michel Wasserman, POF, 1981, 443 p.

Rakugo (trad. par Anne Bayard-Sakai), Arles, Philippe Picquier, 1993, 133 p.

RYOKAN (trad. par Cheng Wing fun et Hervé Collet), *Le moine fou est de retour*, Millemont, Moundarren, 1988, non paginé.

RYÔKAN (trad. par Joan Titus-Carmel), *Les 99 haiku de Ryôkan*, Lagrasse, Éditions Verdier, 1992, 99 p.

RYÔKAN et TEISHIN (trad. par Alain-Louis Colas), *La rosée d'un lotus*, Paris, Gallimard, Connaissance de l'Orient, 2002, 236 p.

SAIKAKU (trad. par René Sieffert), *Enquêtes à l'ombre des cerisiers,* suivi de *Vieux papiers, vieilles lettres*, POF, 1990, 280 p.

SAIKAKU (trad. par René Sieffert), *Histoires de marchands (Le magasin perpétuel du Japon, Comptes et mécomptes)*, POF, 1990, 326 p.

SAIKAKU (trad. par René Sieffert), *Contes des Provinces*, suivi de *Vingt parangons d'impiété filiale de notre pays*, POF, 1985, 240 p.

SAIKAKU (trad. par Daniel Struve), *Arashi, vie et mort d'un acteur*, Arles, Philippe Picquier, 1999, 117 p.

SAIKAKU (trad. par Daniel Struve), *La lune de ce monde flottant*, Arles, Philippe Picquier, 2001, 167 p.

SAIKAKU (trad. par Christine Lévy), *La vie de Wankyû*, Arles, Philippe Picquier, 1990.

SAIKAKU (trad. par Gérard Siary et Mieko Nakajima-Siary), *Le grand miroir de l'amour mâle I. Amours des samourais*, Arles, Philippe Picquier.

SAIKAKU (trad. par Gérard Siary et Mieko Nakajima-Siary), *Le grand miroir de l'amour mâle II. Amours des acteurs*, Arles, Philippe Picquier, 2000, 217 p.

Voir aussi IHARA Saikaku.

UTAMARO (trad. de Jacques Lévy), *Le chant de la volupté*, Arles, Philippe Picquier, 1997, 208 p.

TAKUAN (trad. par Maryse et Masumi Shibata), *Mystère de la sagesse immobile*, Paris, Albin Michel, Spiritualité vivante, 1987, 183 p.

YAGYÛ Munenori (trad. du japonais en anglais par William Scott Wilson, de l'anglais en français par Josette Nickels-Grolier), *Le sabre de vie*, Heihô kadensho, *Les enseignements secrets de la maison du Shôgun*, Noisy-sur-École, Budô édition, 2005, 238 p.

ANNEXES

Études sur l'époque d'Edo

Pensée-religion

ANSART, Olivier, *L'empire du rite. La pensée politique d'Ogyû Sorai. Japon 1666-1728*, Genève-Paris, Droz, 1998, 249 p. – Ouvrage dense contestant l'approche de Matuyama Masao.

BOUCHY, Anne-Marie, *Tokuhon, ascète du Nenbutsu*, Paris, Cahiers d'études et de documents sur les religions du Japon V, 1983, 216 p.

GIRARD, Frédéric, HORIUCHI, Annick, MACÉ, Mieko (sous la dir. de), *Repenser l'ordre, repenser l'héritage. Paysage intellectuel du Japon (XVIIᵉ-XIXᵉ siècles)*, Genève-Paris, Droz, 2002, 524 p.

ISHIGAMI-LAGOLNITZER, Mitchiko, *Ryôkan, moine zen*, Paris, Éditions du CNRS, 1991, 294 p.

JOLY, Jacques, *Le naturel selon Andô Shôeki : un type de discours sur la nature et la spontanéité par un maître confucéen de l'époque Tokugawa : Andô Shôeki (1703-1762)*, Paris, Maisonneuve et Larose, 1996, 531 p.

MARUYAMA Masao (trad. par Jacques Joly), *Essais sur l'histoire de la pensée politique au Japon*, Paris, PUF, 1996, 240 p. – Traduction d'un des classiques de l'histoire intellectuelle.

ROTERMUND, Hartmut O., *Pèlerinage aux neuf sommets. Carnets de route d'un religieux dans le Japon du XIXᵉ siècle*, Paris, CNRS, 1983, 481 p.

KOUAME, Nathalie, *Pèlerinage et société dans le Japon des Tokugawa. Le pèlerinage de Shikoku entre 1598 et 1868*, Paris, École française d'Extrême-Orient, 2001, 317 p.

ROTERMUND, Hartmut O., *Hôsôgami ou la petite vérole aisément*, Paris, Maisonneuve et Larose, 1991, 306 p.

SOUM, Jean-François, *Nakae Tôjû (1608-1648) et Kumazawa Banzan (1619-1691), deux penseurs de l'époque d'Edo*, Paris, Collège de France, Institut des hautes études japonaises–Centre d'études japonaises de l'Inalco, 2000, 505 p.

TOKITSU Kenji, *Miyamoto Musashi, maître de sabre japonais du XVIIᵉ siècle, l'homme et l'œuvre, mythe et réalité*, Méolans-Revel, Éditions Désiris, 2002, 408 p.

Société et économie

BERNIER, Bernard, *Capitalisme, société et culture au Japon*, Montréal, Presses universitaires de Montréal-POF, 1988, 456 p.

ANNEXES

CARRÉ, Guillaume, *Les Ishiguro, une dynastie de grands marchands provinciaux dans le Japon d'ancien régime (1580-1720)*, thèse de doctorat soutenue à l'Inalco, 2000, 609 p. documents : 358 p.

CHOLLEY, Jean, *Courtisanes du Japon*, Arles, Philippe Picquier, 2001, 205 p.

GRAVIER, Philippe, *De l'empereur au shôgun, études sur les écrits d'un lettré confucianiste, Arai Hakuseki (1657-1725)*, thèse de doctorat soutenue à l'Inalco, 2004.

PONS, Philippe, *D'Edo à Tôkyô. Mémoires et modernités*, Paris, Gallimard, Bibliothèque des sciences humaines, 1988, 458 p.

PONS, Philippe, *Misère et crime au Japon du XVIIᵉ siècle à nos jours*, Paris, Gallimard, Bibliothèque des sciences humaines, 1999, 551 p.

PONS, Philippe, *Peau de brocart, le corps tatoué au Japon*, Paris, Seuil, 2000, 141 p.

Lettres et sciences

CHOLLEY, Jean, *Un haiku satirique, le senryû*, Paris, POF, 1981, 152 p.

CHOLLEY, Jean, *Le haiku érotique*, Arles, Philippe Picquier, 1996, 194 p.

COSTINEANU, Dragomir, *Origines et mythes du kabuki*, POF, 1996, 478 p.

HORIUCHI, Annick, *Les mathématiques japonaises à l'époque d'Edo*, 1995, Vrin, 409 p.

MAËS, Hubert, *Hiraga Gennai et son temps*, Paris, Publications de l'École française d'Extrême-Orient, 1970.

INDEX GÉNÉRAL

Les mots en gras bénéficient d'une rubrique (cf. sommaire)

INDEX GÉNÉRAL

ANNEXES

INDEX GÉNÉRAL

INDEX DES NOMS DE PERSONNES

Les noms en gras bénéficient d'une notice en annexe

INDEX DES NOMS DE PERSONNES

ANNEXES

INDEX DES NOMS DE LIEUX

INDEX DES NOMS DE LIEUX

INDEX DES ŒUVRES

Pour les ouvrages chinois, la lecture japonaise est donnée avant le titre chinois (transcription pinyin)

INDEX DES ŒUVRES

Ce volume,
le vingt-deuxième
de la collection « Guide Belles Lettres des Civilisations »
publié aux Éditions Les Belles Lettres
a été achevé d'imprimer
en mars 2006
dans les ateliers
de Normandie Roto Impression s.a.s.
61250 Lonrai

N° d'édition : 6417
N° d'impression : 06-0702
Dépôt légal : avril 2006
Imprimé en France